普通高等学校"十四五"规划行政管理专业新形态精品教材
南昌大学行政管理国家级一流专业建设点示范教材

# 编委会

## 主任
尹利民

## 副主任
袁小平　黎欠水

## 委员（以姓氏拼音为序）
韩　艺　　江国平　　罗文剑　　聂平平
唐　兵　　文卫勇　　许祥云　　周庆智

南昌大学"十四五"双一流建设专项基金资助成果
江西省学位与研究生教育教学改革研究项目（项目编号：JXYJG-2019-028）成果

# 行政法学：理论与案例

罗文剑　主编
吕华　陈洋庚　钱全　副主编

ADMINISTRATIVE LAW:
THEORIES AND CASES

华中科技大学出版社
http://www.hustp.com
中国·武汉

## 内容提要

建设社会主义法治中国,是建设富强民主文明和谐美丽的社会主义现代化国家的重要目标之一。无论是全面依法治国的国家战略布局,还是法治中国建设"两步走"战略,都决定着未来的很长一段时间,是我国一体推进法治国家、法治政府、法治社会建设的重要契机。

行政法学是研究行政法与行政诉讼法的科学,目标是建设法治政府,其实质是规范行政权力的依法行使,同时对于促进法治社会和法治国家的实现具有非常重要的意义。本教材的典型特征是理论与案例相结合,将行政法学的主要内容划分为基础理论、行政法主体、行政行为、权利救济四个篇章,系统地阐述了行政法的基本原则、行政主体、行政相对人、行政行为、行政立法、行政许可、行政检查、行政处罚、行政复议、行政诉讼、行政赔偿等内容。本教材可读性强,每个章节都以相关案例导入,引发读者思考,建构知识框架,然后再融入相关案例知识点,结合知识点去解析或回应案例问题。本教材可作为高校公共管理类专业、法学类专业等本科生或研究生的教材使用,又可作为党政机关、国有企事业单位等公共部门管理者的参考用书。

**图书在版编目(CIP)数据**

行政法学:理论与案例/罗文剑主编.—武汉:华中科技大学出版社,2022.8
ISBN 978-7-5680-8591-5

Ⅰ.①行… Ⅱ.①罗… Ⅲ.①行政法学-中国-教材 Ⅳ.①D922.101

中国版本图书馆CIP数据核字(2022)第147746号

行政法学:理论与案例 　　　　　　　　　　　　　　　罗文剑　主编
Xingzhengfaxue:Lilun yu Anli

策划编辑:周晓方　宋　焱
责任编辑:林珍珍
装帧设计:廖亚萍
责任校对:唐梦琦
责任监印:周治超

出版发行:华中科技大学出版社(中国·武汉)　　电话:(027)81321913
　　　　　武汉市东湖新技术开发区华工科技园　　邮编:430223
录　　排:华中科技大学出版社美编室
印　　刷:武汉市籍缘印刷厂
开　　本:787mm×1092mm　1/16
印　　张:19.25　　插页:2
字　　数:436千字
版　　次:2022年8月第1版第1次印刷
定　　价:59.90元

本书若有印装质量问题,请向出版社营销中心调换
全国免费服务热线:400-6679-118　　竭诚为您服务
版权所有　侵权必究

# 总 序

当前,全球化、信息化、市场化构成了现代社会的主基调,它们不仅促进了生产力的快速发展,而且带动了一系列社会变革。可以说,变化才是这个时代永恒的主题。无论在经济、社会还是政治等领域,协同、合作、共享、共同体等成为关键词,而这些又与"治理"紧密联系在一起。传统的"管理"过渡到现代的"治理",这表明治理主体与客体的权力观念、利益关系及身份地位等都发生了不同程度的改变,而这种改变正是推动社会现代性发展的基本力量。

在迈向现代社会的进程中,政府的力量是不可或缺的,或者说,现代国家的政府正在以某种方式介入或承担着广泛的公共服务职能,为现代社会的转型提供动力。因此,从这个意义上说,一个高效服务型的政府是现代社会的重要标志。正基于此,我们提出要构建国家治理体系和治理能力的现代化,建设高效的服务型政府,以加快我国向现代社会转型。构建国家治理体系和治理能力现代化的时代需求,不仅推动了公共管理学科重心转移,而且也带来了公共管理专业结构的变化。现代经济学、社会学、政治学、心理学和法学等学科理论的相互交叉和借鉴成为现代学科发展的主流,新文科概念的出现加速了学科间相互跨界,以更好地服务于社会经济发展的需要。显然,公共管理作为一门应用性很强的学科,也应该广开门路,以开放包容的姿态,从其他学科吸收更多的营养,带动本学科的快速发展。可喜的是,近些年,我国公共管理学科不断从心理学、法学、经济学等学科中汲取资源,形成学科交叉,从而使公共管理学科呈现出蓬勃发展的态势,这不仅缩小了我国公共管理学科与国际公共管理学科的差距,而且提升了其社会服务能力,为我国国家治理体系和治理能力现代化建设提供了智力支持。

党的十八大报告指出,要推动高等教育的内涵式发展。那么,如何来推动高等教育的内涵式发展?在笔者看来,除了遵循教育发展、知识发展和人的发展的基本规律外,就是要重视学科的建设和发展,而学科建设的根本目的是培养高水平人才。显然,在学科建设的环节中,课程建设不可或缺,换言之,学科建设的层次需要通过高水平的教材建设来实现。因此,国内外著名高校都非常重视通过高质量、高水平的教材建设来推动课程建设,进而提高学科建设水平,最终实现高水平人才培养的目标。

1887年,伍德罗·威尔逊发表的《行政学之研究》标志着公共行政学的诞生。公共管理学经历了传统的公共行政、行为公共行政、新公共行政和现代公共行政几个重要的发展阶段,后又发展到公共管理、新公共管理和公共服务的阶段,至今已有百余年的历史。在中国,公共管理仍然是一门新兴学科,仍然处在从国外引进、借鉴和消化理论的阶段,公共管理学科的本土化还没有完成。为此,中国人民大学出版社引进了多种公共管理的经典教材,将"经典教材"系列、"公共管理实务"系列、"政府治理与改革"系列、"学术前沿"系列、"案例"系列和"学术经典"系列全方位引入中国。同时,该社还积极推进公共管理学科教材的本土化,组织国内著名的公共管理学者编写教材,积极向各大高校推送,这些举措对推进公共管理学科的发展起到了很重要的作用。

尽管如此,公共管理学科还处在不断发展的过程中,我国也正在进行大规模的政府机构改革,如"放管服"的改革、"省直管县"的改革、行政管理体制的改革等,这些改革的最新成果应该反映在公共管理学科的教材中,而现有的教材并没有体现这一趋势,没有把最新的改革成果嵌入教材之中。为了弥补这一缺憾,我们与华中科技大学出版社合作,组织编写了这套教材。与已有的公共管理类教材相比,本系列教材具有以下几个特点。

第一,前沿性。系列教材注重将最新的公共管理研究成果引入教材之中,反映公共管理最新的研究理论和学术主张,在内容上凸显其前沿性。比如,公共管理的前沿研究包括公共服务动机、公共服务的共同生产、绩效管理、数字政府、技术治理等领域,这些最新的研究内容在《公共组织理论》《绩效管理》等教材中得到系统的体现。

第二,时代性。立足于新时代的背景,瞄准乡村振兴等国家战略需求,将人才振兴、乡村规划、乡村建设行动等内容纳入系列教材,比如,《人力资源开发与管理》《乡村振兴与乡村规划十讲》《乡村振兴综合服务与社会实践十讲》等教材具有明显的时代性和战略需求导向。

第三,交叉性。公共管理学科越来越注重借鉴其他学科的资源来丰富本学科的内涵,因此,本系列教材除了涉及传统的公共管理外,还注意吸收其他学科资源,充实和丰富教材的内容。比如,与其他同类教材相比,《管理心理学》《乡村振兴与乡村规划十讲》《社会工作理论》等教材吸收了心理学、社会学、政治学等学科资源,具有明显的学科交叉性。

第四,数字化。本系列教材充分利用现代数字技术,把相关的知识点串联起来,每个章节都附带二维码链接,既方便学生学习和教师教学,又能使学生加深对知识点的理解,达到融会贯通的效果。

本系列教材是南昌大学行政管理国家级一流专业建设点示范教材的一部分,《乡村振兴综合服务与社会实践创新》等是省级一流课程的配套教材,由南昌大学公共管理学院与华中科技大学出版社共同组织策划,得到了华中科技大学出版社人文社科图书分社周晓方社长的大力支持。为保证教材的质量,编写本系列教材之初,成立了由该领域诸多学者组成的编辑委员会来具体组织实施。另外,本系列教材的出版得到了南昌大学"十四五"双一流建设专项经费的支持,借此,谨向所有为本系列教材出版付出艰辛努力和大力支持的单位和个人表达崇高的敬意和衷心的感谢!

**丛书编委会**
**2021 年 11 月 8 日**

# 前言

现实生活中的每一位公民,其衣食住行、生老病死等方方面面,无不与政府有着千丝万缕的联系。在政府提供公共服务和进行公共管理的过程中,政府与公民之间的复杂互动关系,需要在行政法律中予以规范和明确。在全面依法治国的时代背景下,政府权力如何规范?公民权利又如何保障?

党的十九大提出了未来30年法治中国建设"两步走"战略。第一步,从2020年到2035年,在基本实现社会主义现代化的同时,基本建成法治国家、法治政府、法治社会。第二步,从2035年到21世纪中叶,在把我国建成富强民主文明和谐美丽的社会主义现代化强国的同时,全面建成法治中国。习近平指出,法治国家、法治政府、法治社会三者各有侧重、相辅相成,要以建设法治政府为目标,建立行政机关内部重大决策合法性审查机制,积极推行政府法律顾问制度,推进机构、职能、权限、程序、责任法定化,推进各级政府事权规范性、法律化。行政法学是研究行政法与行政诉讼法的科学,目标是建设法治政府,其实质是规范行政权力的依法行使,同时对于促进法治社会和法治国家的实现具有非常重要的意义。理论联系实际,法律联系生活。考虑到市场上关于行政法学方面的理论教材较多,而案例教材相对较少,本教材重点聚焦行政法案例实践与理论知识的结合,丰富的案例素材和专业的理论分析有助于本科生或研究生深化对行政法学知识的理解,学会如何同行政机关打交道、如何促进行政行为更加规范有效,并将快速提升自身的法律意识以及维护自身合法权益的能力,树立建设中国特色社会主义法治国家的坚定信心,为实现法治国家、法治政府、法治社会而贡献智慧和力量。

本教材总体上按照基础理论、行政法主体、行政行为、权利救济的框架与思路展开,基本理论主要涉及行政法概述和行政法的基本原则;行政法主体主要包括行政主体和行政相对人;行政行为主要包含一般行政行为和具体行政行为(比如行政立法、行政许可、行政检查、行政处罚等);权利救济主要囊括了行政复议、行政诉讼和行政赔偿等。本教材具体章节编写分工如下:罗文剑、吴海波,第一章、第二章;吕华、夏幼根,第三章;罗文剑、李孝瑶,第四章;陈洋庚、李强,第五章、第六章;吕华、章嘉明,第七章;钱全、柴昉玥,第八章;罗文剑、王笑宇,第九章;钱全、赵鸿喆,第十章;罗文剑、任媛媛,第十一章、第十二章;罗文剑、刘钰婕,第十三章、第十四章。本教材得以付梓,还要特别感谢华中科技大学出版社的大力支持与帮助。最后,我还要对本教材引用的知识点或案例作者以及可能由于疏漏而未能标明的文献作者谨致谢忱。囿于我们的学术水平与编写能力,本书难免存在疏漏或不足之处,希冀各位同仁和读者批评指正。

罗文剑

2022 年 5 月

# 目录 contents

## 第一篇　基础理论篇

### 第一章　行政法概述 …3
第一节　行政、行政权与行政法 …4
第二节　行政法的渊源 …9
第三节　行政法律关系 …15

### 第二章　行政法的基本原则 …19
第一节　行政法的基本原则及其作用 …20
第二节　行政合法性原则 …24
第三节　行政合理性原则 …29

## 第二篇　行政法主体篇

### 第三章　行政主体 …39
第一节　行政主体与行政法主体 …40
第二节　行政机关 …46
第三节　法律、法规授权的组织 …51
第四节　受委托行使行政职能的组织 …55

### 第四章　行政相对人 …60
第一节　行政相对人及其分类 …61
第二节　行政相对人的法律地位 …67
第三节　行政相对人的权利和义务 …70

# 第三篇　行政行为篇

## 第五章　行政行为 … 79

第一节　行政行为及其特征 … 80
第二节　行政行为的合法要件 … 85
第三节　行政行为的效力 … 90

## 第六章　行政立法 … 99

第一节　行政立法及其分类 … 100
第二节　行政立法的原则 … 108
第三节　行政立法的效力 … 113

## 第七章　行政许可 … 120

第一节　行政许可及其内容 … 121
第二节　行政许可事项及设定 … 127
第三节　行政许可的程序 … 133

## 第八章　行政检查 … 142

第一节　行政检查及其特征 … 143
第二节　行政检查的原则 … 149
第三节　行政检查的程序 … 154

## 第九章　行政处罚 … 160

第一节　行政处罚及其种类 … 161
第二节　行政处罚的原则 … 165
第三节　行政处罚的管辖与适用 … 170
第四节　行政处罚程序 … 175

# 第四篇　权利救济篇

## 第十章　行政复议　　…185

第一节　行政复议及其原则　　…186
第二节　行政复议的范围　　…190
第三节　行政复议的管辖　　…195
第四节　行政复议参加人　　…199
第五节　行政复议的程序　　…204

## 第十一章　行政诉讼的受案范围与管辖　　…210

第一节　行政诉讼及其原则　　…211
第二节　行政诉讼的受案范围　　…217
第三节　行政诉讼管辖　　…222

## 第十二章　行政诉讼参加人　　…231

第一节　行政诉讼原告　　…232
第二节　行政诉讼被告　　…239
第三节　行政诉讼第三人　　…245

## 第十三章　行政诉讼程序　　…251

第一节　起诉与受理　　…252
第二节　行政诉讼一审和二审程序　　…257
第三节　行政诉讼审判监督　　…266

## 第十四章　行政赔偿　… 271

第一节｜行政赔偿的特征　… 272
第二节｜行政赔偿的范围　… 279
第三节｜行政赔偿的程序　… 284
第四节｜行政赔偿的方式与标准　… 290

## 参考文献　… 296

# 第一篇
## 基础理论篇

# 第一章

## 行政法概述

## 第一节 行政、行政权与行政法

### 一 相关案例

#### （一）案例一：李某诉某县工商局案①

某县工商局决定购买一批办公家具，赴家具市场选购。在与某家具公司负责人李某讨价还价过程中，争执不下，双方无法在价格上达成协议，工商局工作人员遂返回。第二天，工商局工作人员再次来到家具市场，以该家具公司售卖假冒伪劣商品为由，吊销了该家具公司的营业执照，并处罚款10000元。家具公司负责人李某不服，遂向当地人民法院提起行政诉讼，请求撤销工商局对其作出的吊销营业执照和罚款的行政处罚决定。

**案例思考**

本案例中，某县工商局作为政府部门、行政机关，购买办公家具这一行为是否属于"行政行为"？

#### （二）案例二：胡某某涉违法运输案②

2019年7月1日晚，胡某某驾驶川L牌小型普通客车行驶至G93成渝环线乐宜高速五通桥收费站。交通执法人员在检查时发现：该车驾驶员胡某某运载乘客从犍为县经乐宜高速至乐山市，车上乘客张某、邱某某、董某、罗某某均表示不认识司机，并承认已与胡某某谈妥车费，商定到目的地后每人支付车费25元。该车核载5人，乘客

---

① 案例来源：https://www.ppkao.com/tiku/shiti/B712732270C9128AC3E985D55A8133E7/63cc3d9e1b7b43b48325f50296677926.html。
② 案例来源：http://jtt.sc.gov.cn/。

提供了与驾驶员联系的通话记录。该车未取得道路运输证,且机动车行驶证上使用性质为非营运车辆,胡某某本人也无法当场提供其他有效证明。当事人的行为构成未经许可擅自从事出租汽车客运的违法行为,该违法行为系首次被查处,以上事实违反了《四川省道路运输条例》第八条的规定。依据《四川省道路运输条例》第六十四条、《四川省交通运输行政处罚裁量权实施标准三》(道路运政)的规定,四川省交通运输厅高速公路交通执法第四支队五大队于2019年8月1日作出责令改正通知书以及违法行为通知书,责令胡某某对未经许可从事出租汽车客运的违法行为立即进行改正,前述两份通知书于同日送达胡某某。经集体讨论,于2019年9月3日作出行政处罚决定书,给予胡某某罚款10000元的行政处罚,并告知其作出行政处罚的事实、理由和依据以及陈述、申辩的权利。次日,该决定书向胡某某进行了送达。

胡某某在收到行政处罚决定书后,并未及时履行义务缴纳罚款。

## 案例思考

本案例中,胡某某能否不缴纳罚款?

## 二 相关理论知识

### (一) 行政的概念

从一般意义上讲,行政是指社会组织对一定范围内的事务进行管理和组织的活动。从这一意义上看,行政存在于任何社会组织之中,如国家机关、社会团体、企事业单位等。换言之,一切社会组织都存在行政。社会组织对这些事务的管理和组织活动可以分为两大类:一是社会组织对其内部事务的组织管理,这种活动在国外被称为"私人行政",在我国一般被称为"一般行政";另一类是国家基于公共利益和公共秩序对全社会的组织与管理,这种管理被称为"国家行政"或"公共行政"。

行政法不是一切行政管理的法律规范,只是以公共行政作为自己的研究对象。行政法意义上的行政,是一个相对于立法、司法的概念,专指国家行政或公共行政。正如马克思在论述行政的本质时所指出的,"所有的国家都认为原因在于行政管理机构偶然或有意造成的缺欠,于是它们把行政管理措施看作改正国家缺陷的手段。为什么呢?就因为行政管理是国家的组织活动"①。我们可以把行政界定为,国家通过一定的组织为实现国家或社会职能而进行的公共管理活动及其过程。

---

① 苗贵山:《马克思恩格斯民生思想及其当代价值》,《当代世界与社会主义》,2009年第4期.

## （二）行政的特征及主要表现

第一，行政具有执行性。美国学者古德诺很好地诠释了这一点，他认为，"政治是国家意志的表达，而行政是国家意志的执行"①。也就是说，行政的基本特点是执行，是对国家法律法规的执行。我国宪法明确指出："中华人民共和国国务院，即中央人民政府，是最高国家权力机关的执行机关，是最高国家行政机关。"

第二，行政的目的具有公益性。行政应以追求公共利益或公共福祉为目的。行政的这种公益性除表现为行政的事务乃公共事务而非私事外，更主要的是其目的在于实现国家或社会的职能，这些职能至少包括建设、保卫、服务等职能。行政的最终目的应该是为人民服务。

第三，行政的活动具有整体性与能动性。司法具有个别性和消极被动的特征，而行政则呈现出整体性、连续性、积极能动的特征。行政作为一种活动，在现实中表现为若干个单独的行动，但这种具体行动与国家职能和政策的整体关联，必须始终如一，在整体上保持统一性和连续性。因此，行政是由若干具体行动构成的整体。同时，行政具有能动性，它可因应时势的需要主动作为，以保证公共利益的实现。在这方面，它明显不同于司法的被动性。

第四，行政具有过程性。行政不仅是一种实体活动的过程，而且是一种程序的过程，它具有实体与程序的统一性。不能只将行政的活动理解为一种实体活动，还必须将它视为一个过程、一套程序的实践。行政是对国家事务和社会事务的管理，这种管理包含为实现目标而进行的一系列行动，具有一定的步骤、阶段、顺序、方式、时限等。

第五，行政具有法定性（合法性）与裁量性（合目的性）。依法行政是法治国家、法治政府的基本要求。由于行政任务的广泛和复杂、社会的变迁和发展以及人们价值观念的变化，立法者不可能对所有行政事务都加以规定或者作出详细规定，往往授权行政机关（或其他行政公共组织）在法律允许的范围内行使裁量权，赋予行政机关一定的灵活性。当然，这种裁量的自由并不是不受限制的，它必须在法定的范围（包括法律的原则和精神）内合理、正当地进行。

第六，行政具有效率性。相对于国家的立法和司法活动，行政具有更强的效率要求。国家的经济社会发展必须争取高效，同时，对于公民申请和需求的回应，也必须有效率，否则将引起公民的不满。

二维码 1-1
拓展阅读：
一图读懂
《法治政府建设
实施纲要
（2021—2025 年）》

---

① 古德诺.《政治与行政：一个对政府的研究》，王元，译.复旦大学出版社，2011年版.

第七,行政具有受监督性。行政活动必须受到严格的监督,这种监督是多维度、多层级的。首先,行政要受立法机关的监督,受其所制定的法律的约束;其次,行政在本系统内要受到行政主体自身的监督,包括上级对下级的监督、专门监督机关(如监察机关、审计机关)的监督,同时公务人员受本机关或行政首长的监督;再次,行政要受司法监督,其中主要是法院通过行政诉讼途径对行政进行监督并保护公民的权益;最后,行政还要受到社会公众的监督和新闻舆论的监督。

## (三)行政权的概念和内容

公共行政的核心或实质内容是行政权。所谓行政权,就是指国家行政机关执行法律、管理国家行政事务的权力,它是国家政权的重要组成部分。行政机关对公共事务进行组织管理就是运用行政权的过程,行政权的内容因行政事项的不同而有一定的差别,行政权主要有以下几方面的主要内容。

第一,行政规范制定权。主要是指行政机关制定具有普遍约束力的规范性文件的权力,比如我国《立法法》第六十五条就规定:国务院根据宪法和法律,制定行政法规。

第二,证明、确认权。这是指行政机关对管理相对人从事某项活动的许可批准权,证明和认定有法律意义的文书和事实的合法性、真实性。

第三,对权利的赋予、剥夺。前者是指行政奖励权,后者是指行政处罚权。

第四,对义务的设定、免除权。前者是指对管理相对人规定义务,如规定相对人的纳税义务,后者则是对管理相对人解除义务,如免除税收。

第五,对争议的调处权。比如,行政机关对民事纠纷的调解、对行政纠纷的复议裁决等。

由于行政事项的复杂性和广泛性,行政权的内容也十分广泛,上述内容只是对行政权主要内容的概括。至于具体到每一个行政机关所能行使的权力,可能仅为某些行政权力。

## (四)行政权的特征

根据行政权的概念和内容,我们不难归纳出行政权的特征。行政活动本质上就是行使行政权力的活动,它是一种强制被管理者服从的力量,因此具有以下几方面特征。

第一,执行性。行政权从根本上来说,是执行法律、权力机关意志的权力,因此行政权的运行必须对权力机关负责。

第二,法律性。行政权是法定权力,为法律所设定。行政权的行使必须合法。可见,依法行政是我国行政特性的反映和要求。

第三,强制性。行政权力是行政机关代表国家为维护国家利益和公众利益而强制他人服从的力量。相对人有服从的义务,有关机关有协助的职责。如果相对人不服从或有关机关不协助,行政机关可以采取行政强制的方式达到管理的目的。

二维码 1-2
阅读材料：
论行政权

第四，优益性。行政权力体现的是国家和人民的意志，涉及全社会的利益，因此，行政主体在行使行政权时，依法享有一定的行政优益权。比如，警车在执行紧急公务的时候可以"闯"红灯，就是这种优益性的体现。

第五，不可处分性。行政主体有权实施行政权，但无权对它作任意处分，因为行政主体的行政权是一种国家权力，而不是行政主体自身的权力，对国家权力行政主体是不能任意处分的。这种不可处分性包括两方面内容：一是行政主体不能自由转让行政职权；二是行政主体不能自由放弃行政职权。

（五）行政法的概念

行政法的定义是多种多样的，在这里我们采用目前法学界较为权威的说法，即行政法是有关行政以及与行政有关的法律规范的总称。具体言之，行政法是有关行政的主体及职权、行为及程序、违法及责任和救济关系等的法律规范的总称。

首先，行政法是有关行政的法。这是行政法在性质和内容上不同于其他部门法的地方。凡是行政权的行使、与之相关联的活动，以及由此形成的种种社会关系，都属于行政法所规范的内容和调整的范围。

其次，行政法的内容主要涉及行政权的行使及其后果。具体内容有：行政权的主体、行政职权的分配与设定，包括行政机关组织法和公务员法等；行政职权的行使活动或者与行政职权相关联的活动，包括行政实体法和行政程序法等；对行政权的主体及活动的监督，对公民或组织权益的保障与救济，包括行政监督法和行政救济法等。

最后，行政法是有关行政的法律规范的总称。行政法律规范是行政法的外在表现，没有行政法律规范的存在，我们就无从考察行政法现象。行政法律规范是一个多层级的法律规范体系，其表现形式也是多种多样的，它可体现于宪法、法律、行政法规、地方性法规、自治条例、单行条例、规章以及判例、习惯等众多形式之中。

## 三 案例分析

（一）案例一分析

根据相关理论知识可知：行政指的是国家通过一定的组织为实

现国家或社会职能而进行的公共管理活动及其过程。行政以追求公共利益或公共福祉为目的。公共行政具有鲜明的公共性质,目的在于实现公共利益,维护公共秩序;而一般行政的管理活动则是以追求团体利益、组织利益为目的的。

在本案中,某县工商局作为政府部门、行政机关,其购买办公家具这一行为并不属于行政法上的行政行为,而应是作为普通民事主体的民事行为。需要知道的是,判断主体的行为是否属于"行政行为"时,不应该因为主体是行政机关就认为其行为一定具有行政性。

## (二)案例二分析

根据相关理论知识可知:行政法视野下的行政权具有执行性、法律性、强制性、优益性和不可处分性的特征。

行政权具有强制性。行政权力是行政机关代表国家为维护国家利益和公众利益而强制他人服从的力量。相对人有服从的义务,有关机关有协助的职责。如果相对人不服从或有关机关不协助,行政机关可以采取行政强制的方式达到管理的目的。故胡某某不能不缴纳罚款。

# 第二节 行政法的渊源

## 一 相关案例

### (一)案例一:车子违章不处理交警不年审,四川遂宁市民状告交警部门胜诉①

到车管所办理车辆年检,车主会被告知,须先处理交通违法记录并交完罚款才能办理年检,很多车主对此习以为常,甚至觉得理所当然。然而,四川遂宁市一车主却认为两者应该"一码归一码",不应捆绑执法,于是就把交警部门告上了法庭。法院一审判决车主胜诉。

2015年5月,车主陈女士到遂宁市交警支队申请对车辆安全技术检验,核实机动车检验合格标志。工作人员却告诉她,因为涉及违法记录未处理,不能发放检验合格标志。随后,陈女士查看了该车的违章情况,但她对一些违章存有异议。在围绕违章

---

① 案例来源:https://www.chinacourt.org/article/detail/2018/10/id/3551931.shtml。

问题理论时,车辆检验标志也到期了,车子没有合格标志就不能上路,于是陈女士联系市交警支队要求先年检,但遭到拒绝,市交警支队称必须先交罚款再来检验。

陈女士将交警支队告上了法庭。她认为,处理完违章才能年审的做法不符合常理和法律规定,这属于捆绑执法,也是侵权行为。交警部门称,陈女士申请核发检验合格标志时,交警部门是依法告知,这一行为不是强制性质,并非作出具体行政行为。同时,交警部门也是按《机动车登记规定》依法行政,并无过错。何况,陈女士迄今有31条违法行为未处理,其中有4条属于严重交通违法。据此,交警支队认为,陈女士所提诉讼不属于行政诉讼受案范围,被告系依法行政,恳请法院依法驳回诉讼请求。

11月23号,法院经审理认为,根据《道路交通安全法》规定,车辆进行安全技术检验是公安机关交通管理部门的法定职责,因此,被告应当依法对符合机动车国家安全技术标准的,发给检验合格标志。而被告以原告车辆有未处理的违法行为为由,不予进行安全技术检验应属不当。因此,要求被告立即完成相关检验程序。

 **案例思考**

针对不同法律规范,执法主体应该如何适用?

### (二)案例二:宣某某等诉浙江省衢州市国土资源局收回国有土地使用权案①

原告宣某某等18人系浙江省衢州市柯城区卫宁巷1号(原14号)衢州府山中学教工宿舍楼的住户。2002年12月9日,衢州市发展计划委员会根据第三人建设银行衢州分行(以下简称衢州分行)的报告,经审查同意衢州分行在原有的营业综合大楼东南侧扩建营业用房建设项目,作出了《关于同意扩建营业用房项目建设计划的批复》。同日,衢州市规划局制定《建设项目选址意见书审批表》,衢州分行为扩大营业用房等,拟自行收购、拆除占地面积为205平方米的府山中学教工宿舍楼,改建为露天停车场,具体按规划详图实施。12月18日,衢州市规划局又规划出《建设银行衢州分行扩建营业用房建设用地规划红线图》。12月20日,衢州市规划局发出建设用地规划许可证,衢州分行建设项目用地面积为756平方米。12月25日,被告衢州市国土资源局(以下简称衢州市国土局)请示收回衢州府山中学教工宿舍楼住户的国有土地使用权187.6平方米,报衢州市人民政府审批同意。同月31日,衢州市国土局作出收回国有土地使用权通知,并告知宣某某等18人其正在使用的国有土地使用权将收回及诉权等内容。该通知说明了行政决定所依据的法律名称,但没有对所依据的具体法律条款予以说明。原告不服,提起行政诉讼。

---

① 案例来源:http://jnanlxqfy.sdcourt.gov.cn/jnanlxqfy/383905/383906/6236844/index.html。

浙江省衢州市柯城区人民法院于2003年8月29日作出〔2003〕柯行初字第8号行政判决：撤销被告衢州市国土局于2002年12月31日作出的衢市国土〔2002〕37号收回国有土地使用权通知。宣判后，双方当事人均未上诉，判决已发生法律效力。

法院生效裁判认为：被告衢州市国土局作出通知时，虽然说明了该通知所依据的法律名称，但并未引用具体法律条款。在庭审过程中，被告辩称系依据《土地管理法》第五十八条第一款作出被诉具体行政行为。《土地管理法》第五十八条第一款规定："有下列情况之一的，由有关人民政府土地主管部门报经原批准用地的人民政府或者有批准权的人民政府批准，可以收回国有土地使用权：（一）为公共利益需要使用土地的；（二）为实施城市规划进行旧城区改建，需要调整使用土地的；……"衢州市国土局作为土地行政主管部门，有权依照《土地管理法》对辖区内国有土地的使用权进行管理和调整，但其行使职权时必须具有明确的法律依据。被告在作出通知时，仅说明是依据《土地管理法》及浙江省的有关规定作出的，但并未引用具体的法律条款，故其作出的具体行政行为没有明确的法律依据，属于适用法律错误。

 案例思考

本案例中，该行政机关作出的具体行政行为有法律依据吗？

## 二 相关理论知识

### （一）行政法渊源的概念

法的渊源通常有两方面含义：一是法的历史渊源，即法作为一种社会存在是如何产生的；二是法的表现形式，也就是特定国家的法如何存在、如何识别。在部门法领域讨论某一部门法的渊源，通常是指法的表现形式这一意义。与《民法典》等独立法典不一样，行政法是一个法律体系，行政法渊源是指特定国家在某一特定阶段的行政法的表现形式或行政法的存在形式。行政法的渊源可以分为正式渊源和非正式渊源。正式渊源是指以规范性法律文件形

二维码1-3
阅读材料：
寻找新的
起点——
关于中国行政法
起源的思考

式表现出来的成文法;非正式渊源是指具有法意义的观念和其他有关准则,如正义和公平等观念,政策、道德和习惯等准则,还有权威性法学著作等。

### (二) 我国行政法的渊源

我国是成文法国家,行政法的渊源一般只限于成文法。通常情况下,我国行政法的渊源主要有宪法、法律、行政法规、地方性法规、自治条例和单行条例、行政规章、国际条约及法律解释等。

第一种是宪法。我国是刚性宪法国家,宪法居于整个国家法律规范体系的最顶端,在法律等级上具有最高效力,它既是一切国家机关包括行政机关设立的根本依据,也是国家行政权力的界限及目标的根本依据。因此,宪法中有关行政管理活动基本原则的规范,关于国家行政机关组织、基本工作制度和职权的规范,关于公民基本权利和义务的规范,关于国家发展教育、科学、文学艺术、医疗卫生、体育等事业方针政策的规范等条款均是行政法的渊源。

第二种是法律。这里所指的法律,是作为行政法渊源之一的法律,是指由全国人大及其常委会依据宪法和《立法法》制定的普遍性规范,包括由全国人大通过的基本法律,如《国务院组织法》《行政诉讼法》《行政处罚法》等;也包括由全国人大常委会通过的非基本法,如《国家赔偿法》《治安管理处罚法》。它的法律效力仅次于宪法。它既是对宪法的具体化与实施,也是制定行政法规、地方性法规和规章等的依据。

第三种是行政法规。行政法规是国务院根据宪法、法律制定的有关行政管理事项的规范性法律文件。行政法规的立法目的是保证宪法和法律的实施,有了行政法规,宪法和法律的原则和精神便能具体化,能够更好地、更有效地落实。比如国务院制定的《食品安全法实施条例》《城市供水条例》《报废机动车回收管理办法》等。行政法规作为行政法的法源,起着承上启下的作用,调整着国家经济、社会、文化等各方面的广泛的行政社会关系。它的效力等级低于宪法和法律,高于地方性法规。

第四种是地方性法规。地方性法规是指省、自治区、直辖市以及设区的市的地方人大和地方人大常委会根据本行政区域的具体情况和实际需要,在不同宪法、法律和行政法规相抵触的前提下制定的普遍性法律规范。比如,北京市人大常委会通过的《北京市生活垃圾管理条例》。地方性法规的效力等级低于宪法、法律、行政法规,仅在本行政区域的全部范围或部分区域有效。当然,考虑到立法能力等因素,现行法律规定,设区的市的人民代表大会及其常务委员会制定地方性法规的内容限于城乡建设与管理、环境保护、历史文化保护等方面的事项。

第五种是民族自治地方的自治条例和单行条例。自治条例、单行条例作为行政法的渊源只限于民族自治地方。自治条例是中国民族自治地方制定的有关实现地方自治的综合性法律文件,比如《果洛藏族自治州自治条例》;单行条例则是民族自治地方根据自治权制定的调整某一方面事项的规范性法律文件，比如《云南省红河哈尼族彝族自治州林业管理条例》《临夏回族自治州古树名木保护管理条例》等。根据宪法和《民族区域自治法》规定，民族自治地方的人民代表大会有权制定自治条例和单行条例。自治条例和单行条例作为行政法的渊源，既可以规定民族自治地方的自治机关的组织和工作，也可以规定地方行政管理事务。

第六种是行政规章。行政规章是法定的国家行政机关依法制定的事关行政管理的规范性法律文件的总称。我国的行政规章分为部门规章和地方政府规章两种。部门规章是国务院所属部委根据法律和国务院行政法规、决定、命令，依法发布的各种行政性的规范性文件。如农业农村部制定的《农村土地经营权流转管理办法》。地方政府规章则是由有立法权的地方人民政府，即省级政府和设区的市政府根据法律、行政法规等制定的规范性文件，如南京市人民政府制定的《南京市城乡居民基本医疗保险办法》。

第七种是国际条约。国际条约指两个或两个以上国家或国际组织缔结的确定其权利和义务的各种协议，是国际交往的一种最普遍的法的渊源或法的形式。缔约双方或各方为国际法的主体。国际条约本属国际法范畴，但对缔结或加入条约国家的国家机关、公职人员、社会组织和公民也有法的约束力，在这个意义上，国际条约也是该国的一种法的渊源或法的形式，有高于国内法的约束力。我国政府所签订、加入或承认的国际条约和协定，不少涉及行政管理事务，如《万国邮政公约》《国际劳工公约》等都涉及国家行政管理，调整一定领域的行政管理关系，是行政法的渊源之一。

第八种是法律解释。法律解释，是指有关国家机关依法对宪法、法律、行政法规等已有规范作出的解释性规范。根据全国人大常委会《关于加强法律解释工作的决议》的规定，我国法律解释包括立法解释、司法解释、行政解释和地方解释四种。法律解释同样是我国行政法的渊源之一。

## 三 案例分析

（一）案例一分析

根据相关理论知识可知：我国是成文法国家，行政法的渊源一般只限于成文法。通常情况下，我国行政法的渊源主要有宪法、法律、行政法规、地方性法规、自治条例和单行条例、行政规章、国际条约及法律解释等，不同的法律规范效力等级也存在差异。

2008年5月27日发布的《机动车登记规定》（公安部令第102号）第四十一条规定:"除大型载客汽车以外的机动车因故不能在登记地检验的,机动车所有人可以向登记地车辆管理所申请委托核发检验合格标志。申请前,机动车所有人应当将涉及机动车的道路交通安全违法行为和交通事故处理完毕。申请时,应当提交机动车登记证书或者行驶证。"2012年,公安部发布的《机动车驾驶证申领和使用规定》（令第123号）中第六十一条规定:对道路交通违法行为或者交通事故未处理完毕的、身体条件不符合驾驶许可条件的、未按照规定参加学习、教育和考试的,不予通过审验。实际上,这些规范将车检与违章处理进行了"捆绑"。然而,根据《道路交通安全法》第十三条的规定,对提供机动车行驶证和机动车第三者责任强制保险单的,机动车安全技术检验机构应当予以检验,任何单位不得附加其他条件。显然,对车辆进行安全技术检验是公安机关交通管理部门的法定职责。《道路交通安全法》是《机动车登记规定》等规章的上位法,效力等级也更高,在法律适用的时候,执法主体应当依照《道路交通安全法》第十三条第一款的规定,对符合机动车国家安全技术标准的,发给检验合格标志。现被告以原告车辆有未处理的违法行为为由,未对原告进行安全技术检验的行为,其应属不当。本案诉讼中,法院也是判决原告陈女士胜诉,要求被告在法定期限内履行安全技术检验的法定职责。当然,对于原告陈女士的交通违法行为,原告即执法主体也应依法及时予以纠正或依法作出行政处罚。

### （二）案例二分析

根据相关理论知识可知:在本案中,衢州市国土局提供的《关于同意扩建营业用房项目建设计划的批复》《建设项目选址意见书审批表》《建设银行衢州分行扩建营业用房建设用地规划红线图》等有关证据,难以证明其作出的通知符合《土地管理法》第五十八条第一款规定的"为公共利益需要使用土地"或为"实施城市规划进行旧城区改造,需要调整使用土地"的情形,主要证据不足,故被告主张其作出的通知符合《土地管理法》规定的理由不能成立。根据《行政诉讼法》及其相关司法解释的规定,在行政诉讼中,被告对其作出的具体行政行为承担举证责任,被告不提供作出具体行政行为时的证据和依据的,应当认定该具体行政行为没有证据和依据。

综上,被告作出的收回国有土地使用权具体行政行为主要证据不足,适用法律错误,应予撤销。故本案中行政机关作出具体行政行为时未引用具体法律条款,且在诉讼中不能证明该具体行政行为符合法律的具体规定,应当视为该具体行政行为没有法律依据,适用法律错误。

## 第三节　行政法律关系

### 一　相关案例

#### （一）案例一：L县教育局局长任免案①

2015年11月，经L县人民代表大会常务委员会决定，任命王某为L县教育局局长。2016年4月，中共L县委召开常委会会议，决定免去王某县教育局党组书记和教育局局长的职务。王某对县委常委会决定不服，欲诉诸法律解决。

**案例思考**

本案例中，王某与县委之间是否属于行政法律关系？王某与县委之间的问题能否适用行政法解决？

#### （二）案例二：H兽药门市部请求撤销处罚决定案②

A县H兽药门市部从外省J厂购进80万单位青霉素钾10万支。从外表看，药品的质量合格，但无质量检验合格证。J厂的负责人表示：保证质量符合国家规定的标准，如果两年内出现质量问题，J厂愿负一切法律责任。H兽药门市部的工作人员信以为真，没有索要质量合格证。

5个月之后，A县农牧渔业局兽药监督员发现该批兽药质量不稳定，即取走50支送质检部门检验。检验结果显示不符合国家规定的标准，属劣质兽药，并就此作出处罚决定：没收未出售的4.5万支兽用青霉素钾；没收销售劣兽药非法所得3万元；罚款2万元。

---

① 案例来源：https://m.ishare.iask.sina.com.cn/f/2YUriMXdxiP.html。
② 案例来源：https://www.tiw.cn/q/g8rg6e1e。

H兽药门市部不服处罚决定,向人民法院起诉,要求撤销A县农牧渔业局的处罚决定,理由是:① 兽药是J厂生产的,购买时J厂保证质量合格,并说两年内如发现问题,J厂负一切法律责任,因此,应处罚生产厂家J厂;② 不处罚生产劣兽药的厂家,只处罚销售劣兽药的门市部,不符合法律规定,也显失公平。

### 案例思考

本案例中,H兽药门市部的理由能否成立?

## 二 相关理论知识

### (一)行政法律关系的含义

行政法律关系是经行政法律规范调整的,因实施国家行政权而发生的行政主体之间、行政主体与行政相对人之间的权利义务关系。换言之,行政关系经行政法调整后就形成了行政法律关系。

行政关系与行政法律关系是两个不同的概念,它们有着严格的区别。首先,二者性质不同。行政法律关系属于思想的社会关系,而行政关系则是现实的社会关系。其次,二者同行政法的关系不同。行政关系是行政法的调整对象,而行政法律关系则是行政法调整的结果。最后,二者内容范围不同。行政法并不对所有的行政关系都进行调整,只调整其主要部分,因此,行政法律关系的范围比行政关系的范围要小,但内容层次要高。

### (二)行政法律关系的构成要素

行政法律关系由三个要素构成,即主体、客体和内容。

#### 1.行政法律关系的主体

行政法律关系的主体指在具体的行政法律关系中享有权利、承担义务的当事人,包括行政主体和行政相对人。在我国境内的外国组织和外国人也属于行政相对人的范畴。

行政法律关系的主体是行政法律关系构成的首要条件。没有主体也就谈不上行政法律关系。行政法律关系存在于两个主体或两个以上的主体之间,因此,只有一个主体,没有相对一方,行政法律关系同样不能成立。

### 2. 行政法律关系的客体

行政法律关系的客体指行政法律关系内容即权利和义务所指向的对象，也是权利义务的媒介。行政法律关系的客体包括人身、行为和财物。人身是指人的身体和人的身份。行政行为可以对人的身体和身份发生直接作用，如行政拘留、身份证管理等。行为指行政法律关系主体的作为和不作为。财物指具有使用价值和价值的物质资料。作为行政法律关系客体的财物，可以是物质形式，可以是物质货币形式，也可以是生产资料，还可以是精神财富（专利权、著作权、商标权等）。

行政法律关系的客体是行政法律关系内容的表现形式，没有它，内容就无法体现，从而影响行政法律关系的成立。

### 3. 行政法律关系的内容

行政法律关系的内容是指行政法主体在这一关系中所享受的权利和承担的义务。由于行政法主体分为行政主体和行政相对人，行政法律关系的内容也随之表现为行政主体的职责、职权以及行政相对人的权利、义务。

行政法律关系的内容是行政法律关系的核心，没有它，行政法律关系就失去了存在的意义。

## (三) 行政法律关系的特征

第一，从主体上看，在行政法律关系双方当事人中，必有一方是行政主体，即必有一方是行政管理主体的行政机关或得到授权的其他组织，否则，就不属于行政法律关系。

第二，从内容上看，行政法律关系的内容与国家行政权直接相关。或者说，国家行政权是行政法律关系的核心。行政法律关系其实就是国家实施行政权所引起的关系，与行政权没有联系的社会关系不属于行政法律关系。

第三，从内容处分上来看，当事人对行政法律关系中的权利和义务不能自由处理。如行政主体不能放弃或转让行政职权，行政相对人也不能自由处分自己的权利义务，如一家企业不能将自己的营业执照转让给别人。

第四，从当事人所处的地位来看，行政主体始终处于主导地位，享有行政优益权。不同于民事法律关系中的平等，行政主体的优益权主要表现三个方面：一是行政法律关系的产生、变更、消灭，大多取决于行政主体的单方行为，不以双方意见一致为前提；二是为保证行政法律关系的实现，行政主体可以对行政相对人采取直接强制措施，而行政相对人则不具有这种手段；三是行政主体在实施行政权的过程中享有不少行政特权，而行政相对人是不可能享有这些的。

第五，从解决争议的方式上看，行政主体有处理行政争议的权力，这与民事关系的处理方式完全不同。

## 三、案例分析

### （一）案例一分析

根据相关理论知识可知：王某与县委之间不是行政关系，不适用于行政法，不属于行政法律关系。县委既非行政机关，也非法律、法规、规章授权组织，不是行政主体，故双方之间不存在行政关系。

王某与县委之间的问题不能用行政法解决。县委常委会决定免去王某教育局党组书记职务，属于党内职务任免关系，不属于行政法调整范围。由于县委不具有行政主体资格和地位，其免去王某教育局局长的决定不是行政行为，既不具有行政效力，也不受行政法支配。

### （二）案例二分析

理由不成立。

在本案例中，A县农牧渔业局作为该县政府组成部门、行政机关，具备行政主体资格。实施处罚是法律授予A县农牧渔业局的权力。根据相关理论知识可知：行政法律关系是因实施国家行政权而发生的行政主体之间、行政主体与行政相对人之间的权利义务关系。A县农牧渔业局与H兽药门市部是因行政处罚而形成的权利义务关系，即行政法律关系。

对H兽药门市部的处罚行为是因为该门市部向顾客销售不合格兽药的行为，而不是H兽药门市部与J厂之间批量交易兽药的合同行为。只要有销售假冒伪劣产品的行为就必然有进行行政处罚而引起行政处罚的法律关系。至于该兽药是从何处买来，实际上属于H兽药门市部与J厂之间的民事法律关系。如果兽药不合格的过错是在J厂，H兽药门市部可以在行政诉讼后，另行提起民事诉讼，要求J厂赔偿损失。当地主管机关同样可以对生产不合格兽药的J厂进行行政处罚。

二维码1-4
第一章自测题

二维码1-5
第一章自测题
参考答案

# 第二章

# 行政法的基本原则

## 第一节 行政法的基本原则及其作用

### 一 相关案例

#### （一）案例一：李某被市场监管部门行政处罚案[①]

李某是从事饮食业的个体工商户，出售自制的蛋糕，这些蛋糕未经有关部门进行检验。这一行为被市场监管部门查获。根据有关法律的规定，对此类违法行为，应予以警告、没收违禁食品和违法所得，并处以违法所得一倍以上五倍以下罚款；没有违法所得的，处1万元以下罚款；情节严重的，可责令停业整顿或者吊销其营业执照。在市场监管部门查获前李某出售蛋糕共获利590元。根据上述有关规定，市场监管部门没收了李某尚未出售的蛋糕，没收其违法所得590元，并且市场监管部门认为李某曾因伤害罪而被判刑3年，一年前刚出狱，因此要重罚，又对其处以1500元的罚款。

**案例思考**

本案例中，市场监管部门的行政处罚有没有问题？

#### （二）案例二：李某诉宝鸡市渭滨区人民政府房屋拆迁违法案[②]

李某系宝鸡市渭滨区神农镇陈家村村民，在该村拥有宅基地并建有房屋。2013年12月25日，宝鸡市渭滨区旧城改造领导小组发文成立了陈家村城改办，对陈家村进行城中村改造。2015年9月16日，李某作为乙方与甲方陈家村城改办签订拆迁过渡协议。该协议约定全村实行统一的城中村改造拆迁安置补偿标准，并对于乙方住房面积作了确认，约定了过渡费和搬迁费、奖励的金额，同时约定乙方应在2015年10月15日前签订协议并腾空房屋、交付房屋钥匙，交由甲方实施拆迁。2015年10月2日，李某将房屋腾空并向陈家村城改办交付住房钥匙。但李某一直未得到安置补偿。

---

① 案例来源：https://www.ppkao.com/tiku/shiti/7559664.html。
② 案例来源：http://k.sina.com.cn/article_5182171545_134e1a99902000ukj6.html。

2016年9月11日,陈家村村委会组织实施拆除了李某的房屋。李某不服拆除房屋的行为,于2016年10月17日诉至法院,请求确认宝鸡市渭滨区人民政府(以下简称渭滨区政府)强拆其房屋的行为违法并承担本案例的诉讼费用。

陕西省宝鸡市中级人民法院一审认为,渭滨区政府拆除李某房屋系依据拆迁过渡协议实施的合法行为,判决驳回李某的诉讼请求。李某不服一审判决,提起上诉。陕西省高级人民法院二审认为,陈家村村委会组织实施强制拆除李某房屋的行为系代渭滨区政府实施的受委托行为,相应的法律后果应当由渭滨区政府承担。渭滨区政府既没有依法作出责令交出土地决定,也没有依法申请人民法院强制执行,且在没有完成安置补偿工作的情况下,直接对李某的房屋实施了强制拆除行为,违反法律规定。遂判决撤销一审判决,确认渭滨区政府拆除某房屋的行为违法。

 案例思考

本案例中,为什么渭滨区政府强拆李某房屋的行为不合法?

## 二 相关理论知识

### (一)行政法的基本原则的概念

行政法的基本原则这个概念在我国行政法学界尚未达成共识。较多学者认同,行政法的基本原则是指指导行政法的制定、执行、遵守以及解决行政争议的基本准则、基础性规范,它贯穿于行政立法、行政执法、行政司法和行政法制监督等各个环节。它是对行政法规范的价值和精神实质的高度概括,体现行政法规范的价值取向和目标,反映现代民主法治国家的宪法精神,规范法与行政之间的关系。对其概念的具体理解,体现在以下几个方面。

第一,行政法的基本原则是一种基础性规范,是产生其他具体规则和原则的规范。行政法的原则和具体规则是在其基本原则的指导下形成的。行政法的原则和具体规则不得与其基本原则相抵触。

第二,行政法的基本原则是一种高度抽象并体现行政法基本价值观念的规范。行政法的具体规则体现着行政法原则的精神,这种精神浸透着相应的基本价值观念。

第三,行政法的基本原则是一种普遍性规范,它对行政关系进行宏观的调整和规制。行政执法者在适用行政法具体规则调整特定的行政关系时,必须受行政法基本原则的指导,必须将基本原则的精神与具体规则所确立的具体行政行为结合起来。行政法通过这种法律意识与法则的适用相结合,使行政法的整体功能和目标得以实现。

第四,行政法的基本原则不仅指导、调整行政执法行为,而且指导和调整行政立法、行政司法和行政法制监督等行为。国家权力机关制定行政法律、国家行政机关制定行政法规和规章,都需要受行政法基本原则的指导,行政法律、行政法规和规章都要体现和贯彻行政法的基本原则。

第五,行政法的基本原则在一定场合也直接规范行政行为的实施和行政争议的处理。一般来说,行政法基本原则不直接调整和规范行政行为的实施和行政争议的处理,但在某些特定情况下,相应问题缺少行政法具体规则的调整,或者法律给行政主体或行政争议处理机关较大自由裁量权时,行政行为的实施和行政争议的处理就要直接受行政法基本原则的约束,也就是直接根据行政法基本原则作出相应的行为和裁决相应的行政争议。

二维码 2-1
拓展阅读:
论德国行政法的
基本原则

第六,行政法的基本原则是在行政法调控行政权的历史时期中形成,并由行政法学者概括出来的,而不是由某一个或某一些具体法律、法规规定出来的。

### (二)行政法的基本原则的作用

无论是在法律领域还是在社会领域,行政法的基本原则都有着重要的地位,它的重要地位是通过其作用体现出来的。行政法的作用是多方面的,仅就行政法领域而言,它的主要作用表现在以下几个方面。

第一,行政法的基本原则有助于我国行政法制的统一、协调和稳定。我国行政管理的广泛性、复杂性和多样性,决定了行政法律规范的广泛性、复杂性和多样性。然而,这些广泛、复杂、多样的行政法律规范所体现的基本精神是统一的。同样,由于上述行政管理的特点,我国的行政法律规范更富于变化,但相对于多变的行政法律规范,它们所体现的基本原则是稳定的。在行政立法、行政执法、行政司法和行政法制监督中坚持行政法的基本原则,显然有助于中国行政法制的统一、协调和稳定。

第二,行政法的基本原则有助于我们在适用法律时准确地理解条文和适用条文。行政法的基本原则贯穿于所有的行政法律规范之中,指导着所有的行政法律规范。因此,深刻把握行政法的基本原则,有助于我们认识行政法的实质,有助于在执法和司法中准确理解条文和适用条文。以现实为例,法律中规定对某种类型的违法行为,可以处罚 1000~10000 元,那么到底罚 1000 元、5000 元,还是 10000 元?行政法的基本原则能指导我们更好地处理这类问题。

第三,行政法的基本原则是对行政法条文适用的一种补充。行政法基本原则不仅直接指导对行政法的正确使用,而且也是对行政法条文适用的一种不可缺少的补充。行政法的基本原则与行政法的具体条文是统率与被统率的关系,因此,具体条文不得与基本原则相抵触,否则就要修改。在两者不矛盾的条件下,行政机关和司法机关在处理行政事务和行政案件时,有具体条文的应适用具体条文,无具体条文的,也可直接适用行政法的基本原则。可见,行政法的基本原则既统率行政法具体条文,又是具体条文的补充。

第四,行政法的基本原则直接规范行政主体依法行政。行政法的基本原则直接地、普遍地调整和规范着行政主体的行政行为,对其具有直接的法律约束力。行政主体的行政行为与基本原则相抵触时不仅无效,有关责任者还须承担相应的法律责任。从这个意义上来说,行政法的基本原则是行政主体依法行政的有效保障。

## 三 案例分析

### (一)案例一分析

在本案中,市场监管部门的行政处罚行为是合法的,但不合理。行为合法主要表现在对李某的罚款行为上。本案例中,根据法定的罚款幅度的规定,市场监管部门对李某处以1500元的罚款属于法定的幅度内,其行为没有超越法律,不与法律相抵触,故是合法的。

行为不合理表现在市场监管部门在法定幅度内的自由裁量权行使得不恰当。对李某进行1500元的罚款,除以其违法事实情节等为依据外,还出于一种不正当的考虑而作出了行政处罚行为,违背了合理性原则的要求,属不合理的行为,需予以纠正。

### (二)案例二分析

《土地管理法》《国有土地上房屋征收与补偿条例》等法律、法规对集体土地和国有土地上房屋征收程序和方式均作出了明确规定。行政机关在对土地和房屋征收的过程中,应当遵循"先补偿、后拆迁"原则,依法对被征收人进行安置补偿。在被征收人已经依法得到安置补偿或者无正当理由拒绝接受安置补偿的情况下,政府机关若要实现强制搬迁和拆除,也必须按照法定程序申请人民法院强制执行,在获得人民法院准许强制执行裁定前,行政机关没有直接强制拆除被征收房屋的权利。

本案中,渭滨区政府在李某腾空房屋并交付住房钥匙后实施拆除房屋的行为,从形式上看似乎是依照协议的行为,也不违背李某的意愿。但不可忽视的是,这种"貌似自愿"是建立在被征收人李某并没有获得实质补偿的基础上。李某受政府许诺"奖励"政策的影响,与陈家村城改办签订了拆迁过渡协议,该协议仅对过渡费、搬迁费和奖励金额等进行约定,并未对李某作出实质性补偿安置。渭滨区政府以此作为拆除房屋的依据,不符合"先补偿、后拆迁"原则的立法精神,不利于全面保护被征收人切身利益。

因此,渭滨区政府在没有完成安置补偿工作,又没有依法申请人民法院强制执行的情况下,即强制拆除了李某的房屋,明显违反法律规定,是不合法的。

## 第二节 行政合法性原则

### 一 相关案例

#### (一)案例一:张某诉湟源县人民政府房屋征收强制拆除案[①]

2018年6月,湟源县人民政府因湟源县城台片区四期(一期)项目建设需要,拟对南大街5号某贸易公司住宅楼南大街临街部分房屋实施征收。张某所有的房屋位于征收范围内。因双方未就案涉房屋的征收补偿达成协议,湟源县人民政府于2018年9月作出补偿决定后向张某送达,在张某不服该决定并向西宁市中级人民法院提起行政诉讼期间,湟源县人民政府对案涉房屋实施强制拆除。西宁市中级人民法院经审理后认为,湟源县人民政府作出补偿决定后,在张某对该补偿决定起诉未果且政府未向人民法院申请强制执行的情况下,对张某所有房屋实施强制拆除不符合法律规定,确认湟源县人民政府拆除行为违法。

#### (二)案例二:饮马街办事处和西宁市城中区建设局强制拆除建筑物案[②]

饮马街办事处根据某22-16号院业主反映,经现场核查后认定某电子贸易商行在一层墙面擅自开门,私搭乱建二层建筑物,给该栋居民楼业主的生活、出行带来不便,严重影响消防、急救(诊)的事实。西宁市城中区建设局先后于2017年7月4日、14日两次向该电子贸易商行的法定代表人送达责令改正通知书,责令其在收到通知书之日起按要求立即停止违法建设行为,并限其三日内纠正墙面私自开门现象,逾期未纠正的,将依法进行处罚。2017年8月12日,该电子贸易商行位于东大街22-16号院内建筑物的第二层被强制拆除。西宁市中级人民法院经审理后认为,饮马街办事处和西宁市城中区建设局在未履行事先催告、公告等法定程序的情况下强制拆除原告建筑物的行政行为违法。

---

① 案例来源:https://m.thepaper.cn/baijiahao_7489431。
② 案例来源:https://m.thepaper.cn/baijiahao_7489431。

案例思考

以上两起案件中,政府违背了哪些行政合法性原则?

### (三)案例三:孔某诉江阴某行政机关不履行政府信息公开法定职责案①

2016年9月,原告孔某向被告江阴某行政机关提出政府信息公开申请,要求公开相关资料并提供复印件。被告于同年10月22日作出书面答复(该答复未加盖发文机关印章),并提供了部分资料复印件。原告以被告未全面履行信息公开法定职责为由,向江苏省江阴市人民法院提起行政诉讼。

江苏省江阴市人民法院经审理后认为,被告针对原告的政府信息公开申请作出的书面答复属于行政机关公文范畴,应当符合法定形式要件,即只有加盖被告印章才具有法律效力。而该书面答复并未加盖印章,不符合政府信息公开申请书面答复的法定形式要件,应当认为被告作出的答复行为存在重大且明显违法的情形,系无效行政行为。尽管在审理期间,被告举证时补充提供了部分与孔某申请公开信息内容有关的资料复印件,但上述证据不能作为认定被告的答复行为合法的证据,且原告认为被告补充提供的信息并不全面,仍有部分未予公开。法院依法于2017年5月23日判决确认被告于2016年10月22日向原告作出的信息公开书面答复无效,责令被告在判决发生法律效力之日起15个工作日内针对原告提出的政府信息公开申请履行法定职责。

案例思考

本案例中,江阴某行政机关对孔某的政府信息公开申请作出的书面答复未加盖发文机关印章的行为是否符合行政合法性原则的要求?

### (四)案例四:行政机关作出行政行为未引用具体法律法规条款案②

彭某为某村村民,患有精神残疾,无劳动能力,其家庭成员有其丈夫及儿子。彭某在某村有两层自建房一套,面积110平方米,建于2012年;2017年9月15日,彭某的儿子在市区购买商品房一套,面积105.62平方米,总购房款408010元。2018年11月21日,当地民政局对彭某作出停发最低生活保障金告知单,内容为根据《某省农村居民最低生活保障办法》《某省最低生活保障操作规程》中的两项规定,对彭某作出停发最低生活保障金决定,取消理由为彭某儿子在市区购有商品房。彭某对停发最低生活保障金告知单不服,认为民政局取消其低保待遇适用法律错误,向法院提起行政

---

① 案例来源:http://tyjrswt.nmg.gov.cn/sjwy/fzxc_sj/202103/t20210313_1153474.html。
② 案例来源:https://www.chinacourt.org/article/detail/2019/11/id/4684464.shtml。

诉讼。诉讼中,民政局未向法庭说明作出取消低保决定适用的具体法律依据,彭某请求法院撤销民政局作出的停发最低生活保障金告知单。

 **案例思考**

本案例中,彭某的请求能从行政合法性原则中找到依据吗?

## 二 相关理论知识

### (一) 行政合法性原则的含义

行政合法性原则,指行政主体的活动必须遵守法律。法律规定了行政主体活动的权限、手段、方式,其行政活动都必须以法律为依据,法无明文规定则不得为之。要严格遵守法律的有关规定,违法者必须承担相应的法律责任。其中,行政合法性原则中的法,在现代社会不仅指国家权力机关所制定的法律,而且包括行政机关依授权制定的法规。

二维码 2-2
视频资料:
面包车拉货
由谁来罚款?

### (二) 行政合法性原则的内容

第一,行政主体必须合法,即行政主体的职权由法设定、依法授予。一切行政行为都是以行政职权为基础的,无职权便无行政。然而,行政职权必须合法产生,也就是说,行政主体拥有的行政职权或由法律、法规设定,或由有关机关依法授予,越权则无效。

第二,行政行为依据合法,即行政主体实施的行政行为必须依照和遵循行政法律规范。这里含有"依法行政"和"守法行政"两项内容。它要求每一个行政主体既要依法管理行政相对人,又要在其他行政主体的管理中遵守法律、法规和规章。行政主体既是实施法律的主体,又是遵守法律的主体。行政主体不享有任何法律以外的特权。

第三,行政行为的形式合法,即行政主体实施特定行政行为时,这一行政行为必须符合法律规定的形式。如行政处罚行为,行政主体必须按照《行政处罚法》规定的处罚形式来实施,对于法律没有规定的处罚形式,行政主体不得为之。

第四,行政行为实施的程序合法,即行政主体实施行政行为必须符合法律规定的程序。如行政处罚,与其行为的性质相适应,法律规定必须经过传唤、讯问、取证和适用法律作出裁决四个环节,这就是行政处罚的基本程序,如果不遵循该基本程序,就难以保证行政处罚的正确性。

第五,行政主体必须对违法的行政行为承担相应的法律责任。对于行政主体的行政违法行为,不仅应当确认此行为无效,而且应当追究行政责任者相应的法律责任,这是违法必究精神的体现,也是法治中国建设的必然,有了责任的规定,才能促使行政主体敬畏手中的权力,用心实现依法行政。实践中,包括行政赔偿、行政追偿等在内的行政责任制度便是这一内容的体现。

## 三 案例分析

### (一)案例一和二分析

根据相关理论知识可知:行政合法性原则第四个方面的内容是行政行为实施的程序必须合法,即行政主体实施行政行为必须符合法律规定的程序。

《国有土地上房屋征收与补偿条例》第二十八条第一款明确规定:"被征收人在法定期限内不申请行政复议或者不提起行政诉讼,在补偿决定规定的期限内又不搬迁的,由作出房屋征收决定的市、县级人民政府依法申请人民法院强制执行。"可见,房屋征收部门作出补偿决定后,在该决定规定期限内,被征收人不搬迁的,应依法申请人民法院强制执行,这是房屋征收过程中实施强拆行为的前提条件,同时,实施强拆还应当具备三个条件:被征收人在法定期限内不申请行政复议;被征收人在法定期限内不提起行政诉讼;被征收人在规定期限内不搬迁。而本案例中,张某因不服该补偿决定,已在法定期限内向人民法院提起行政诉讼,依法行使诉权。在此情形下,湟源县人民政府理应待人民法院对补偿决定依法审查并作出相应裁判后,实施后续行政行为。然其在诉讼尚未结束,且未依法向人民法院申请强制执行等强拆前置程序的情况下即采取强拆行为,其强拆行为自然违反法律规定。

《行政强制法》第四十四条为违法建筑行政强制拆除设定了特别程序:"对违法的建筑物、构筑物、设施等需要强制拆除的,应当由行政机关予以公告,限期当事人自行拆除。当事人在法定期限内不申请行政复议或者提起行政诉讼,又不拆除的,行政机关可以依法强制拆除。"可见,在行政机关调查核实确有违法建筑的事实后,方可依法对该违法建筑予以强制拆除,在此之前,应按照上述规定对行政相对人予以公告,令其限期自行拆除并告知其复议、诉讼的权利。而本案例中,饮马街办事处和西宁市城中区建设局并未履行上述程序即联合组织实施了强拆行为,对行政相对人权益造成侵害。而诉讼中亦未提交证明履行强拆违法建筑前置程序的证据,在此种情况下,强拆案涉建筑物的行为当然违法。

在本案例的两起事件中,第一起事件中的湟源县人民政府、第二起事件中的饮马街办事处和西宁市城中区建设局在拆除房屋或建筑物之前都没有履行相应的前置程序,属于典型的程序不合法。

## (二)案例三分析

根据相关理论知识可知:行政行为的形式必须合法,强调的就是行政主体实施特定行政行为时,这一行政行为必须符合法律规定的形式,比如书面形式、口头形式、动作形式等。

行政机关作出的行政行为具有公定力、确定力、约束力和执行力,行政行为的主体、内容、程序、职权、形式均要符合法律规定。行政行为的意思表示必须借助于一定的载体才能为行政相对人所知晓,这种载体就是行政行为的表现形式。法律从规范执法和保护行政相对人合法权益的角度出发,往往对行政行为的形式作出明确规定,如果行政行为不具备法定形式,则构成违法。《党政机关公文处理工作条例》第九条第十三项规定:"公文中有发文机关署名的,应当加盖发文机关印章,并与署名机关相符。有特定发文机关标志的普发性公文和电报可以不加盖印章。"《江苏省政府信息公开暂行办法》第二十一条第二款明确规定,政府信息公开义务人以书面形式向申请人提供政府信息的,应当加盖本机关印章。

在本案例中,被告针对原告孔某的政府信息公开申请作出的书面答复,不属于公文中可以不加盖机关印章的例外情形。因此,被告出具的书面答复没有加盖印章,不符合法定形式要件,即行政行为的形式不合法,属于行政主体方面存在重大且明显违法的情形,故被认定为无效行政行为,这也说明江阴某行政机关对孔某作出的书面答复未加盖发文机关印章这一行为是违背行政合法原则中行政行为形式必须合法这一要求的。

党的十九大报告强调推进全面依法治国,提出坚持依法治国、依法执政、依法行政共同推进,坚持法治国家、法治政府、法治社会一体建设。而监督行政机关依法行政也是行政诉讼法的立法目的之一,行政机关不仅要在法律赋予职权范围内依法行政,也要遵循程序合法性、正当性的要求,避免因本案例中行政主体出具的公文不加盖公章而被确认无效的低级错误发生。

## (三)案例四分析

根据相关理论知识可知:行政合法性原则第二个方面的内容是行政机关作出行政行为必须有明确的法律依据,即行政行为的依据必须合法,且行政审判的审查重点也是行政行为的合法性。本案例中,民政局对彭某作出停发最低生活保障金告知单,虽然在该告知单中引用了《某省农村居民最低生活保障办法》《某省最低生活保障操作规程》两项规定,但未就具体适用哪项条款作出说明。在诉讼中,经法庭询问,民政局也未能证明作出停发最低生活保障金告知单符合哪条具体规定。综上,民政局作出的具体行政行为没有明确的法律依据,属于行政行为的依据不合法。故彭某的请求能从行政合法性原则中找到依据——行政行为的依据必须合法。

## 第三节 行政合理性原则

### 一 相关案例

**(一)案例一:杭州市方林富炒货店事件**①

2018年5月23日,杭州市西湖区人民法院对方林富炒货店诉被告杭州市西湖区市场监督管理局、杭州市市场监督管理局行政处罚及行政复议一案进行了宣判。

方林富炒货店是一家个体工商户,由方某和妻子共同经营,主要卖炒栗子、山核桃、瓜子等炒货。2015年11月初的一天,杭州市西湖区市场监督管理局接到群众举报称该炒货店存在违反广告法的行为,遂进行调查。工作人员到达该店铺后,发现店铺西侧墙上印有两块"方林富炒货店 杭州最优秀的炒货特色店铺""方林富 杭州最优秀的炒货店"内容的广告;店铺西侧柱子上印有一块"杭州最优炒货店"字样的广告牌;店铺展示柜内放置有两块手写的商品介绍板,上面分别写了"中国最好最优品质荔枝干"和"2015年新鲜出炉的中国最好最香最优品质燕山栗子"的内容,展示柜外侧的下半部分贴有一块广告,上面写了"本店的栗子,不仅是中国最好吃的,也是世界上最高端的栗子";对外销售栗子所使用的包装袋上印有"杭州最好吃的栗子"和"杭州最特色炒货店铺"的广告语。

杭州市西湖区市场监督管理局经过调查认为,方林富炒货店在经营场所内外及包装袋上发布广告,并使用"最好""最优""最香""最特色""最高端"等绝对化宣传用语,违反《广告法》的规定,遂作出责令停止发布使用绝对化用语的广告,并处罚款20万元的行政处罚决定。

炒货店认为该行政处罚决定认定事实不清、适用法律错误、罚款数额过高,提起行政复议申请。杭州市市场监督管理局作出维持处罚的行政复议决定。该炒货店仍不服,诉至杭州市西湖区人民法院。庭审中,双方激烈争辩。

---

① 案例来源:http://mp.weixin.qq.com/s/aZAmNIOnNcfpag7ZePTbWw。

关于违法事实是否成立,杭州市西湖区人民法院认为,《广告法》第二条第一款规定:"在中华人民共和国境内,商品经营者或者服务提供者通过一定媒介和形式直接或者间接地介绍自己所推销的商品或者服务的商业广告活动,适用本法。"原告发布"方林富炒货店 杭州最优秀的炒货特色店铺""方林富 杭州最优秀的炒货店""杭州最优炒货店""杭州最特色炒货店铺"属于对店铺的介绍,均属于《广告法》调整范畴。同时,本案中,被告提交的案涉现场及包装袋照片、询问笔录等证据可以证明原告发布的广告内容违反了《广告法》的规定,原告的违法事实成立。

关于罚款数额,法院认为,罚款是行政处罚的种类之一,对广告违法行为处以罚款,除了应适用《广告法》的规定,还应遵循《行政处罚法》的规定。《行政处罚法》中规定了过罚相当原则("设定和实施行政处罚必须以事实为依据,与违法行为的事实、性质、情节以及社会危害程度相当")和处罚与教育相结合原则("实施行政处罚,纠正违法行为,应当坚持处罚与教育相结合,教育公民、法人或者其他组织自觉守法"),还规定了可以从轻或者减轻处罚的情形。本案 20 万元罚款是否明显不当,应结合《广告法》禁止使用绝对化用语所需要保护的法益,以及案件的具体违法情形予以综合认定。

《广告法》是一部规范广告活动、保护消费者合法权益、促进广告业健康发展、维护社会经济秩序的法律。该法明确禁止使用"国家级""最高级""最佳"等绝对化用语。在广告中使用绝对化用语,不仅误导消费者,不当刺激消费心理,造成广告乱象,而且贬低同行,属于不正当的商业手段,会扰乱市场秩序。原告的广告违法行为既要予以惩戒,同时也应过罚相当,以起到教育作用为度。

根据案涉违法行为的具体情况来考量违法情节及危害后果。首先,原告系个体工商户,在自己店铺和包装袋上发布了相关违法广告,广告影响力和影响范围较小,客观上对市场秩序的扰乱程度较轻微,对同行业商品的贬低危害较小。其次,广告针对的是大众比较熟悉的日常炒货,栗子等炒货的口感、功效为大众所熟悉,相较于不熟悉的商品,广告宣传虽会刺激消费心理,但不会对消费者产生太大误导,商品是否真如商家所宣称"最好",消费者自有判断。综合以上因素,法院认为原告的案涉违法行为情节较为轻微,社会危害性较小,对此处以 20 万元罚款,在处罚数额的裁量上存在明显不当。

根据《行政诉讼法》规定,行政处罚明显不当的,人民法院可以判决变更。最终,杭州市西湖区人民法院判决,变更杭州市西湖区市场监督管理局的行政处罚决定中"处以罚款 20 万元"为"处以罚款 10 万元",撤销杭州市市场监督管理局的行政复议决定。

 **案例思考**

本案例的行政处罚即对炒货店罚款 20 万元是否违背了行政合理性原则中的公平性?

## (二) 案例二：李某诉临猗县人民政府公开招聘事业单位工作人员案①

行政复议申请人李某因对被申请人山西省临猗县人民政府在该县 2017 年公开招聘事业单位工作人员考试中，取消其面试资格决定不服，向复议机关申请行政复议。

申请人称，申请人参加了临猗县 2017 年公开招聘事业单位工作人员考试，报考单位和岗位为某服务中心管理岗，笔试成绩位列该岗位第一，进入面试资格复审人员名单。但在随后公布的资格复审合格人员名单中并没有申请人，后被告知因为申请人没有提供报到证，不符合复审要求的条件被取消面试资格。申请人认为被申请人取消其面试资格违反法律法规，违反公开、公平、公正以及诚信原则，严重侵犯了申请人的合法权益，要求撤销被申请人取消申请人面试资格的决定，责成被申请人停止执行取消申请人面试资格的行政行为。

被申请人称，被申请人公开招聘工作领导组认为申请人不能提供报到证，属于证件不全，资格复审不合格，是严格依据《2017 年临猗县公开招聘事业单位工作人员实施方案》的要求作出的决定，认定事实清楚、适用依据正确、程序合法、内容适当，并未违反任何法律法规的规定，更未违反公平、公开、公正及诚信原则，申请人要求撤销该决定的理由不能成立。

最后，复议机关作出决定，撤销了被申请人作出的取消申请人面试资格的决定，理由如下：第一，对于申请人所报考岗位要求，被申请人在复审阶段作出与初审阶段要求不一致的解释是不合理的；第二，对于是否应该提交报到证，应结合考生实际学习经历和岗位报考条件来确定，本案中结合申请人的学习经历，不应要求其提供报到证，且岗位报考条件并未要求全日制学历，申请人不提供报到证并不违反《2017 年临猗县公开招聘事业单位工作人员实施方案》和岗位报考条件的要求。基于对申请人所报岗位复审阶段的资格要求的错误解释，被申请人作出取消申请人面试资格的决定有失公允，违反了行政合理性原则，应予纠正。

### 案例思考

本案例中，行政合理性原则直接运用的意义何在？

## (三) 案例三：麻花添加剂不合格罚款 50000 元案例②

胡某是当地一家超市的个体户，2020 年 7 月 18 日，胡某从当地大市场购进 8 斤

---

① 案例来源：《行政复议法实施二十年研究报告》，中国法制出版社，2019 年版。
② 案例来源：https://yuanyulai.blog.caixin.com/archives/215343。

麻花价值48元。2020年7月23日,当地市场监督管理局对胡某经营的食品进行抽样检验,其中包含案涉麻花,经检验报告显示添加剂不符合食品安全国家标准,因此当地市场监督管理局于2020年11月24日对原告作出没收违法所得52元,并处以罚款50000元的行政处罚。胡某不服,向当地法院提起诉讼。

原告胡某认为,首先,该处罚决定认定事实和适用法律错误。原告已向被告说明了案涉油炸麻花购买于菜市场小摊。作为个体经营者,原告在进货之初,已完成了对经营者资质及油炸麻花的新鲜程度、生产日期等基本情况的查验义务,其对购进的油炸麻花存在添加剂超标的情形不知情,也不可能知道。其次,原告没有任何过错,且已向被告说明了货物的来源等,因此,可以对其免予处罚。本案中原告从大市场购进8斤油炸麻花进行销售,采购数量较小,涉及货值仅48元,属于违法行为轻微的情形。最后,被告已认定原告的违法行为轻微,故对原告应适用《行政处罚法》第二十七条第二款规定;且原告在被查处后及时予以纠正,没有造成任何危害后果,因此,依法不应对其行政处罚。被告没有合理把握法律赋予的行政自由裁量权行使边界,不分情节,罚款50000元明显错误。

被告当地市场监督管理局则认为,第一,检测检验机构制作的检验报告合法有效。承检机构在抽样时,制作了食品安全抽样检验抽样单,上述现场执法文件,原告经营者胡某均签字认可。虽然原告案涉金额较小,也应予以处罚。第二,原告货值48元,属于该规定所称的轻微违法行为,被告所作处罚符合规定。原告作为经营者,其销售行为已经违规。被告已告知其申辩、申请听证权利。第三,原告作为经营者,对所购进货品质量具有查验义务,且原告未向供货商索取相关证明文件存在过错,应承担相应的责任。

法院认为本案中案涉麻花系胡某从大市场购进并提供了上家的营业执照和食品经营许可证等相关证据材料,已履行验货义务,且数量少、违法情节轻微,被查处后主动纠正违法行为。对原告经营者胡某应遵循批评教育为主、处罚为辅的原则。被告对原告作出的行政处罚结果明显不当,故撤销被告市场监督管理局行政处罚决定。

**案例思考**

请结合本案例谈谈你对行政合理性原则的理解。

## 二 相关理论知识

### (一)行政合理性原则的含义

行政合理性原则是指行政行为的内容要客观、适度、符合公平正义等法律理性,也就是行政机关的自由裁量行为要做到合情、合理、恰当和适度。因为要求法律对所有的行政行为都予以具体的详细的规定是不现实的,所以行政机关就被赋予了一定的自由裁量权,使其视具体情况作出相应的行为。但仅以行政合法性原则限制自由裁量权是不够的,必须以行政合理性原则作为限制。

### (二) 行政合理性原则的内容

作为行政法的基本原则之一,行政合理性的内容主要体现在以下四个方面。

(1) 行政行为具有正当性,即行政主体作出的行政行为,在主观上必须出于正当的动机,在客观上必须符合正当的法律目的。

(2) 行政行为具有平衡性,即行政主体在选择作出某种行政行为时,必须注意权利和义务,注意个人所受到的损害与社会所获得的利益,个人利益与国家利益、集体利益之间的平衡。

(3) 行政行为具有公平性,即行政主体要平等对待行政相对人,不偏私、不歧视,平等对待是我们生活中相互交往的基本原则,也是行政主体在履行职责、行使自由裁量权时必须遵循的原则。

(4) 行政行为具有情理性,即行政主体作出行政行为,必须符合客观规律,要合乎情理,不能要求行政相对人承担其无法履行或违背情理的义务。

二维码 2-3
身边故事:
上海一居民被罚款 14.42 万元,这合理吗?

### (三) 行政合法性原则与行政合理性原则之间的关系

(1) 二者都是行政法的基本原则,不可偏废。行政主体的行政行为必须既合法又合理,任何合法不合理或合理不合法的行为均是不被许可的。

(2) 行政合法性原则是主要原则,行政合理性原则是补充原则。行政合理性原则必须以合法性原则为前提。合理是合法范围内的合理,任何违法的所谓"合理"都是不允许的。

(3) 行政合法性原则既适用于羁束行政行为,又适用于自由裁量行为,而合理性原则只适用于自由裁量行为。

(4) 行政合法性原则既适用于行政管理,又适用于行政诉讼,而合理性原则不适用于行政诉讼。

(5) 违反行政合法性原则构成行政违法,违反合理性原则构成行政不当。控制和纠正行政违法与行政不当是我国行政法的重要任务。

二维码 2-4
阅读材料:
行政合理性原则的比较与实证研究

## 三 案例分析

### （一）案例一分析

根据相关理论知识可知：行政行为应具有公平性，即要求行政主体平等对待行政相对人，不偏私、不歧视。平等对待是我们生活中相互交往的基本原则，也是行政主体在履行职责、行使自由裁量权时必须遵循的原则。比如，一个行政相对人有多大过错，就对应给其多重的处罚，实现"过罚相当"。同时，《行政处罚法》规定，设定和实施行政处罚必须以事实为依据，与违法行为的事实、性质、情节以及社会危害程度相当。在本案中，方林富炒货店中的店堂广告、手写广告和为数不多的小包装袋广告，由于其受众层面较窄，一般情况下，应当首先考虑认定其情节较轻，社会危害较小，应减轻或不作行政处罚；且方林富炒货店违法行为的事实存在不同认定的可能性，其性质属于不知法而违法，情节显著轻微并及时纠正，主动减轻乃至消除了危害后果，其事实上的社会危害程度极低，在此情况下，应当作出相应的行政处罚。而杭州市西湖区市场监督管理局直接作出罚款 20 万元的行政处罚显然不符合《行政处罚法》所规定的过罚相当原则，也不符合常识、常情、常理，违背了行政合理性原则中的公平性。杭州市西湖区人民法院判决，变更杭州市西湖区市场监督管理局的行政处罚决定中"处以罚款 20 万元"为"处以罚款 10 万元"，是对行政合理性原则公平性的捍卫。

### （二）案例二分析

根据相关理论知识可知：合理性原则是法律捍卫公平正义的充分体现，是实现个案正义的核心准则，更是展现新时代良好行政面貌和实现法治目标的基本要求。

在本案例中，复议机关直接适用合理性原则进行裁决，这也是行政复议化解行政争议的优势所在。根据《行政复议法》的规定，行政复议机关可以对被申请决定的合理性进行全面审查，而没有局限于行政诉讼的"明显不当"标准。此外，复议机关认为对于是否应该提交报到证，应结合考生实际学习经历和岗位报考条件来确定，岗位报考条件并未要求全日制学历，申请人不提供报到证并不违反实施方案和岗位报考条件的要求，被申请人对申请人所报岗位复审阶段资格的要求解释错误，并作出取消申请人面试资格的决定有失公允，违反了行政合理性原则，应予纠正。复议机关也据此作出了撤销决定。

可见，在《行政复议法》和《行政复议法实施条例》尚未对合理性审查标准作出明确规定的情况下，复议机关结合法治政府建设的目标，并按照合理性原则的学理解释，对被申请决定是否违反合理性原则结合个案进行了有针对性的审查，直接回应了申请人的复议请求,实质性地化解了行政争议,对于倒逼行政人员依法、审慎行使权力,从而提高依法行政水平,助力良好行政目标的实现,促进法治政府建设中老百姓获得感和满意度的提升,具有一定的示范意义。

### (三)案例三分析

根据相关理论知识可知:行政合理性原则是指行政行为的内容要客观、适度、符合公平正义等法律理性,也就是行政机关的自由裁量行为要做到合情、合理、恰当和适度。在本案例中,胡某从大市场中购进的麻花经检验报告显示添加剂不符合食品安全国家标准,当地市场监督管理局按照这一标准,依据相关法律法规对胡某进行行政处罚本无不当。但是,当地市场监督管理局罚款 50000 元在本案例中又确实属于自由裁量权使用过度,与行政合理性原则相背。故当地法院认为被告对原告作出的行政处罚结果明显不当,并判决撤销被告市场监督管理局行政处罚决定,这是对当地市场监督管理局过度行使自由裁量权的纠正。最后当地法院提出对原告经营者胡某应遵循批评教育为主、处罚为辅的原则也体现出行政合理性原则,符合行政合理性原则中合情、合理、恰当和适度的要求。

二维码 2-5
第二章自测题

二维码 2-6
第二章自测题
参考答案

# 第二篇 行政法主体篇

# 第三章

# 行政主体

# 第一节　行政主体与行政法主体

## 一　相关案例

### （一）案例一：购物忘付款，超市罚10倍[①]

小张今年21岁，还是一位在校大学生。一天晚上，小张去超市想买点菜和生活学习用品，当时先是选了一支4.8元的笔，后来买菜的时候，左手拿着鸡蛋右手拎着肉，也不知道什么时候随手把笔放进兜里了，结果结完账要离开的时候门口的机器报警了。这时小张才想起来笔还在自己的兜里，但是忘记付钱了。机器报警之后，小张主动和超市的工作人员解释自己不是故意不给钱，确实是粗心大意忘记了。而超市工作人员的态度却很强硬，店员坚持认为这个行为按照超市的规定得罚款100元，无奈之下小张同意罚款，过了一会儿店员询问了小张的年龄，得知他只有21岁时把罚款金额降到了50元。店员表示按照规定原价为4.8元的笔必须按照20倍罚款100元，但是考虑到小张年龄小就罚款10倍。对于这样的处罚方式，小张觉得很伤心，也很不理解。小张认为，自己还是个在读大学生，买支笔就是放假回家学习用下，别的都付钱了，并不是故意把笔放在兜里不给钱，不过是粗心大意放兜里了，事发之后自己也和店员解释了一番，希望能够补交4.8元的笔钱，但是超市店员却非要自己按照10倍罚款。虽说自己有错在先，也愿意补交笔钱并接受罚款，但是超市这样的处罚未免有些得寸进尺，且面对店员如此强硬的态度，小张越想越生气，抱怨道："怎么说自己也是家门口的老顾客，又不是给不起一支笔钱，何必弄得双方这么难看呢？"

之后，小张再次来到超市。超市工作人员解释说，小张把东西装在兜里没有结账，按照规定这属于偷窃行为，自己也只是合理执行超市的规章制度，做错了就得惩罚，这是无可厚非的。那么超市到底是不是真的存在工作人员所说的规章制度呢？这种罚款业务是否真的合理呢？对于这一系列的问题，工作人员支支吾吾没有给出明确的答复。一路追问下，工作人员推翻了自己的说法，并明确表示超市之前并不存在这类规定。几分钟之后，超市的负责人也赶到了现场，表示抛开条文规定不谈，正常来说，只

---

[①] 案例来源：https://haokan.baidu.com/v？pd＝wisenatural＆vid＝12163341903834338535。

要是偷窃就得罚款,更何况小张已经是个成年人了,又不是个孩子,做错了事就得承担相应的后果。负责人还说,如果当天机器没有报警,顾客就直接这样走了,以后要是每位顾客都这么做,超市还怎么营业。对于负责人这样的说法,小张并不认可,既然事情已经发生了,那就解决问题,不要纠结如果的事情,按照负责人的说法,如果自己不来超市不也就没有这些糟心事了?最后,双方各执一词,小张的这一行为是否属于盗窃将由警方处理定性。

二维码 3-1
视频资料:
4块8毛钱买笔,顾客竟被超市罚款10倍

 **案例思考**

① 本案例中,超市是否具有行政主体资格?
② 本案例中,超市"偷一罚十"的规定合法吗?

### (二)案例二:女教师诉教育局不处理教师申诉案[①]

2020年10月16日至10月24日,教师姚某通过在个人自媒体账号发布视频等方式,就其2020年10月参加的焦作市第十七中学的高级职称推荐与申报工作,表达诉求、疑惑和不满意见等。2020年10月28日,姚某到焦作市山阳区纪委监委派驻焦作市山阳区教育局纪检监察组反映问题,并提交反映信。同月29日,姚某就有关焦作市第十七中学教师职称评审的有关问题向校长反映情况、表达意见,校长进行了口头回复。同月30日,焦作市山阳区教育局向姚某作出山阳区教育局实名信访举报受理告知书,姚某在该受理告知书上签名。2020年11月4日至11月25日,焦作市山阳区教育局针对姚某提出的信访诉求,通过官方微博、见面等方式对姚某反映的信访问题进行反馈。2020年12月10日,姚某向焦作市山阳区教育局邮寄教师申诉书,要求被告焦作市山阳区教育局彻查焦作市第十七中学职称推荐与评审过程,依法宣布职称评审结果无效并重新作出处理,依法查处评定过程中的违纪者。焦作市山阳区教育局于同月11日收到该教师申诉书,未予回复。2021年1月11日,姚某提起本案诉讼。最终,焦作市山阳区人民法院一审判决认为:该教师申诉书要求解决的是姚某与其所在的焦作市第十七中学之间因职称评审发生的争议,该争议属于特定的人事管理范畴,焦作市山阳区教育局对该争议处理与否属于教育行政部门履行内部管理职责形成的法

---

① 案例来源:https://baijiahao.baidu.com/s?id=16968412875361148 20&wfr=spider&for=pc。

律关系,不属于《行政诉讼法》规定的可以提起行政诉讼的范围。故原告姚某提起本案诉讼,不符合法律规定的起诉条件,对其起诉依法应不予立案,已经立案的,应裁定驳回起诉。

姚某对焦作市山阳区人民法院的一审判决结果不满,随后向河南省焦作市中级人民法院上诉。2021年4月29日上午,河南省焦作市中级人民法院对姚某诉焦作市山阳区教育局不处理教师申诉一案公开开庭并当庭宣判,裁定驳回姚某的上诉,维持焦作市山阳区人民法院的一审裁定。焦作市中级人民法院经过审理后认为,根据《教师法》第三十九条的规定,教师有向教育行政部门申诉的权利,教育行政部门也应当在法律规定的期限内对教师申诉作出处理。但并非公民、法人或者其他组织与行政机关之间的争议均属人民法院行政诉讼受案范围,教师对教育行政部门未处理其申诉提起行政诉讼的,仍需符合《行政诉讼法》的规定。姚某系焦作市第十七中学教师,其对焦作市第十七中学职称评审过程及结果有异议,向焦作市山阳区教育局提出申诉,请求彻查焦作市第十七中学职称推荐与评审过程,依法宣布职称评审结果无效并重新作出处理,依法查处评定过程中的违纪者。焦作市第十七中学组织的高级职称推荐与申报工作,属于学校的人事管理事项,焦作市山阳区教育局因该事项对焦作市第十七中学进行的监督属于内部监督,不属于人民法院行政诉讼受案范围,遂依法作出上述裁判。

**案例思考**

本案例中的争议处理属于教育行政部门履行内部管理职责形成的法律关系,姚某为什么不能向法院就此争议提起行政诉讼呢?

### (三) 案例三:综合行政执法体制改革下行政处罚的主体资格案①

2018年6月15日,甲区安全生产监督管理局(以下简称安监局)对A公司进行安全生产检查,发现A公司存在下列问题:① 生产经营单位未与承包单位、承租单位签订专门的安全生产管理协议;② 未在承包合同、租赁合同中明确各自的安全生产管理职责;③ 生产经营单位将生产经营场所出租给不具备安全生产条件的单位;④ 未对承包单位、承租单位的安全生产统一协调、管理。甲区安监局针对上述问题出具了责令限期整改指令书,要求A公司针对上述问题于2018年7月5日前整改完毕,后A公司积极整改。2018年8月14日甲区安监局对上述问题进行复查,认定A公司已整改到位,不存在上述问题。

2018年9月13日,A公司收到一份行政处罚告知书:"2018年6月15日,甲区安监局执法人员检查时发现你单位存在下列违法行为:① 生产经营单位未与承包单位、承租单位签订专门的安全生产管理协议;② 未在承包合同、租赁合同中明确各自的安

---

① 案例来源:http://www.szwlawer.com/nd.jsp? id=74。

全生产管理职责;③ 生产经营单位将生产经营场所出租给不具备安全生产条件的单位;④ 未对承包单位、承租单位的安全生产统一协调、管理。2018年6月20日,甲区安监局将上述案件材料移交甲镇综合执法局依法处理。经核查,对上述违法行为给予行政处罚。"因上述行为违反了《安全生产法》第四十六条的相关规定,故依据《安全生产法》第一百条、《安全生产违法行为行政处罚办法》第五十三条,对上述四项违法行为分别裁量,合并处罚,拟对A公司作出没收违法所得四十三万六千六百零四元,并处罚款人民币一百七十四万六千四百一十六元的行政处罚,文末尾盖有甲镇人民政府的公章。因该行政处罚涉及的数额较大,遂A公司申请听证。

在听证过程中,A公司提出:甲镇人民政府的处罚主体是否适格,即甲镇人民政府是否有处罚权限?

最终,甲镇人民政府针对A公司仅作出2万元的行政处罚。

**案例思考**

本案例中,A公司为什么会质疑甲镇人民政府的处罚主体资格?

## 二 相关理论知识

### (一) 行政法主体的概念

行政法主体是指行政法调整的各种行政关系中承受权利和义务的参加人,包括组织与个人。组织包括国家机关(主要是行政机关)、企事业单位、社会团体和其他组织。个人包括国家公务员、公民、外国人和无国籍人等。行政法主体主要包括以下三方面意思。

(1)行政法主体是行政关系的参加人,如果不是行政关系的参加人,就不能成为行政法主体。

(2)只有行政关系受行政法调整时的行政关系参加人才是行政法的主体。也就是说,如果相关参加人参与到行政关系中,但这种行政关系并没有受到行政法调整,相关参加人就不是行政法的主体。

(3)行政法主体是指在行政法律关系中权利和义务的承受者,并不包括所有行政法律关系的参与人,即这些主体要有能够承受权利和义务的资格和能力。比如,在一个因行政处罚而形成的行政关系中,执行处罚的公务人员代表有处罚权的行政机关实施行政行为,但公务人员不是行政法主体,只有行政机关才是行政法的主体,具有承受权利和义务的资格。因此,如果这种处罚行为被起诉的话,行政机关才是适格被告,而不是公务人员。

## （二）行政主体的概念

行政主体是一个外来术语,在法国、德国等大陆法系国家的行政法学中,其主要指国家、地方自治团体和公务法人。在我国,行政主体通常被定义为:依法享有行政职权或负担行政职责,能够以自己的名义对外行使行政职权,且能够对外独立承担法律责任的国家行政机关和法律、法规授权组织。

我国的行政主体主要可以分为国家行政机关和法律法规授权组织两大类。国家行政机关主要包括各级人民政府和县级以上各级人民政府的组成部门,但需注意,并非所有的行政机关都能成为行政主体,并非行政机关在所有场合都能成为行政主体,因为行政机关具有民事主体与行政主体双重身份,或者说行政机关也可以作出"民事行为"。法律、法规授权组织相关内容在本章第三节将详细介绍。

## （三）行政主体与行政法主体的区别

行政主体与行政法主体这两个概念既相互联系,又有着重要的区别。

首先,范围不同。行政主体只是行政法主体的一种。行政主体是与行政相对人相对应的一个概念,行政主体不包括行政相对人,而行政相对人则可以作为行政法主体而存在。

其次,性质不同。行政主体只有在行政管理法律关系中才具有真正的主体地位,而在其他行政关系中,则不能体现它真正的主体地位。比如,在行政法制监督关系中,行政主体是处于被监督的对象地位。而行政法主体则在各种被行政法调整的行政关系中都处于主体的地位。

## 三 案例分析

### （一）案例一分析

关于问题①,"超市"显然不具有行政主体资格。根据相关理论知识可知:我国的行政主体主要包括国家行政机关和法律、法规授权的组织,超市既不是行政机关,也没有得到法律、法规授权,显然超市不具有行政主体资格。

关于问题②,需要在问题①的基础上解决。在本案例中,超市既然不是行政机关,也不是法律、法规授权的组织,因此,超市不属于行政处罚的实施机关,不具有行政处罚权,也就不能作出行政处罚行为。故超市的"偷一罚十"规定显然不具有行政约束力,最多只能算是一种"警示语"或"告示语",超市依据其店堂告示对顾客处以罚款是无效的。

那么,如果现实中真出现了这样的问题,超市就没办法了吗?当然有,涉及这类行为的处罚,实际上主要是靠《治安管理处罚法》,相应的行政主体应该是公安行政机关,也就是说,如果是涉嫌偷盗,超市这种情况下可以选择报警,此时"违法"的事实认定还存在争议。即便是真的要处罚,也应该让公安机关来进行处理或处罚,如果由超市工作人员来进行处罚,就会涉及违法侵权。公安机关才是这种治安纠纷处理的行政主体。

## (二)案例二分析

根据相关理论知识可知:只有行政关系受行政法调整时的行政关系参加人,也就是行政法律关系中的参加人,才是行政法的主体;更具体一点,如果相关参加人参与到行政关系中,但这种行政关系并没有受到行政法调整,参加人也不是行政法的主体,因此也就不能提起相应的行政诉讼。本案例中,根据《教师法》第三十九条的规定,教师姚某有向教育行政部门申诉的权利,教育行政部门也应当在法律规定的期限内对教师的申诉作出处理。但并非公民、法人或者其他组织与行政机关之间的争议均属人民法院行政诉讼受案范围,教师对教育行政部门未处理其申诉提起行政诉讼的,仍需符合《行政诉讼法》的规定。姚某与其所在的焦作市第十七中学之间因职称评审发生的争议属于特定的人事管理范畴,且焦作市山阳区教育局对该争议处理与否属于教育行政部门履行内部管理职责形成的法律关系,这一法律关系并不符合《行政诉讼法》的相关规定,这也说明焦作市山阳区教育局在本案中并非行政法主体,故姚某不能对焦作市山阳区教育局提起行政诉讼。

## (三)案例三分析

根据相关理论知识可知:在我们国家,行政主体主要包括两大类。一类是国家行政机关,另一类是法律、法规授权的组织。然而,行政主体又必须同时满足三个要件:一是行政主体必须享有行政职权;二是行政主体必须能够以自己的名义对外行使行政职权;三是行政主体必须能够对自己的行为独立承担法律责任。显然,本案例中的甲镇人民政府属于国家行政机关,但其是否满足以上三个要件还有待进一步验证。

根据《行政处罚法》的规定,行政处罚由违法行为发生地的县级以上地方人民政府具有行政处罚权的行政机关管辖,法律、行政法规另有规定的除外;《安全生产违法行为行政处罚办法》规定,县级以上人民政府安全生产监督管理部门对生产经营单位及其有关人员在生产经营活动中违反有关安全生产的法律、行政法规、部门规章、国家标准、行业标准和规程的违法行为实施行政处罚,适用本办法。县级以上人民政府安全生产监督管理部门才有处罚权,甲镇人民政府并不具有处罚权。这也就是A公司质疑甲镇人民政府的处罚主体资格的重要缘由。

后 A 公司查阅相关资料得知：为了提高执法效率，解决多头执法等问题，2002 年，国务院出台了《关于进一步推进相对集中行政处罚权工作的决定》，决定进一步在全国推进相对集中行政处罚权工作。后为了加强城市管理，提高行政执法效能，进一步贯彻国务院相对集中行政处罚权的思想，甲省人民政府与甲市人民政府先后出台了《省政府办公厅关于甲市开展相对集中行政处罚权工作的函》《市政府关于甲区开展镇域相对集中行政处罚权工作的批复》《关于公布甲市甲区第一批镇域综合行政执法集中行政处罚权目录的通知》等，甲市甲区人民政府将 643 项行政处罚权及相应的监督检查权、强制措施权集中到各建制镇行使，A 公司所涉及的四项违法行为属于该管辖范围。

故因城市管理相对集中行政处罚权的措施的实施，原本并无管辖权的甲镇人民政府得以拥有管辖权，甲镇人民政府也就符合以上三个行政主体必须要件，成为适格的行政处罚主体，所以 A 公司质疑甲镇人民政府的处罚主体资格不成立。

## 第二节　行政机关

### 一　相关案例

#### （一）案例一：王某诉江苏省南通市通州区人民政府房屋拆迁管理案[①]

2015 年，江苏省南通市通州区兴东街道办作出执法限拆字〔2015〕第 06 号限期拆除决定书，兴东街道办后来想以此决定书为依据将王某房屋限期拆除。王某对该决定不服，于是以江苏省南通市通州区人民政府（以下简称通州区政府）为被告向江苏省南通市中级人民法院提起上诉。最后，江苏省南通市中级人民法院于 2018 年 3 月 7 日作出〔2018〕苏 06 行初 52 号行政裁定，裁定结果为不予立案；依据为：作出执法限拆字〔2015〕第 06 号限期拆除决定书的主体是兴东街道办，该办事处具有独立的诉讼主体资格。故王某以通州区政府为被告，诉请确认通州区政府作出限期拆除决定书的行为违法属于错列被告。王某对一审裁定不服，又向江苏省高级人民法院再次上诉，江苏

---

① 案例来源：https://wenshu.court.gov.cn/website/wenshu/181107ANFZ0BXSK4/index.html? docId=0269dcf1727545ff8b2aabd200d4709e。

省高级人民法院于 2019 年 1 月 23 日作出〔2018〕苏行终 1968 号行政裁定,裁定驳回上诉,维持一审裁定。王某仍不服,在法定期限内向江苏省高级人民法院申请再审。江苏省高级人民法院依法组成合议庭对本案进行了审查,现已审查终结,依旧是维持原裁定。

 **案例思考**

本案例中,作为街道办事处的兴东街道办能够成为行政诉讼的适格被告吗?

### (二)案例二:"西瓜办"风波①

郑州市周边地区盛产西瓜,每年夏季瓜农会使用不同的运输工具把自产的西瓜拉到郑州市城区销售,这给郑州市的交通和卫生管理带来了很大的工作压力。为了应对西瓜无序销售对交通、环境、卫生等方面的影响,郑州市政府从 2006 年起成立了一个临时的"郑州市西瓜销售服务工作领导小组",领导小组办公室设在郑州市供销社,这就是"西瓜办"。和往年一样,"西瓜办"在 2014 年 5 月 28 日动员会议后再次启动,刚刚从新郑市副市长调任郑州市供销社主任的刘某按照惯例出任办公室常务副主任。当时,刘某提出使用自媒体为瓜农和市民服务的想法,得到了市领导的支持。于是于当天 20:33 在新浪微博注册了@西瓜办。

在"西瓜办"微博上线的最初,从网友跟帖情况看,调侃、质疑与批评类的内容占了绝大部分。例如,网友纷纷表示,"南瓜怎么办?冬瓜怎么想?"尽管也有网友表示"支持西瓜办";但更多的是质疑的声音,直指"无论'馒头办'还是'西瓜办',都是'麻烦办'""政府手也伸得太长了";有的则直接发问"你是什么部门,归谁管理,又管理什么?有编制吗?""西瓜办服务瓜农是免费的还是收费的?"随后的 10 多天里,电话、短消息、微博、微信、私信、电子邮件等,各路采访轰炸般纷至沓来,"西瓜办"反复声明"职责是协调和督促相关责任单位为瓜农和市民服务,所有服务都是免费的,'西瓜办'一不收费、二不盖章、三不办证,请大家来监督"。

后来,扎扎实实的工作让"西瓜办"稳稳地站住了脚,"西瓜办"不收费、不盖章、只服务。"西瓜办"进行了瓜农进社区收费的整改,瓜农被偷和收到假钱的资助,在郑州市的城区设置了 595 个临时瓜棚,让瓜农遮风避雨同时有一个固定的场所,也方便了城市管理。"西瓜办"还制作了西瓜地图,把纸质版本发给社区的市民,使用电子版本在微博和微信进行宣传,让更多人知道在哪里可以方便地买到西瓜,使得瓜农不用和城管"捉迷藏"。

---

① 案例来源:http://zqb.cyol.com/html/2014-06/19/nw.D110000zgqnb_20140619_1-11.htm。

"西瓜办"微博在社交网络因处处体现出真心实意为瓜农服务,展示出政府的人性化服务的一面,获得了广大群众的一致称赞。实际上,郑州"西瓜办"每年只在西瓜集中上市期间设立,随后就会解散,一般由市供销社、行政执法局、公安局、商务局等单位临时抽调人员组成,兼职工作,工资均由本单位发放,日常办公经费和瓜棚由市里拨付和监管。郑州市取消了"西瓜办"后,"西瓜办"微博仍坚持更新维护,成为郑州市网络亲民的一大亮点,并入选复旦发展研究院传播与国家治理研究中心发布的"2017年中国网络理政十大创新案例"、人民日报社与微博评选的"2018年全国十大农业微博"。

 案例思考

本案例中,郑州市的"西瓜办"属于行政机关吗?

## 二 相关理论知识

### (一)行政机关的概述

行政机关是指依法设置的承担行政事务、实现行政目的,并能独立对外进行管理的基本组织体。行政机关具体有以下几层含义。

(1)行政机关是一个集合概念,是指两人以上的组织体,而不是某一职位。在国外,存在一人机关,比如美国总统、日本地方的审计专员等,但我国的行政机关都是两人以上的组织体。在公共行政组织中,行政机关是其核心组成部分,承担了大量重要的公共行政事务,有着重要的地位。这是因为行政机关具有传统的科层制的特点,执行力强,便于管理和控制,有利于行政目标的实现。

(2)行政机关存在的目的是承担行政事务、实现行政目的。行政机关的使命就是行使国家行政权力,履行国家行政职能,包括对国家安全、经济、社会、文化和生态环境等公共事务进行组织管理。这就将其同国家立法机关、司法机关区别开来。相较而言,行政机关直接面对行政相对人,对公共事务进行连续、不间断的管理和服务;而立法机关的主要任务是行使立法职能、制定法律规则和对重大事项进行决策;司法机关则主要行使司法职能(主要是审判职能和检察职能),对各种纠纷案件进行裁判,以保障法律的落实。

(3)行政机关依照宪法和行政组织法设置,使用行政编制。这就将其同法律法规授权的组织区别开来。我国行政机关的设置有两种方式:一是依据宪法直接设置,如国务院和地方各级人民政府;二是依据行政组织法,由各级国家权力机关或编制管理部门批准设置。行政机关使用的行政经费列入行政编制序列。

（4）行政机关可以依法独立对外管理，但其法律后果最终归于国家。行政机关虽然以自己的名义作出行政行为，但是作为国家的代表行使权力，因此，其行为的最终法律后果不由其承担，而是归属于国家。

## （二）行政机关的分类

（1）根据管辖事务和行政权限的宽窄，可以将行政机关分为综合类行政机关和专业类行政机关。也有学者分别称其为一般行政机关和部门行政机关。前者主要是一级政府，如国务院以及地方各级人民政府；后者主要是国务院各部委和国务院直属机构、办公机构以及地方各级人民政府的工作部门，如农业农村部、公安部和教育部等。以上机关往往都具有独立的行政主体资格。

此外，专业类行政机关与其所属内部机构的关系需要注意，比如教育部与所属的司，教育厅与所属的处，教育局与所属的科等之间的关系。这些司、处、科，是专业类行政机关的所属内部机构，往往不具有行政主体的地位，它们除非有法律、法规特别授权，否则不能以自己的名义，而只能以所在部门的行政机关名义行使职能，其行为也不由其身而由所在部门行政机关对外承担法律责任。

（2）根据管辖范围的不同，可将行政机关分为中央行政机关和地方行政机关。中央行政机关包括国务院及其各部门，以及国务院各部门在地方的派出机关；地方行政机关包括地方各级人民政府及其职能部门等。

此外，还有几点需要进一步说明。首先，关于政府派出行政机关或者被派出行政机关。在我们国家，只有部分省级、县级、市或市区级人民政府向外分别派出地区行署、区公所和街道办事处。作为被派出行政机关的地区行署、区公所和街道办事处，可以视同为"一级政府"，所以它们这三类组织是具有行政主体资格的，即它们可以以自己的名义对外作出行政行为，并能以自己的名义对外承担法律责任。其次，关于政府派出机构。政府派出机构是作为某一级人民政府职能部门的行政机关，根据实际需要针对某项特定行政事务而设置的工作机构，比如县公安局往往会在相应的乡镇设置"派出所"。需要注意的是，这些被派出机构不是独立的行政主体，除非法律、法规另有规定，否则，它不能以自己的名义对外作出行政行为和对自身行为负责，而需要以作出派出行为的派出机关名义对外作出行政行为，并由派出机关对其行为负责。

二维码 3-2
阅读材料：
街道办事处
具有行政诉讼
主体资格

（3）根据功能的不同，可将行政机关分为决策类行政机关、执行类行政机关和监督类行政机关。决策类行政机关，如各级人民政府、国家发展和改革委员会等。执行类行政机关,如国家食品药品监督管理总局、国家安全生产监督管理总局等。监督类行政机关,如国家审计署等。

(4)根据存续时间的长短,可将行政机关分为常设行政机关和非常设行政机关。常设行政机关有常规行政任务,存续时间长,比如公安机关。非常设行政机关为完成临时任务或为协调某一类工作而设,存续时间较短,任务完成即可解散。比如,按照《全国人口普查条例》的规定,在人口普查工作期间,各级人民政府设立由统计部门和其他部门组成的人口普查机构,负责人口普查的组织实施工作。普查工作结束,普查机构即解散。

## 三 案例分析

### (一)案例一分析

根据相关理论知识可知:作为被派出行政机关的地区行署、区公所和街道办事处,可以视同为"一级政府",这三类组织也是具有行政主体资格的。同时,根据《行政诉讼法》第二十六条第一款规定,公民、法人或其他组织直接向人民法院提起诉讼的,作出行政行为的行政机关是被告。根据《地方各级人民代表大会和地方各级人民政府组织法》第六十八条第三款规定,市辖区、不设区的市的人民政府,经上一级人民政府批准,可以设立若干街道办事处,作为它的派出机关。作为一级政府派出机关的街道办事处,可以根据法律、法规的授权行使一级政府的行政职权,具有行政主体资格,能够成为行政诉讼的适格被告。在本案例中,作出执法限拆字〔2015〕第06号限期拆除决定书的主体是兴东街道办,兴东街道办也符合以上理论知识和相关法律要求,故兴东街道办具有独立的诉讼主体资格,能够成为行政诉讼的适格被告。

### (二)案例二分析

根据相关理论知识可知:按存续时间的长短,可将行政机关分为常设行政机关和非常设行政机关。其中,常设行政机关有常规行政任务,存续时间长;相反,非常设行政机关为完成临时任务或为协调某一类工作而设,存续时间较短,任务完成即可解散。故本案例中的"西瓜办"是一个临时机构,符合非常设行政机关的基本概念,属于非常设行政机关,当然也就属于行政机关。

## 第三节 法律、法规授权的组织

## 一 相关案例

### （一）案例一：杨某诉济南大学案①

杨某系济南大学2006级本科生,2007年因打架受到留校察看处分,2008年留校察看处分被撤销。2010年,济南大学向杨某颁发毕业证,但以其曾受过留校察看处分为由,拒绝向杨某颁发学士学位证。杨某提起行政诉讼,要求判决济南大学履行向其颁发学士学位证的法定职责。

案例思考

本案例中,济南大学是否具有行政诉讼被告资格？

### （二）案例二：山东庆联设备有限公司诉济南市莱芜区人民政府案②

山东庆联设备有限公司（以下简称庆联公司）分别于2016年3月28日、4月21日与莱芜区高庄街道办事处老君堂、蔺家庄村委会签订农村土地流转合同,合同期限均为13年,以发展现代农业及女贞苗木中药产业基地。合同履行期间,因莱芜区南部山区环山旅游大道规划经过庆联公司部分承包土地,需依法征收。庆联公司与济南市莱芜区人民政府（以下简称莱芜区政府）多次协商,要求按照《莱芜市征地地面附着物和青苗补偿标准》给予补偿,但双方意见最终未能达成一致。莱芜区政府在未公布征地补偿方案及送达任何文书的情况下,委托评估公司对其地面附着物进行违法评估。2017年6月21日至24日,莱芜区政府授权村支部和村委会（以下简称村"两委"）组织村民对庆联公司承

---

① 案例来源：http://www.110.com/ziliao/article-945715.html。
② 案例来源：https://wenshu.court.gov.cn/website/wenshu/181107ANFZ0BXSK4/index.html? docId=597c13d27b484a1f97a7ac6b00adba38。

包土地上的苗木进行了铲除、移栽,同时,村"两委"也向庆联公司作出限期清理通知书,该通知书经由村"两委"、村民代表大会研究并经占地承包户一致同意。随后村"两委"组织人员对庆联公司苗木和地面附着物进行清理,后庆联公司与村"两委"共同现场清点,共计:女贞苗 148 万余棵,移栽面积 19.08 亩;花椒苗 17 万余棵,移栽面积 0.74 亩;冬青苗 2860 棵,移栽面积 0.65 亩。同时清理、移栽行为还直接造成北京金汇丰农业发展有限公司与山东庆联公司 1430 万元的合同被终止,给庆联公司造成了巨大经济损失。故庆联公司诉至原审法院,请求:① 依法确认莱芜区政府强制清理原告承包土地地面附着物的行政行为违法;② 判令莱芜区政府按照《莱芜市征地地面附着物和青苗补偿标准》予以补偿,判令其赔偿各项经济损失及补偿费用 19288438.00 元。

**案例思考**

本案例中,莱芜区政府和村"两委"哪方才是适格被告呢?

## 二 相关理论知识

### (一) 法律、法规授权的组织的概念

法律、法规授权的组织指的是依具体法律、法规授权而行使特定行政职能的非国家行政机关组织,这类组织在法律、法规授权的范围内,可以以自己的名义对外管理,并承担法律后果。我国的《行政处罚法》和《行政许可法》等法律中都有相关的规定。《行政处罚法》第十九条规定:"法律、法规授权的具有管理公共事务职能的组织可以在法定授权范围内实施行政处罚。"《行政许可法》第二十三条规定:"法律、法规授权的具有管理公共事务职能的组织,在法定授权范围内,以自己的名义实施行政许可。被授权的组织适用本法有关行政机关的规定。"法律、法规授权的组织具有以下几个明显的特征。

(1)法律、法规授权是行政机关以外的组织承担行政职能的一种法律制度。出于技术设备、专业人员和编制的考虑,立法机构有时会授权行政机关以外的事业单位来承担行政职能。和行政机关行使行政权力相比,法律、法规授权应该是一种例外的补充。因为行政机关存在的目的就是实施行政管理,而法律、法规授权的组织成立的初衷是为了其他的公共事业。

(2)法律、法规授权的组织需要具备一些承担行政职能的条件。比如,应该与所授权行使的行政职能无利害关系,否则违反公正原则。同时,还应具备相应了解、掌握与行使行政职能有关的法律、法规和技术知识的工作人员,以及行使行政职能所需要的基本设备和条件等。

(3)法律、法规授权的组织可以以自己的名义对外管理,并独立承担法律责任。当然,这只是形式意义上的责任,即成为行政复议的被申请人、行政诉讼的被告。也就是需要两面性地来看待这类组织,在行使法律、法规所授行政职能时,它们是行政主体,具有与行政机关基本相同的法律地位;在非行使行政职能的场合,它们不享有行政权,不具有行政主体的地位。

### (二)法律、法规授权的组织的分类

法律、法规授权的组织的范围,在实践中是非常广泛的,而且其范围会越来越大。根据我国现行法律、法规授权情况,可大致归纳为如下几类。

(1)社会团体。比如,《工会法》《妇女权益保障法》《律师法》等都授权相应的社会团体行使行政职能,如律师协会可以吊销律师执业证,就是一种典型的行政行为,这时的律师协会就具有行政主体的地位。

二维码 3-3
阅读材料:
对确立我国
高校行政主体
地位的思考

(2)事业与企业组织。比如,《教育法》授权学校及其他公立教育机构招收学生或者其他受教育者,对受教育者进行处分(包括开除学籍处分),对受教育者颁发学业证书,聘任教师及其他职工以及对其实施处分等。很显然,这些职能大多具有行政性。涉及这些类似的行政纠纷,如果要起诉,可以直接起诉该事业与企业组织。

(3)基层群众性自治组织。居民委员会、村民委员会根据相应组织法的授权,可以行使多种行政职能。比如,《城市居民委员会组织法》授权居民委员会处理本居住地区的公共事务和公益事业,调解民间纠纷,协助维护社会治安等。

二维码 3-4
阅读材料:
关于村委会
行政主体
地位的思考

(4)有关的技术检验、鉴定机构。比如,《计量法》规定,县级以上人民政府计量行政部门可以根据需要设置检定机构,或授权其他单位的计量检定机构,进行强制检定和其他检定、测试任务。

## 三 案例分析

### (一)案例一分析

根据相关理论知识可知:行政诉讼一般被称为"民告官"的诉讼,因此,其被告只能为行使行政职权的行政机关,而不可能是其他的国

家机关或者组织。但是,在特殊情况下,法律、法规也可以授权行政机关以外的具有管理公共事务职能的组织,行使一定的行政管理职权。同时,在法律、法规授权范围内,该组织的性质为法律、法规授权行使行政职权的组织,而不是本来的性质,其身份为行政主体,其行为的性质为行政行为。法律、法规授权的组织因行使法律、法规授予的行政职权而与行政相对人发生的纠纷为行政纠纷,因此而形成的诉讼为行政诉讼。根据《行政诉讼法》第二条的规定,对法律、法规授权的组织作出的行政行为不服的,有权依法向人民法院提起诉讼。

本案例中,济南大学作为普通高等学校,显然不是行政机关,但根据以上内容,其涉及的颁发学士学位证是济南大学的"行政行为",济南大学是以"法律、法规授权的组织"身份出现的,所以能够以自己的名义对外管理,并独立承担法律责任。也就是说,济南大学是具有行政诉讼被告资格的。关于这个案例,法院认为,杨某所受处分是因参与打架,属于因学术水平问题及相关思想品德之外的其他不当行为而受到的处分,与授予学士学位的条件无关。济南大学不加甄别地以杨某曾受到学校行政纪律处分为由,认定其相关品德教育方面的课程成绩不够优良,不符合授予学士学位的条件,属于主要证据不足。最后,法院判决责令济南大学自本判决生效之日起一年内,依法履行向杨某颁发学士学位证的法定职责。杨某胜诉。这个案件还被收录进最高人民法院行政审判庭汇编的《中国行政审判案例》第八卷。

## (二)案例二分析

根据相关理论知识可知:根据我国现行法律、法规授权情况,法律、法规授权的组织可大致归纳为社会团体、事业与企业组织、基层群众性自治组织和有关的技术检验、鉴定机构四大类。本案例中的村"两委"明显属于法律、法规授权的组织中的第三大类,即基层群众性自治组织。

同时,在本案例中,村"两委"的所为是否受莱芜区政府的委托?双方提供的限期清理通知书表明,该行为是依据"村'两委'会、村民代表大会研究并经占地承包户一致同意"而实施的,体现的是村民委员会和原土地承包户的意愿,并未表明是受莱芜区政府委托,故人民法院不能推定被上诉人委托村"两委"实施了清理案涉苗木的行为。故上诉人庆联公司主张强制清理案涉苗木的行为系莱芜区政府委托村"两委"实施,无事实和法律依据,莱芜区政府并非本案适格被告。

我国《最高人民法院关于适用〈中华人民共和国行政诉讼法〉的解释》第二十四条第一款规定,"当事人对村民委员会或者居民委员会依据法律、法规、规章的授权履行行政管理职责的行为不服提起诉讼的,以村民委员会或者居民委员会为被告"。上述司法解释确定了对于法律、法规授权履行行政管理职责的行为,村民委员会或者居民委员会具有被告主体资格。基于上述分析,村"两委"向庆联公司作出限期清理通知书,并组织人员对庆联公司苗木和地面附着物进行清理,庆联公司亦对此无异议,故村"两委"实施的案涉强制清理行为应认定为村"两委"依据有关法律规定在其授权范围内履行的行政管理职责。因此,上诉人庆联公司可以依据《最高人民法院关于适用〈中华人民共和国行政诉讼法》的解释》第二十四条第一款的规定另行以实施本案强制清理行为的村"两委"为被告提起行政诉讼。故可以明确村"两委"才是本案例的适格被告。

## 第四节 受委托行使行政职能的组织

### 一 相关案例

**（一）案例一：宁都县 M 供水有限公司诉宁都县人民政府、宁都县土地收购储备中心案**[①]

1993年1月14日，宁都县金龙塑料厂注册成立。1999年，宁都县人民政府决定建设七里科技工业园区。2000年，宁都县金龙塑料厂迁入园区投产。2006年1月9日，塑料厂注销。2001年7月27日，金龙塑业有限公司注册成立。2005年2月2日，宁都县 M 供水有限公司注册成立，主要为七里科技工业园区提供生产用水，为县城周边的七里、逢口、背村、土围四村提供居民生活用水，并于2004年6月8日投入使用。2012年3月19日，应金龙塑业有限公司的申请，宁都县土地收购储备中心（隶属于宁都县国土资源局并统一承担土地储备工作的事业单位）与金龙塑业有限公司签订国有土地使用权收回及房屋收购合同，对金龙塑业有限公司位于七里科技工业园区的国有土地使用权及地上建筑物和其他附属设施进行收购。宁都县 M 供水有限公司认为宁都县人民政府、宁都县土地收购储备中心的收购行为使其失去了园区唯一的供水客户，公司资产处于闲置状态，严重侵犯其合法权益，因此向一审法院提起诉讼，请求确认宁都县人民政府、宁都县土地收购储备中心只征收金龙塑业有限公司资产，不征收宁都县 M 供水有限公司资产的行政行为违法，同时判令赔偿经济损失5366736.05元。

**案例思考**

本案例中，宁都县土地收购储备中心作为事业单位与金龙塑业有限公司签订的国有土地使用权收回及房屋收购合同属于行政协议吗？

---

① 案例来源：https://wenshu.court.gov.cn/website/wenshu/181107ANFZ0BXSK4/index.html? docId=88ebdcca06ee47a791bca8db00bdd0c7。

## （二）案例二：胡某诉华容县政府行政强制案[①]

华容县小集成洪泛区管理委员会对胡某所属林木进行了强制砍伐，胡某不服，便向岳阳市中级人民法院对华容县人民政府的强制砍伐行为提起行政诉讼。

岳阳市中级人民法院认为，在本案例中，胡某所诉的砍伐行为是华容县小集成洪泛区管理委员会根据被告华容县人民政府制定的《集成麋鹿自然保护区欧美黑杨和垃圾清理工作方案》（以下简称《工作方案》）具体组织实施，华容县人民政府并非原告所诉砍伐行为的实施主体，故华容县人民政府不是本案例的适格被告，胡某将其列为本案被告，系错列被告，经释明后胡某明确表示不同意变更。最后，岳阳市中级人民法院一审裁定驳回胡某的起诉。

上诉人胡某不服一审裁定，向湖南省高级人民法院提起上诉称：华容县人民政府作出的《工作方案》已经明确华容县人民政府既是方案的制定人，又是实施人。华容县小集成洪泛区管理委员会是正科级事业单位，根据县政府授权从事管理工作，系委托关系，华容县人民政府是本案例的适格被告。请求撤销一审裁定。

被上诉人华容县人民政府辩称：华容县森林公安局的答复不能证明或者代表答辩人的行政行为，《工作方案》只是内部文件，不产生对外的法律约束力，华容县小集成洪泛区管理委员会属于独立的行政执法主体，其清理黑杨的行为并不是答辩人委托行为。请求驳回上诉，维持原裁定。湖南省高级人民法院认为，中共华容县委、华容县人民政府华发〔2003〕23 号《关于加强小集成洪泛区管理的决定》中已经明确，华容县小集成洪泛区管理委员会是正科级事业单位，根据县政府授权在小集成洪泛区内依法行使国土、林业、水利、渔政、计生、财政等行政管理和综合执法职能。可见，小集成洪泛区管理委员会是华容县人民政府设立的事业单位，不属于行政机关，其在小集成洪泛区范围内行使有关行政管理和综合执法职能，是由于华容县人民政府的授权，而华容县人民政府的授权并没有法律法规和规章的依据，是其自行作出的行为。

最终，湖南省高级人民法院认为一审裁定以华容县人民政府不是适格被告为由，裁定驳回胡某的起诉错误，应当予以纠正。上诉人胡某的上诉理由成立，应予支持。

### 案例思考

本案例中，小集成洪泛区管理委员会作为正科级事业单位，也是强制砍伐行为的实施主体，为什么最终是华容县人民政府成为本案例的适格被告呢？

---

[①] 案例来源：https://wenshu.court.gov.cn/website/wenshu/181107ANFZ0BXSK4/index.html?docId=19fe323cd16c4b5fadb9ab8f01832c9a。

## 二 相关理论知识

### （一）受委托行使行政职能的组织的概念

受委托行使行政职能的组织指的是受行政机关委托，从而行使一定行政职能的非行政机关的组织。近些年来，在世界范围内的行政体制改革中，委托行政被广泛采用。随着政府决策功能和执行功能的相对分离，大量的行政执行任务由政府委托给民间组织或企业承担。另外，随着公共行政领域公私合作的发展，出现了特许经营等模式，行政机关通过委托可以将部分行政职能交由非政府机关来实施，这样不仅可以缓解政府压力，也有利于适应公共行政多元化的发展要求。

### （二）受委托行使行政职能的组织的内涵

对以上概念，可以作进一步理解。

第一，行政机关委托，是行政机关之外的组织参与实施具体行政任务的法律制度。这一制度已经运用在许多行政领域，我国近年来一直在拓展委托范围，尤其在公共设施、公共服务领域，行政机关的委托行为有了很大发展。

第二，受委托是受行政机关的委托，不是来自立法授权。这就很好地区分了受委托的组织和法律、法规授权的组织，法律、法规授权的组织的权力来自法律、法规的授权，而受委托的组织的权力则是基于行政机关的委托。当然行政委托也要有法律依据。

第三，受委托的组织不是行政主体，必须以委托行政机关的名义对外行使权力，履行行政职责，如果产生行政纠纷等法律后果，应该由作出委托的行政机关来承担。这也就意味着，委托行政机关要对受委托的组织的行为进行监督，保障其权力运行或行政职能履行不偏离行政目标和法律要求。

第四，受委托的组织需要具备一些承担行政职能的条件。比如，要具有熟悉有关法律、法规、规章和任务的工作人员；有条件进行相应的技术检查或者技术鉴定等。

二维码 3-5
拓展阅读：
履行征地补偿
安置职责不因
委托他人参与
征收而免除

## 三 案例分析

### （一）案例一分析

根据相关理论知识可知：行政协议是行政机关以及法律、法规、规章授权的组织为实现行政管理目标，在其职权范围内与行政管理相对人签订或者委托其他组织与行政管理相对人签订的具有行政法上权利义务关系的协议。本案例中，宁都县土地收购储备中心是隶属于宁都县国土资源局并统一承担土地储备工作的事业单位，是受宁都县国土资源局委托行使行政职能的组织。同时，国有土地使用权收回及房屋收购合同系宁都县土地收购储备中心与金龙塑业有限公司协商签订。作为合同一方当事人，宁都县土地收购储备中心是隶属于宁都县国土资源局并统一承担土地储备工作的事业单位，其与金龙塑业有限公司签订的国有土地使用权收回及房屋收购合同，实质是宁都县人民政府及其相关行政主管部门委托宁都县土地收购储备中心与金龙塑业有限公司以签订合同的方式收回国有土地使用权并给予合理补偿的行政管理活动，是宁都县人民政府行使行政管理职权、实现行政管理目的一种方式，因此案涉合同属于行政诉讼法和司法解释规定的行政协议。

### （二）案例二分析

根据相关理论知识可知：受委托行使行政职能的组织指的是受行政机关委托，从而行使一定行政职能的非行政机关的组织。同时，这里的受委托具体是指非行政主体接受行政机关的委托，且这些行政委托也要有法律依据，即依法委托。

中共华容县委、华容县人民政府华发〔2003〕23号《关于加强小集成洪泛区管理的决定》中已经明确，华容县小集成洪泛区管理委员会是正科级事业单位，根据县政府授权在小集成洪泛区内依法行使国土、林业、水利、渔政、计生、财政等行政管理和综合执法职能，可见，小集成洪泛区管理委员会是华容县人民政府设立的事业单位，不属于行政机关，其在小集成洪泛区范围内行使有关行政管理和综合执法职能，是由于华容县人民政府的授权委托。同时，行政授权委托也要有法律依据，而华容县人民政府的授权委托并没有法律、法规和规章的依据，是其自行作出的行为，故这里的行政委托不成立。小集成洪泛区管理委员会并不属于受委托行使行政职能的组织，其也就不能成为本案例的适格被告。

根据《最高人民法院关于适用〈中华人民共和国行政诉讼法〉的解释》第二十条第三款"没有法律、法规或者规章规定，行政机关授权其内设机构、派出机构或者其他组织行使行政职权的,属于行政诉讼法第二十六条规定的委托。当事人不服提起诉讼的,应当以该行政机关为被告"的规定,上诉人胡某对华容县小集成洪泛区管理委员会实施的强制砍伐其林木的行为不服,提起行政诉讼,华容县人民政府是适格被告。

二维码 3-6
第三章自测题

二维码 3-7
第三章自测题
参考答案

# 第四章

## 行政相对人

在现代行政法治中,行政相对人的重要性愈加显现,一方面,行政相对人是我国行政法体系中极为重要的基本范畴,它贯穿于整个行政法学科体系之中,影响着从组织法到行为法再到救济法等方面的研究;另一方面,行政相对人在行政程序、行政监督和行政救济等行政过程中发挥着非常重要的作用。

## 第一节 行政相对人及其分类

### 一 相关案例

#### (一)案例一:张某诉上海理工大学开除学籍处分决定案[①]

张某原系上海理工大学 2013 级硕士研究生,2015 年张某在上海市普通高等学校面向应届中等职业学校毕业生招生统一文化考试中替考。之后张某学校召开会议,决定开除张某学籍。张某不服提出申诉,学生申诉处理委员会召开会议后维持原处分决定。张某不满,遂向法院提起诉讼。

张某诉称,因被蒙骗而参加上海市普通高等学校面向应届中等职业学校毕业生招生统一文化考试,在获悉真相后,立即主动向公安机关报案,并终止考试。事后亦分别向公安机关和学校表示真诚悔过,并写下悔改书。被告在未进行调查也未听取原告申辩的情况下,作出开除学籍的处分决定,事实依据不充分,违反法定程序,适用法律不当,处分过重,故请求判令撤销上海理工大学研究生院作出的处分决定书,并恢复原告学籍。

学校方面则称,收到上海市教育考试院的调查通报,认定原告在上海市普通高等学校面向应届中等职业学校毕业生招生统一文化考试中存在替考行为。被告随即向原告进行核实并给予充分的陈述和申辩机会,原告亦出具情况说明承认了替考事实。被告经校长办公会议研究,依据《普通高等学校学生管理规定》和《国家教育考试违规处理办法》的规定作出了开除学籍的处分决定,并保障了原告的申诉权利。被诉处分决定程序正当,证据充分,依据明确,定性准确,处分适当。故请求驳回原告的诉讼请求。

---

① 案例来源:http://shfy.chinacourt.gov.cn/article/detail/2018/06/id/3229339.shtml。

审判结果：被诉处分决定依法应予撤销，撤销后原告的学籍自行恢复，被告应当重新作出处理决定。据此，依照《行政诉讼法》第七十条第三项之规定，判决：① 撤销被告上海理工大学于 2015 年 5 月 22 日对原告张某作出的开除学籍的处分决定；② 被告上海理工大学应于判决生效之日起三十日内重新作出行政行为。

 案例思考

本案例中，学校对张某给予开除学籍的处分关系中，张某是否为行政相对人？

### （二）案例二：驾驶人自认是承运人，是适格的行政相对人吗？①

上诉人申某因公路行政处罚一案，不服河南省新乡市牧野区人民法院的行政判决，向本院提起上诉。本院依法组成合议庭，公开开庭审理了本案。上诉人申某代理人杨某，被上诉人卫辉市公路管理局委托代理人张某、连某，副职负责人冯煜到庭参加诉讼。本案现已审理终结。

原审查明，2015 年 6 月 28 日 13 时，被告新乡市公路管理局某监测站执法人员在 107 国道执法检查中发现原告驾驶车牌号为冀 D××××× 疑似超限车辆，新乡市公路管理局某检测站对该车辆进行检测，该车车货总重 143140 千克，超限 55140 千克，超限率约 60%。2015 年 6 月 28 日，被告作出行政处罚决定书，依据《公路安全保护条例》第六十四条的规定，决定给予申某 4000 元罚款的行政处罚，被告于 2015 年 6 月 28 日将行政处罚决定书送达原告申某，原告不服，于 2015 年 12 月 25 日提起诉讼。

上诉人申某上诉称，第一，原判认定事实错误，被上诉人卫辉市公路管理局擅自巡查，执法错误。被上诉人没有提交出示证件、具备法定人数及检测设备的证据，被上诉人强迫上诉人缴纳罚款，违反法定程序。第二，原判适用法律错误，上诉人不是适格的行政相对人，被上诉人对上诉人进行处罚错误，根据相关规范性文件规定，处罚对象应当是车主，并不是上诉人。

被上诉人新乡市公路管理局辩称，第一，被上诉人是在监督检查过程中，发现上诉人申某驾驶车辆疑超限，被上诉人执法人员出示执法证件表面身份后，将车辆引导至超限站过磅检测，被诉处罚决定也显示磅测结果，不是目测结果。上诉人在接受处理过程中，主动缴纳罚款，没有提出异议，不存在强迫缴纳罚款。第二，上诉人是案涉车辆驾驶人，直接加害公路，在行政程序调查中，上诉人陈述驾驶自己的车辆，违法超限运输是个人行为，上诉人是适格的行政相对人。原审判决正确，请求维持原判。

河南省人民法院对被诉行政行为的合法性进行审查。被上诉人新乡市公路管理局认定申某违法超限运输行为，有超限车辆初检单、被处罚人陈述、证据登记保存清单、机动车驾驶证等证据予以证明，可以认定申某有违法超限运输的行为，本案被诉行

---

① 案例来源：https://wenshu.court.gov.cn/website/wenshu/。

政处罚决定证据确凿。被上诉人以申某的行为违反了《公路安全保护条例》第三十三条第一款的规定,依据《河南省交通行政处罚裁量标准》及《公路安全保护条例》的相关规定对申某进行处罚,适用法律、法规正确。被上诉人在对申某进行行政处罚中适用了一般处罚程序,履行了立案、调查、决定与送达等相关程序,未侵犯申某的合法权益,符合一般处罚程序的法律规定。关于申某上诉称本案被诉行政处罚决定的程序违法的意见,缺乏相关证据证实,且在行政程序中均未体现,该项上诉意见不能成立。关于申某上诉称其不是适格处罚对象的意见,缺乏相关证据证实,申某驾驶的车辆进行运输属于违法超限运输行为,违反了《公路安全保护条例》的相关规定,其在行政程序中自认是承运人,被上诉人对申某进行处罚正确,该项上诉意见亦不能成立。原判决认定事实清楚,适用法律、法规正确,依照《行政诉讼法》第八十九条第一款第一项的规定,判决如下:驳回上诉,维持原判决。

 **案例思考**

本案例中,申某对行政相对人的认识存在什么错误?

## 二 相关理论知识

### (一)行政相对人的概念

行政相对人属于行政法律关系主体,是行政法律关系中与行政主体相对应的另一方当事人。具体来说,行政相对人是指行政主体在行使行政职权或履行行政职责作出行政行为时,所直接针对的公民、法人或其他组织。另外,还涉及另外两个概念,需要将它们和行政相对人加以区分,即行政第三人和行政客体。

除行政主体和行政相对人之外,还存在着第三方主体,即行政第三人,简单来说,行政主体即将作出或已经作出的行为牵涉多方利害关系人时,除直接相对人以外的各方为行政第三人。比如,在治安处罚关系中,被处罚人为直接相对人,而受到被处罚人行为侵害的被害人则为行政第三人。行政第三人仅仅存在于,行政主体所处置事务除了针对直接相对人以外,还涉及其他利害关系人的行政法律关系中。行政第三人与行政相对人的区别如下。首先,从实质特征看,行

二维码 4-1
阅读材料:
行政相对人概念的
反思与重构
兼及行政参与人
概念的确立

政相对人与行政行为有直接的利害关系,而行政第三人受行政权的间接作用或行政行为的间接约束。其次,从形式特征看,行政第三人为潜在的行政法律关系主体,有时不能从行政决定上直接看出来,而行政相对人是明显的行政法律关系主体,从行政决定书上可直接找到。

行政客体,即行政法律关系的客体,是指行政法律关系主体的权利和义务所指向的对象,是联系主体双方权利义务关系的媒介,其范围大于行政相对人。行政客体包括人身、行为和财物等事项。具体来说,人身就是指行政法律关系主体的身体和身份;行为就是指行政法律关系主体所作出的有意识的活动,如纳税、打架斗殴等;财物就是指具有价值和使用价值的物质资料,如土地、房屋、交通工具等。

### (二)行政相对人的类型划分

依据不同的标准,可以对行政相对人进行不同的分类。

第一种划分是个人相对人与组织相对人。它的划分标准是行政相对人是否有一定的组织体。个人相对人是指在一定的具体行政法律关系中的公民。非中国公民的外国人和无国籍人,在中国国内也要服从中国的法律,接受中国的行政管理,当其处在一定具体的行政法律关系中时也是个人相对人。组织相对人主要是指各种具有法人地位的企业组织、事业组织和社会团体,包括在我国取得法人资格的外国企业、事业组织。同时还要注意,国家机关(包括行政机关)实施非职权行为或处在非行使职权的场合、领域,同样要接受行政主体的管理,也处于行政相对人的地位。

第二种划分是直接相对人和间接相对人。这是以行政相对人与行政主体行政行为的关系为标准来划分的。直接相对人是行政主体行政行为的直接对象,其权益受到行政行为的直接影响。间接相对人也称行政第三人,是行政主体行政行为的间接对象,其权益受到行政行为的间接影响。具体概念在前面已详细介绍,行政法上肯定并保障行政第三人权利的主要目的在于协调和平衡多元利益,允许利害关系各方共同参与行政程序,给各方提供平等的诉求表达机会,从而实现正义。

二维码 4-2
阅读材料:
论行政相对人的范围及其界定标准

第三种划分是作为行政的相对人与不作为行政的相对人。这是以影响其权益的行政行为的方式为标准进行的划分。行政相对人权益受到行政作为方式的影响,就称作作为行政的相对人,比如在行政征收、行政强制、行政处罚中的相对人。如果行政相对人的权益受到不作为行政方式的影响,就称为不作为行政的相对人,比如,行政机关不履行法定职责,导致其人身、财产权受到侵害的相对人。举例来说,行政机关对行政相对人申请许可证照不给予答复,这里的行政相对人就是不作为行政的相对人。

第四种划分是授益相对人与损益相对人。授益,就是产生有利影响;损益,就是产生不利影响。这是以行政主体的行政行为对权益影响的性质为标准划分的。行政行为对其权益产生有利影响的相对人,就是授益相对人,比如行政许可、行政给付的相对人,这些行政行为都是在赋予相对人权利或利益;而行政行为对其权益产生不利影响的,就是损益相对人,如行政处罚、行政强制的相对人,这些行政行为都是在减损相对人权利或利益。

## (三)行政相对人的确认与判定

具体来说,行政相对人的确认与判定主要包括两个方面:一方面是行政相对人法律地位与身份的确认与判定,以解决是外部法律关系还是内部法律关系的问题;另一方面是对行政相对人是否是行政主体相对一方的确认与判定,以解决谁是某个具体行政法律关系的相对方当事人的问题。

对行政相对人在行政法律关系中身份与地位的确认与判定,核心因素在于其在行政法律关系中的权利和义务内容及其法律属性。如果属于公民、法人和其他组织在法律上享有的人身权、财产权等权利和义务,则是行政相对人的身份和地位。如果属于行政职权和职责内容或其他国家职能上的权利和义务,则要取决于另一因素,即行政主体在行政法律关系中所实施的职能内容属性。若行政主体实施的职能内容属于行政组织建设或职权、职责划分方面,则属于内部行政关系,另一方当事人不具有行政相对人的地位和身份;若行政主体实施的职能内容属于政府的社会管理职能方面,则属于外部行政法律关系,另一方当事人具有行政相对人的地位和身份。如审计机关与其他国家行政机关之间所形成的审计监督关系,就属于外部行政法律关系,被审计的行政机关就是行政相对人。

对行政法律关系中行政管理相对一方的确认与判定,应当以公民、法人或其他组织的权利和义务与行政主体的职权和职责行为之间是否形成了行政法上权利义务关系为标准。行政相对人是行政主体和行政公务人员实施行政管理行为的对象,其以被管理者地位与作为管理者的行政主体之间形成行政法律关系,并成为相对方当事人,因此,行政相对人的权利和义务与行政管理行为之间应当具有行政法上的关系,即相对人的权利和义务直接成为行政法调整与管理的内容。

二维码 4-3
拓展阅读:
谁该是这个特安案件行政相对人

## 三 案例分析

### （一）案例一分析

根据相关理论知识可知：行政相对人具体指行政主体在行使行政职权或履行行政职责作出行政行为时，所直接针对的公民、法人或其他组织。行政相对人具有权利与义务。在本案例中，上海理工大学开除张某学籍属于行政行为，故在这种情况下上海理工大学拥有行政主体资格，而学生张某则是受到该行政行为影响的行政相对人。

因此，界定行政相对人时，应该首先识别法律关系，然后判断主体在这一法律关系中的地位与作用。在确定了法律关系的基础上，行政相对人的判定亦可根据行政主体间接进行，因为在行政法律关系中二者是相对方的关系，一方确定，另一方亦可确定。因而，我们必须熟悉并掌握行政主体与行政相对人的概念与主要类型。

### （二）案例二分析

根据相关理论知识可知：行政相对人是指行政主体在行使行政职权或履行行政职责作出行政行为时，所直接针对的公民、法人或其他组织。行政客体是指行政法律关系的客体，是指行政法律关系主体的权利和义务所指向的对象，是联系主体双方权利义务关系的媒介，其范围大于行政相对人。行政客体包括人身、行为和财物等事项。在本案例中，申某超载行驶，超限率达160％，违反了《公路安全保护条例》，且误认为行政主体适用法律错误，认为并不能对行政相对人的行为进行处罚，而应该直接对行政相对人本身进行处罚。

一方面，申某对行政相对人概念及特点认识不深刻，片面认为行政管理法律关系仅存在行政主体与行政相对人两大主体，没有意识到行政相对人在行政法律管理关系中也是行政法律关系的主体，既然具备主体性，即存在一系列的行为特征。另一方面，他对行政客体概念认识亦不到位，将行政客体中所包含的行为与行政相对人割裂开来。殊不知，行政客体包括物、人身以及行为，行政客体中所包含的行为即由行政客体所发出的动作，二者无法割裂。且行政主体对行政相对人的行政处罚是对行政相对人的具体行为进行处罚，故案例中执法机关对申某超载的具体行为进行处罚是正确的。

通过此案例，我们应该注意行政相对人和行政客体二者之间的区别，明确行政主体对行政相对人的行政处罚是针对其具体行为作出的。

## 第二节　行政相对人的法律地位

### 一　相关案例

**（一）案例一：孙某诉浙江省舟山市普陀区人民政府房屋征收补偿案**①

2015年2月10日，浙江省舟山市普陀区人民政府（以下简称普陀区政府）作出普政房征决〔2015〕1号房屋征收决定，对包括孙某房屋在内的国有土地上房屋及附属物进行征收。在完成公告房屋征收决定、选择评估机构、送达征收评估分户报告等法定程序之后，孙某未在规定期限内签订补偿协议，未在规定期限内选择征收补偿方式，且因孙某的原因，评估机构无法入户调查，无法完成被征收房屋的装饰装修及附属物的价值评估工作。2015年5月19日，普陀区政府作出被诉房屋征收补偿决定，并向其送达。该补偿决定明确了被征收房屋补偿费、搬迁费、临时安置费等数额，决定被征收房屋的装饰装修及附属物经入户按实评估后，按规定予以补偿及其他事项。孙某不服，提起诉讼，请求撤销被诉房屋征收补偿决定。

舟山市中级人民法院一审认为，本案房地产价格评估机构根据被征收房屋所有权证所载内容并结合前期调查的现场勘察结果，认定被征收房屋的性质、用途、面积、位置、建筑结构、建筑年代等，并据此作出案涉房屋的征收评估分户报告，确定了评估价值（不包括装修、附属设施及未经产权登记的建筑物）。因孙某的原因评估机构无法入户调查、评估被征收房屋的装饰装修及附属物的价值，故被诉房屋征收补偿决定载明对于被征收房屋的装饰装修及附属物经入户按实评估后按规定予以补偿。此符合《浙江省国有土地上房屋征收与补偿条例》第三十三条第三款的规定，并未损害孙某的合法权益，遂判决驳回了孙某的诉讼请求。孙某提起上诉，浙江省高级人民法院判决驳回上诉，维持原判。

 **案例思考**

本案例中，行政相对人的行为错在哪里？

---

① 案例来源：http://www.tljq.gov.cn/zfxxgk/3911085/34726169.html。

### （二）案例二：生态环境执法案件中的行政相对人①

2022年2月9日，常德市生态环境局安乡分局执法人员对安乡县黄山头镇长山村安乡牧原农牧有限公司二分场进行了执法调查。调查时发现该企业使用软管将洗车收集罐内的污水转运至单元网底的过程中软管脱节，导致污水流入雨水沟，后经雨水收集池排入外环境，致使场区北面的未硬化的坑塘及场区东面的沟渠水体发黑。

调查过程中，执法人员客观、全面地调取了行政相对人涉嫌行政违法的主客观证据，并对在案证据客观评价，认真听取了行政相对人的陈述和申辩，确保了程序的正当性。执法人员认为该企业涉嫌违反《固体废物污染环境防治法》第六十五条第二款和《畜禽规模养殖污染防治条例》第十九条之规定，对其下达了责令改正违法行为决定书和行政处罚预先告知书。依照常德市生态环境局制定的《行政处罚案件办理程序规定》，集体审议制度明确要求，对于重大、复杂的行政处罚案件，在作出处罚决定前，行政机关负责人应当集体讨论决定。2022年3月16日，常德市生态环境局安乡分局召开案审会，经审议后认定该案符合《行政处罚法》不予行政处罚的要件，其理由为：① 该公司于2021年11月完成"三同时"验收，已取得排污许可证，是合法经营企业；② 此次软管脱节是偶发事故，该公司已自证不是主观故意，事发后高度重视立即整改，该公司当日采取措施将坑塘和农用沟渠水体回收处理，未对周边农田造成危害后果，且当日外排水体水样监测报告显示水质未超过农田灌溉水质标准；③ 经调查该公司近两年内无类似违法情节，事发后该公司对相关责任人进行了严肃批评。综上所述，可以认定该公司行为属初次违法且未造成危害后果。

因此，常德市生态环境局安乡分局集体审议决定：依据《行政处罚法》第三十三条之规定和适用《湖南省生态环境保护行政处罚裁量权基准规定（2021版）》所规定的相关情形的裁量，对安乡牧原农牧有限公司作出不予行政处罚并批评教育的决定。

**案例思考**

本案例中，安乡牧原农牧有限公司拥有怎样的法律地位？

## 二 相关理论知识

以上案例主要涉及的是行政相对人的法律地位问题。

在公共管理中，社会大众往往是以行政相对人的身份出现的，我们理应知道自己在行政法律中的地位。

---

① 案例来源：https://sthjj.changde.gov.cn/gzdt/ztzl/hjwfpgt/content_899244。

(1)行政相对人是行政主体行政管理的对象。行政相对人必须服从行政主体的管理,履行行政主体所确定的义务,遵守行政管理秩序,否则行政主体可以对行政相对人实施行政制裁或行政强制措施。

(2)行政相对人也是行政管理参与人。在现代社会中,行政相对人可以通过批评、建议、信访等多种途径、多种形式参与行政立法和其他行政规范性文件的制定,也可以通过陈述、申辩、听证、提供证据等行政程序参与行政行为的实施。所以说,行政相对人也是行政行为过程中的重要主体。

(3)行政相对人在行政救济关系和行政法制监督关系中,可以转化为救济对象和监督主体。比如,由行政争议而产生的行政复议中,行政相对人就不是管理对象,而是救济对象。

二维码 4-4
阅读材料:
论行政相对人
的法律地位

## 三 案例分析

### (一)案例一分析

根据相关理论知识可知:行政相对人必须服从行政主体的管理,履行行政主体所确定的义务,遵守行政管理秩序,否则行政主体可以对行政相对人实施行政制裁或行政强制措施。在本案中,普陀区政府在完成公告房屋征收决定、选择评估机构、送达征收评估分户报告等法定程序之后,孙某未在规定期限内签订补偿协议,未在规定期限内选择征收补偿方式,且因孙某的原因,评估机构无法入户调查,无法完成被征收房屋的装饰装修及附属物的价值评估工作。这个过程中孙某没有服从行政主体的管理,没有履行应有的义务且给行政机关带来损失,故行政主体有权对其实施制裁。

通过此案例我们可以知道,行政相对人在行政管理法律关系中的首要义务是服从行政管理,具体包括遵守行政机关发布的行政法规、规章和其他规范性文件,执行行政命令、行政决定,履行行政法上的各项义务等。

### (二)案例二分析

根据相关理论知识可知:行政相对人是行政管理的对象,也是行政管理参与人,还可能是救济对象和监督主体。本案中,安乡牧原农牧有限公司作为生态环境执法的行政相对人,一方面是生态环境执法部门的行政管理对象,要严格遵守法律、法规和行政管理秩序,否则可能面临行政处罚等;另一方面是生态环境执法中的参与人,行政相对人可以通过陈述、申辩、听证、提供证据等行政程序参与行政行为。本案安乡牧原农牧有限公司在被调查过程中,执法人员不仅客观、全面地调取了行政相对人涉嫌行政违法的主客观证据,而且作为行政相对人的安乡牧原农牧有限公司还进行了陈述和申辩,参与行政管理的环节。当然,如果本案中安乡牧原农牧有限公司与生态环境部门发生行政争议,可能还会成为行政救济对象和监督主体。

## 第三节 行政相对人的权利和义务

### 一 相关案例

#### (一)案例一:翟某申请执行行政处理判决检察监督案[①]

2018年1月6日,翟某驾驶解放牌重型半挂牵引大货车在省道317线5KM+300M路段发生交通事故,山西省甲县公安局交通警察大队经调查后,于2018年2月9日作出〔2018〕第4号道路交通事故认定书,并于同日作出办理注销最高/实习准驾车型业务告知书,告知翟某持有的机动车驾驶证最高准驾车型驾驶资格将被依法注销,限翟某于三十日内到违法行为发生地或者驾驶证核发地车辆管理所办理换证业务;逾期未办理的,机动车驾驶证最高准驾车型依法公告作废;自即日起不得继续驾驶准驾车型为A2的机动车。

翟某按照行政诉讼案件集中管辖规定,向乙县人民法院提起行政诉讼,请求撤销甲县公安局交通警察大队作出的办理注销最高/实习准驾车型业务告知书。乙县人民法院经审理认为,甲县公安局交通警察大队作出的办理注销最高/实习准驾车型业务告知书载明了"自即日起,你不得继续驾驶准驾车型为A2的机动车"的内容,对翟某的驾驶资格进行了实质限制,而甲县公安局交通警察大队不具有办理机动车驾驶证降级注销权限和业务职责,故于2019年5月13日作出一审判决,撤销甲县公安局交通警察大队作出的办理注销最高/实习准驾车型业务告知书。双方均未提出上诉。一审判决书生效后,甲县公安局交通警察大队未依法履行生效行政裁判确定的义务。翟某

---

① 案例来源:http://www.jcrb.com/jcjgsfalk/dxal/gjc/xingzheng/202108/t20210825_2312653.html。

于2019年12月21日向乙县人民法院申请强制执行,乙县人民法院一直未作出是否受理立案裁定。

瞿某认为乙县人民法院未受理其执行申请存在违法情形,于2020年4月9日向乙县人民检察院申请监督。乙县人民检察院受理后,进行了调查核实。经审查认为,根据《行政诉讼法》及《最高人民法院关于人民法院执行工作若干问题的规定(试行)》,人民法院对于符合受理执行案件条件的申请,应当在七日内予以立案;对于不符合受理执行案件条件的申请,应当在七日内裁定不予受理。本案中,瞿某于2019年12月21日向乙县人民法院申请强制执行,乙县人民法院收到申请执行书后,未在规定时间内作出是否受理立案裁定并通知申请执行人瞿某,违反前述法律规定。

2020年4月26日,乙县人民检察院向乙县人民法院发出检察建议,建议该法院尽快对执行立案中存在的上述问题进行调查核实,并予以纠正。2020年5月1日,乙县人民法院回复称,在执行立案过程中确实存在检察建议所提出的问题,对检察建议予以采纳,已向申请执行人送达了立案裁定书。5月19日,乙县人民法院向甲县公安局交通警察大队发出执行通知书。5月20日,甲县公安局交通警察大队作出撤销办理注销最高/实习准驾车型业务告知书的决定。

 **案例思考**

本案例中,甲县公安局和乙县人民法院侵犯了瞿某的什么权利?瞿某行使了行政相对人的什么权利?

**(二)案例二:曹某诉甘肃省兰州公路路政执法管理处行政强制案**[①]

原告曹某诉称,2014年11月19日,永登县城市管理行政执法局(以下简称执法局)作出永广告设批字〔2014〕第10号户外广告设置审批表,同意原告在永登县树屏镇苦茨村二社设置户外广告。原告曹某缴纳了户外广告牌费用,租用苦茨村二社农户土地,在高速公路两侧控制区30米范围以外设置了户外大型立柱式双面广告牌。2017年6月,原告得知该广告牌被被告甘肃省兰州公路路政执法管理处(以下简称路政处)在行政执法过程中强制拆除。但在强制拆除前,原告未收到被告单位送达的行政强制执行催告书等文书,强制拆除时也未被通知到场。后原告多次到被告单位要求处理解决,被告单位承认在综合整治执法过程中误拆了原告的广告牌。原告曹某认为被告的该行为严重侵害了原告的合法权益。2017年11月,原告曹某提起行政诉讼,请求依法确认被告的拆除行为违法。

---

① 案例来源:https://aiqicha.baidu.com/wenshu? wenshuId=13ceba6282e6a968d25fecd104b9e33dbad8c6ac&pid=23458888322731。

被告辩称,第一,原告设置的广告牌是违法设施。根据《公路法》《公路安全保护条例》《甘肃省公路沿线非公路标志牌管理办法》《甘肃省高速公路管理条例》等法律、法规规定,禁止在公路建筑控制区内修建建筑物和地面构筑物,非公路标志牌的设置应当经过专门的行政许可程序,应当符合安全距离。原告设置的广告牌虽然经过永登县城市管理行政执法局的审批,但已经于 2015 年底到期,原告并未办理延期审批手续,并且原告设置的广告牌已经不符合目前高速公路现状,存在安全隐患,属于违法设施。第二,被告清理整治广告牌的行为合法。针对高速公路沿线广告牌乱象,政府决定采取切实有效措施进行清理整治,并在报纸上发布了公告,公告发出后,有不服公告的广告牌设置者向甘肃省人民政府申请了行政复议,省人民政府作出了维持公告的行政复议决定。第三,被告强制拆除广告牌是依法履行职责。第四,被告于 2017 年 4 月 14 日拆除了案涉广告牌,原告于 2017 年 11 月提起行政诉讼,已经超过起诉期限。因此,被告的行政行为程序规范、合法,原告起诉没有事实根据和法律依据,请求驳回原告的诉讼请求。

兰州铁路运输中级人民法院经审理查明,2014 年 11 月,曹某经执法局审批在永登县树屏镇苊茨村二社设置非公路标志广告牌 1 块,审批期限为 2014 年 11 月 19 日至 2015 年 11 月 18 日。期间,曹某向执法局缴纳了户外广告牌设置费用,执法局出具了交款人为"彭某"的缴费凭证。2016 年 6 月 16 日,路政处向彭某作出行政强制执行催告书,限彭某自行拆除案涉广告牌,并告知其有陈述和申辩的权利,并通过中国邮政快递邮寄送达。此后,路政处又向彭某分别作出行政强制执行决定书和代履行决定书,决定对案涉广告牌予以强制拆除,并告知彭某有陈述、申辩和提起复议及行政诉讼的权利。决定作出后,路政处以中国邮政快递邮寄至彭某住址,但被拒收退回。2017 年 4 月 14 日,路政处对案涉广告牌进行了强制拆除。曹某于 2017 年 6 月知晓该强制拆除行为后,于 2017 年 11 月向人民法院提起行政诉讼。

兰州铁路运输中级人民法院 2017 年 12 月 28 日作出〔2017〕甘 71 行初 281 号行政判决,判决确认路政处强制拆除广告牌的行为违法。路政处不服,提起上诉。甘肃省高级人民法院于 2018 年 5 月 30 日作出〔2018〕甘行终 144 号行政判决,驳回上诉,维持原判。

法院生效判决认为,路政处在未查清广告牌权属的情况下,错误认定本案彭某为广告牌设置者,相关法律文书均针对彭某作出。在实施整个行政强制过程中,未向曹某送达任何法律文书,也未通知曹某到场,亦无证据证明曹某知晓该强制拆除行为的具体时间。根据曹某陈述,其于 2017 年 6 月底知道路政处的强制拆除行为,故自 2017 年 6 月起算至 2017 年 11 月 17 日提起行政诉讼,并未超过起诉期限。根据《行政强制法》的规定,行政机关在作出强制执行决定前,应当事先履行催告程序并告知当事人陈述、申辩的权利。本案中,路政处提交了执法局对原告设置案涉广告牌的审批表,该审批表上明确显示案涉广告牌的设置申请人为曹某。路政处在对广告牌设置现场进行勘查后,未对曹某进行调查询问,也未向彭某核实相关情况,在未查清案涉广告牌权属的情况下,认定彭某为案涉广告牌的设置者,属于认定事实不清、证据不足。路政处在实施行政强制行为之前,未依法保障曹某进行陈述、申辩的权利,也不符合送达法律文书的程序性规定,违反了法定程序。

**案例思考**

本案例中,曹某的权利受到了什么损失?

## 二 相关理论知识

### (一)行政相对人的权利

(1)申请权。行政相对人有依法提出申请的权利,如申请许可证及申请抚恤金、补助金等,这一般发生在授益行政行为之中。

(2)参与权。行政相对人有依法参与行政法规、规章及相关行政政策、行政计划的制定的权利,如参与论证会。

(3)了解权或知情权。行政相对人有权依法了解有关的行政信息,包括各类规范性文件,有关制度、规则、标准、程序,以及与行政相对人有关的档案材料等。

(4)批评、建议权。行政相对人有依法就如何改善行政主体的工作及提高行政管理和服务质量提出建议、意见。

(5)申诉、控告、检举权。行政相对人依法享有对行政主体及其工作人员的违法、不当的行政行为提出批评、控告、检举的权利。

(6)陈述、申辩权。行政相对人在行政主体作出与自身利益相关,特别是不利的行为时,有权陈述自己的意见、看法,提供有关证据材料,进行说明和辩解,并驳斥行政主体的理由、依据。

二维码 4-5
阅读材料:
行政相对人
权利拓展的
法治理念

(7)申请行政救济的权利。行政相对人对行政主体作出的具体行政行为不服时,有申请行政救济的权利,具体包括申请行政复议权、提起行政诉讼权、请求行政赔偿权等。

### (二)行政相对人的义务

(1)服从行政管理的义务。主要表现为:其一,遵守行政机关发布的行政法规、行政规章和其他规范性文件;其二,执行行政机关作出的行政处理决定等。

（2）协助公务的义务。当行政主体及其工作人员执行公务时，行政相对人有予以协助的义务。

（3）维护公益的义务。行政相对人必须维护公共利益，以大局为重。

（4）接受行政监督的义务。行政相对人在行政法律关系中，要接受行政主体依法实施的监督，包括审查、检查、检验、鉴定等。

（5）提供真实信息的义务。行政相对人必须提供真实可靠的信息，不能隐瞒、谎报信息。

（6）遵守法定程序的义务。程序合法是对行政相对人的基本要求。

## 三 案例分析

### （一）案例一分析

根据相关理论知识可知：行政相对人依法享有对行政主体及其工作人员的违法、不当的行政行为提出批评、控告、检举的权利。在本案中，甲县公安局交通警察大队作出处罚，对翟某的驾驶资格进行实质限制，而甲县公安局交通警察大队不具有办理机动车驾驶证降级注销权限和业务职责，故此行政行为侵犯了翟某驾驶资格权益和陈述、申辩权利。一审判决书生效后，甲县公安局交通警察大队未依法履行生效行政裁判确定的义务。于是，翟某于2019年12月21日向乙县人民法院申请强制执行，乙县人民法院收到申请后，未在规定时间内作出是否受理立案裁定并通知申请执行人翟某，侵犯了翟某的行政救济权利。行政相对人认为行政主体作出的行政行为损害自己利益时，具有申辩的权利，案例中翟某积极行使了申诉权来维护自身的权益。

行政主体应当明确权力与职责，行使权力范围内的职权，切忌超越职权而导致权限不合法，行政机关行使权力应当符合保证其完成行政管理的任务，为实施行政管理提供方便和条件的原则，真正用权力维护国家利益，维护人民群众的整体利益。行政相对人亦要明确自身所具备的权利，勇于维护自身的权益。

### （二）案例二分析

根据相关理论知识可知：行政相对人在行政主体作出与自身利益有关，特别是不利的行为时，有权陈述自己的意见、看法，提供有关证据材料，进行说明和辩解，并驳斥行政主体的理由、依据等。在本案中，路政处侵犯了曹某的申辩权。路政处认定行政相对人主体错误，导致其在之后作出的行政强制执行催告书、行政强制执行决定书和代履行决定书中均错误地将彭某作为行政相对人，并向彭某直接以邮政快递等形式送达相关法律文书，未依法保障曹某进行陈述、申辩的权利，导致曹某利益受损。

因此,行政机关实施行政强制行为应当在查明案件事实的基础上,遵循法定程序,依法保护行政相对人陈述、申辩等权利。行政机关在作出行政行为,尤其是对当事人不利的行政行为前,应当认真听取各方当事人对事实的陈述和对行政行为的不同意见,并在充分考虑陈述与辩解意见的基础上作出合法公正的行政行为。

二维码 4-6
第四章自测题

二维码 4-7
第四章自测题
参考答案

# 3 第三篇
# 行政行为篇

# 第五章

## 行政行为

## 第一节　行政行为及其特征

### 一　相关案例

#### （一）案例一：蒋某某诉湖南省东安县人民政府强制拆除案[①]

再审申请人蒋某某、李某某（以下简称蒋某某等人）因诉被申请人湖南省东安县人民政府（以下简称东安县政府）强制拆除甲鱼养殖场及行政赔偿一案，不服湖南省高级人民法院于 2016 年 11 月 28 日作出的〔2016〕湘行终 325 号行政裁定，向中华人民共和国最高人民法院申请再审。

1994 年，蒋某某与东安县某村民小组签订集体土地承包经营书，承包集体耕地水田 1.33 亩，而后蒋某某等人在承包地上建设甲鱼养殖场。2013 年 9 月 16 日，根据东安县委、县政府的意见，东安县住建局将县城规划区域内没有办理法定手续的违规建设的行政管理执法权委托给新设立的综合执法队行使。2013 年 11 月 11 日，综合执法队发函东安县住建局，请求查询蒋某某等人建设甲鱼养殖场是否办理建设用地规划许可证等，东安县住建局次日回函称，其未办理相关许可证。11 月 13 日，综合执法队作出通知，表示"蒋某某未经城乡规划主管部门批准，擅自修建违法建筑，责令蒋某某于 11 月 23 日前拆除违法建筑"。当日，通知送达蒋某某家中。因蒋某某拒绝签收，保留影像证据，留置送达。11 月 27 日，综合执法队经立案、现场勘查等程序，另作出通知，认定蒋某某未经批准擅自修建违法建筑，责令其在接到通知后 7 个工作日内自行将违法建筑内的物件搬出。同日，该通知送达蒋某某，因拒绝签收，文书留置送达。2014 年 2 月 16 日，综合执法队向蒋某某发出通告，责令其在 10 个工作日内将案涉建筑拆除，否则将按规定强制拆除。3 月 11 日，综合执法队作出强制执行决定，认为蒋某某擅自修建的建筑均未取得相应的规划建设审批手续，经下达限期拆除、前期搬迁通知书，蒋某某未按照通知要求陈述、申辩、申请听证，根据《城乡规划法》相关规定，责令蒋某某在接到决定书后的 7 个工作日内自行拆除违法建筑，逾期未自行拆除的，将依法强制拆除。5 月 16 日、7 月 10 日，综合执法队两次送达通告，要求蒋某某限期拆除违法建筑，否则将强制拆除。8 月 5 日，东安县政府组织东安县水利局等职能部门，

---

[①]　案例来源：https://wenshu.court.gov.cn/website/wenshu/181107ANFZ0BXSK4/index.html? docId= 0db4e7c4a7b34a5fa4f1a834012d061e。

将蒋某某等人的甲鱼养殖场强制拆除。2015年5月25日,蒋某某等人以东安县水利局等为被告提起诉讼,请求确认强制拆除甲鱼养殖场的行为违法,并赔偿其经济损失。东安县人民法院驳回蒋某某等人起诉与诉讼请求。

永州中级人民法院〔2016〕湘11行初8号行政赔偿裁定认为,蒋某某等人提交的证据材料不足以证明东安县政府实施强制拆除行为,实施强制拆除行为的主体是东安县住建局和综合执法队,蒋某某等人以东安县政府为被告提起行政诉讼,没有事实根据,起诉不符合法定受案条件。裁定驳回蒋某某等人的起诉。

湖南省高级人民法院〔2016〕湘行终325号行政裁定认为,生效裁定已确认强制拆除行为由东安县住建局、综合执法队实施。东安县政府不是适格被告,蒋某某等人起诉不符合法定条件。裁定驳回上诉,维持原裁定。

蒋某某等人申请再审称:东安县政府是本次强制拆除行为的决定者和组织者,参与联合执法活动,是本案例的适格被告,应当承担赔偿责任。最高人民法院经审查后,驳回蒋某某等人的再审申请。

**案例思考**

本案例中,实施行政行为的主体是谁?蒋某某等人就强制拆除行为视东安县政府为被告提出再审申请是否合理?

## (二)案例二:商洛市商州区人民政府强拆败诉案①

2011年商洛市商州区人民政府进行商州区西街片区旧城改造,原告屈某房屋坐落于商州区西街,位于旧城改造范围内。被告商洛市商州区人民政府成立了商州区西街片区旧城改建房屋征收办公室(简称商州区旧改办)负责房屋征收补偿工作。2012年10月15日,原告屈某之父以屈某的名义与商州区旧改办签订了《市区西街片区旧城改建房屋征收实物安置与货币补偿协议书》,协议书中对房屋征收安置、搬迁过渡、费用结算等情况进行了具体约定。其中第五条约定乙方(屈某)必须在7日内腾空房屋,将房屋交给甲方(商州区旧改办)。协议签订后,原告屈某未在约定时间内履行交房义务。2013年8月14日,被告商洛市商州区人民政府组织人员对原告的房屋进行了拆除。原告屈某于2015年5月31日诉至商洛市中级人民法院,要求判决确认被告强拆民房的行政行为违法并判令被告在原地恢复被强拆的房屋。依照《行政诉讼法》第七十四条第二款第一项之规定,商洛市中级人民法院判决确认被告商洛市商州区人民政府拆除原告屈某位于商洛区西街房屋的行为违法,驳回原告屈某要求被告在原地恢复被强拆房屋的诉讼请求。

---

① 案例来源:http://www.kjw.cc/2015/12/23/76790.html。

**案例思考**

本案例中,商洛市商州区人民政府的强拆行为符合"法定职权职责依法为"的要求吗?

## 二 相关理论知识

2021年,中共中央、国务院印发的《法治政府建设实施纲要(2021—2025年)》指出,要"全面加强依法行政能力建设。推动行政机关负责人带头遵守执行宪法法律,建立行政机关工作人员应知应会法律法规清单"。

### (一)行政行为的概念

行政行为是行政法的核心内容,也是理解行政法的重要前提。关于行政行为,不同学者的界定略有差异,但认可度比较高的概念具有一些共同的特征。这里,我们参考《行政法与行政诉讼法学》①的界定,认为行政行为是指行政主体及其工作人员或者行政主体委托的组织或个人实施的产生行政法律效果的行为。

(1)行政行为的主体是行政主体。根据我国《行政诉讼法》相关规定,行政行为包括行政机关和行政机关工作人员作出的行政行为,以及法律、法规、规章授权的组织作出的行政行为。这里的行政机关和法律、法规、规章授权的组织即为行政主体,行政行为都应该以行政主体的名义来作出,并由行政主体对该行为负责。而行政机关工作人员可以以行政机关的名义作出行政行为,受委托的组织则可以以委托行政机关的名义作出行政行为。

二维码 5-1
阅读材料:
行政行为概念
生成的价值争论
与路径选择

(2)行政行为是行政主体作出的产生行政法律效果的行为。一方面,行政行为对行政相对人的个人、组织的权利和义务产生相应影响,如颁发证照的行政许可行为,会对行政相对人产生有利影响并直接产生法律效果。另一方面,行政行为所引起的关系是行政法律关系,而不是民事法律关系或其他法律关系。行政主体实施的大多数行为是行政性的,是依行政职权实施的,所以产生的关系属于

---

① 《行政法与行政诉讼法学》编写组:《行政法与行政诉讼法学》(第二版),高等教育出版社,2018年版。

行政法律关系,当然也有少量的行为并不具有行政性质,也非依行政职权作出。

(3)行政行为是行政主体对行政相对人实施的产生行政法律效果的行为。它是行政主体对外部行政相对人实施的,影响其权利和义务的行为,而不包括行政主体的内部行为,如上级行政机关对下级行政机关的命令、指示行为,行政机关对单位工作人员的任免、工作分配、调动等行为。

## (二)行政行为的特征

(1)行政行为具有单方性。行政行为是运用行政对公共利益的一种集合、维护和分配,是代表公共利益的行政主体的一种单方面意思表示。即行政相对人是否应当承担某种公共责任,能否利用某种自然资源和公共设施,其行为是否侵犯了公共利益及是否受到制裁,均取决于行政主体的意志而不取决于行政相对人的意志。尽管随着行政民主化的发展,现代社会的行政相对人已能广泛地参与行政程序或行政行为的实施,即参与意思表示,但这种意思表示接受或采纳与否,实质上仍取决于行政主体。行政相对人的意志一旦为行政主体所接受或采纳,所形成的最终意志仍然被视为行政主体的意志。

(2)行政行为具有公务性。行政行为是公务行为,是为社会提供公共物品、为全体国民提供公共服务的行为。这种行为对行政相对人通常是无偿的。当然也有例外,如行政机关颁发有关自然资源开发、利用等许可证,就要收取一定费用,这是因为行政相对人得到了比其他行政相对人更多的公共利益,就应当是有偿的。但从整体上说,行政行为的公务性决定了其无偿性。

(3)行政行为具有从属法律性。行政行为是执行法律的行为,就必须依据法律,从属于法律。行政行为不同于公民个人、组织的行为,公民个人、组织的行为不是每一项都要有法律依据,法治对公民个人、组织的要求是不违法,不做法律禁止其做的事情,即"法无禁止则可为"——法律没有禁止就可以做。而行政主体则不同,法治要求行政主体的行为必须有法律依据,做到依法行政,即"法无授权不可为""法定职责必须为""法定职权职责依法为"。

(4)行政行为具有权力性。一般来说,行政主体行使职能的行为如果遇到阻碍,在没有其他途径克服阻碍时,可以运用其行政权力和手段,包括运用行政强制手段,以消除阻碍,保障其行政执法目标的实现。实际上,行政行为对行政相对人的强制性也是行政行为单方性的保障,没有行政行为的强制性,作为行政主体单方意志的行政行为就难以作出和实现。尽管现代行政法学不再强调行政行为实施的强制性,而强调行政行为的可接受性和行政相对人的自愿接受,但这并不排除行政行为以强制为后盾。

(5)行政行为具有多样性。行政行为是多种多样的,它既包括行政立法行为,又包括具体行政行为。同立法与司法行为相比较,它涉及社会的各个领域、各个方面、各个环节,就行政立法而言,有制定行政法规、部门规章、地方规章等,而具体行政行为更是多样,如行政许可、行政检查、行政确认、行政处罚等。

## 三 案例分析

### (一) 案例一分析

根据相关理论知识可知:行政行为的主体是行政主体,行政行为都应该以行政主体的名义来作出,并由行政主体对该行为负责。而受委托的组织,则应当以委托行政机关的名义作出行政行为。

本案例中,综合执法队是受东安县住建局委托行使职权的组织,在发布限期拆除通知、作出强制拆除决定、实施强制拆除行为的过程中,应当以东安县住建局的名义进行,以自己的名义作出相关行政行为则不妥。根据《城乡规划法》第六十八条规定,在蒋某某等人拒不履行拆除违法建筑义务的情况下,东安县政府责成东安县住建局强制拆除违法建筑,综合执法队受东安县住建局委托有权实施强制拆除行为。但是,对外承担法律责任、可以作为行政诉讼中的适格被告的,同样应当是东安县住建局。综合执法队并非独立的行政主体,不能成为蒋某某等人诉强制拆除行为案件的适格被告。本案例中,生效行政裁定已经确认,综合执法队和东安县住建局实施被诉强制拆除行为,东安县政府仅仅是组织协调者,并非被诉强制拆除行为的具体实施者。蒋某某等人明知东安县政府不是本案适格被告,仍以东安县政府为被告,提起本案行政诉讼,一、二审法院裁定驳回其起诉并无不当,故蒋某某等人再审申请主张没有事实根据,最高人民法院自然不予支持。

### (二) 案例二分析

根据相关理论知识可知:行政行为具有从属法律性的特征的理论知识同样可以运用于分析本案例。商洛市商州区政府强拆败诉的关键原因在于作出行政行为没有法律职权依据。《行政强制法》第十三条规定:"行政强制执行由法律设定。法律没有规定行政机关强制执行的,作出行政决定的行政机关应当申请人民法院强制执行。"我国现行法律没有规定作出房屋征收决定的行政机关可直接实施强制拆除房屋的行为。本案被告在法无明确授权的情况下,迳行组织工作人员强制拆除原告的房屋,超越了其法定职权,故原告请求判令被告拆除房屋的行政行为违法的理由成立。但原告房屋位于商州区西街片区旧城改造范围以内,该区域房屋和土地已被依法征收,原告也与被告签订了房屋征收补偿安置协议,故原告请求判令被告在原地恢复被强拆房屋的诉讼请求不能成立。

## 第二节　行政行为的合法要件

### 一 相关案例

**（一）案例一：都兰县环境保护局被诉行政处罚不合法案**[①]

2018年3月，都兰县环境保护局接到环境监理站自动监控异常情况交办通知单后，对某环境工程有限公司污水处理厂超标排放的行为立案调查。经执法人员多次检查后，都兰县环境保护局先后分别向某环境工程有限公司作出责令改正违法行为决定书、行政处罚事先（听证）告知书。2018年4月9日，都兰县环境保护局对该公司作出并送达行政处罚决定书，决定对其罚款20万元，并要求其将限期整方案改以书面形式上报。4月10日，都兰县环境保护局又作出按日连续处罚决定书。某环境工程有限公司不服，诉至法院。德令哈市人民法院经审理后认为，都兰县环境保护局作出按日连续处罚决定书时将《全国人民代表大会常务委员会关于修改〈中华人民共和国水污染防治法〉的决议》中已经被删除的第四十八条作为依据属适用法律错误，判决撤销被告都兰县环境保护局按日连续处罚决定书。

**案例思考**

本案例中，都兰县环境保护局作出行政处罚的系列行为适用法律、法规是否全面、准确？

**（二）案例二：贵州省息烽县人民政府行政强制执行行为违法案**[②]

再审申请人贵州省息烽县人民政府（以下简称息烽县政府）因张某某诉其行政强制违法一案，不服贵州省高级人民法院〔2019〕黔行终1141号行政判决，向最高人民法

---

[①] 案例来源：http://www.qhnews.com/newscenter/system/2020/05/20/013166202.shtml。
[②] 案例来源：https://wenshu.court.gov.cn/website/wenshu/181107ANFZ0BXSK4/index.html?docId=f07502bcb58344238eb2ac2400cf8c07。

院申请再审。

根据原审查明的事实,2013年8月26日,遵义某房地产开发有限公司与云岩建筑公司签订土石方开挖工程施工合同,约定息烽县教育局地块土石方开挖项目由云岩建筑公司负责施工。2013年9月25日,云岩建筑公司与恒天建筑公司签订购买渣石协议,约定共同将云岩建筑公司从息烽县教育局地块工程项目内开挖的渣石在恒天建筑公司生产场地内加工成粉砂。后云岩建筑公司将上述土石方开挖工程施工合同及购买渣石协议中约定的权利、义务全部转移给张某某。张某某将从息烽县教育局地块开挖的渣石运至恒天建筑公司场地内存放,准备加工成粉砂,至2015年息烽县政府启动龙泉大道城市主干道建设征收项目时,张某某堆放在恒天建筑公司场地内的渣石为246300立方米。从案涉渣石来源及用途来看,张某某系通过息烽县教育局地块开发过程中土石方开挖、运输而形成,准备加工成粉砂,系作为生产粉砂的原材料堆放在恒天建筑公司场地内。因此,案涉渣石并非一般的废弃渣石泥土,不属于《城市建筑垃圾管理规定》第二条规定的建筑垃圾。此外,中铁十七局集团有限公司将部分案涉渣石用于工程建设亦能反映案涉渣石具有一定的经济价值。

本案中,息烽县政府在未对案涉渣石履行征收补偿义务的情况下,由息烽县龙泉大道及棚户区改造建设工程指挥部于2016年7月28日作出《关于恒天建材厂区内渣石土立即移出龙泉大道红线范围内的通知》,通知张某某于2016年8月10日前将案涉渣石自行移出,逾期将视为废弃渣石泥土处理。因张某某到期后未将上述渣石移除,息烽县政府授权中铁十七局集团有限公司将案涉渣石移除。

一审判决确认息烽县政府强制移除、使用张某某堆放于恒天建筑公司处246300立方米渣石的行为违法,二审维持一审判决。最高人民法院依照《最高人民法院关于适用〈中华人民共和国行政诉讼法〉的解释》第一百一十六条第二款之规定,驳回息烽县政府的再审申请。

### 案例思考

本案例中,息烽县政府授权中铁十七局集团有限公司将案涉渣石移除的行为程序是否合法?

## 二 相关理论知识

行政行为的合法要件是指评价、判断和认定行政行为合法性的条件或标准,主要包括主体合法、权限合法、对象合法、内容合法和程序合法五个方面。

## （一）行政行为主体合法

行政行为合法首先要求主体合法。主体合法具体有三项要求。

(1)行政行为主体是行政主体。行政行为是行政主体的行为，而且也只能是行政主体的行为。非行政主体所作的行为不属于行政行为，因而也不具有行政行为的效力。离开行政主体，行政行为便无法存在。有时，国家行政机关可能会联合其他社会组织、团体共同作出某一种行为，如联合发布某一规范或非规范性文件、联合采取某一措施、实施某一具体行为等。这种行为如果有法律根据，且属于行为机关的职权范围，应视为行政行为，但该行为的行政主体仍是行政机关。

(2)行政行为的实施者以行政主体的名义实施行政行为。虽然行政行为的主体是行政主体，但行政行为的具体实施者却不一定是行政主体本身，他们可能是行政主体的工作人员或行政主体委托的组织或其工作人员。因此，要确定行政行为的主体是否合法，必须审查行政行为的实施者是谁。如果是受行政机关委托的组织，则要审查行政机关是否确实有此委托，有无委托书或其他证据，被委托者的行为是否超出了委托范围等。总之，要确定行政行为的主体合法，首先必须确定行政行为是否确实为行政主体所为，行政行为实施者是否根据行政主体指派或委托，代表行政主体，以行政主体名义实施相应行为。

(3)合议制机关的行为通过合议程序作出。合议制机关的行为应通过相应会议的讨论、审议，并且相应会议有法定人数出席，相应决定有法定票数通过。否则，既构成行政主体不合法，也构成行政程序违法。

## （二）行政行为权限合法

行政行为权限合法有三项具体要求。

(1)行政行为要在行政主体的行政权范围内，即行政主体不能行使在法律上根本不属于行政权的权限，其既不能越位行使法律赋予各级人大和人大常委会行使的立法权和越位行使法律赋予各级人民法院、人民检察院行使的司法权，也不能越位干预法律授予企事业单位、社会团体行使的自治权利。否则，便会构成"无权限"违法。

(2)行政行为不侵越其他行政部门的权限。这要求行政主体的行为不超出本部门的职权而侵越其他行政部门的权限。例如，公安机关不能行使市场监管机关的职权，自然资源管理机关不能行使生态环境管理机关的职权，法律法规授权的组织不能行使法律法规规定应由有关行政机关行使的职权，等等。否则，便会构成"横向越权"违法。

(3)行政行为不侵越上级行政部门的权限。例如，公安派出所不去行使本应由县公安局行使的拘留和500元以上的罚款的处罚权限；乡镇人民政府不行使本应由县级以上人民政府行使的裁决单位之间土地所有权、使用权争议的权限。否则，就会构成"纵向越权"违法。

### (三)行政行为对象合法

行政行为对象合法是指特定的行政行为只能针对特定的行为对象,二者必须要相对应。行政行为是针对一定对象而作出的,无对象的行政行为是不存在的。行政行为的对象无非三类:人、行为和物。人是指行政相对人;行为是指行政相对人的各种行为;物是指各种财物,包括公物与私物、无主财物与有主财物。

### (四)行政行为内容合法

任何行政行为都有一定的内容,不是赋予权利,就是科以义务。但是,行政行为对行政相对人的权利和义务影响,必须符合法律规定和公共利益。行政行为内容合法要符合三项要求。

(1)行政行为有事实根据且证据确凿。例如,行政主体实施行政处罚行为,必须有行政相对人实施了违法行为的事实根据。行政主体作出相应行政为,不仅要有事实根据,而且这种事实必须证据确凿,而不能根据道听途说或想象推理。否则,这样的行政行为就会因缺乏可靠的证据而受到行政相对人的指控,最终可能被撤销。

(2)行政行为正确适用依据。行政行为的依据包括法律、法规、规章和其他规范性文件。正确适用依据,一是指正确把握法律规范的效力位阶,先适用高位阶的法律规范,再适用低位阶的法律规范,低位阶法律规范与高位阶法律规范相冲突的,则只适用高位阶规范而不适用低位阶规范;二是指正确选择与行政行为相适应的法律规范,适用法律规范应该是有针对性的,行政主体应在大量的法律规范中选择与解决问题相适应的,同时又是现行有效的法律规范;三是指全面适用法律规范,对某一个行政行为,同时由几个法律规范进行调整的,行政主体应同时适用所有有关的规范。否则,就构成不正确适用。

二维码 5-2
时评分享:
"以罚治罚"
于法无据

(3)行政行为合乎立法目的。行政主体实施行政行为,应是为了实现相应立法所要达到的目的,而不应以权谋私,通过行政职权的行使去实现自己的某种私利,比如打击报复、为亲朋好友谋取某种好处等。行政主体实施行政行为如果不是为了实现相应立法目的,而是出于某种个人的动机,则其行为就构成滥用职权。

## (五) 行政行为程序合法

行政行为应该是按照法定程序作出的。具体来说,行政行为的方式合法是行政行为程序合法的横向要求,而行政行为程序合法的纵向要求则是行为步骤、顺序合法。行政行为还需要符合法定时限,如果没有法定时限,就可能造成拖延耽搁,给国家、社会利益造成严重损害,给公民个人、组织的权益造成损害。例如,行政主体实施行政处罚行为,一般首先要调查、取证、查明事实,之后要告知行政相对人拟作出处罚决定的事实、理由、依据;接着应听取行政相对人的陈述、申辩或举行听证;再之后作出正式处罚决定;最后将处罚决定书送达被处罚人等。行政行为如果没有遵循法定步骤,少进行一道或几道"工序",都会构成程序违法。

二维码 5-3
视频资料:
"一刀切"关停企业
法院判决政府
行政行为违法

# 三 案例分析

## (一) 案例一分析

根据相关理论知识可知:行政行为合法包括内容合法,其强调行政行为正确适用依据,要求行政主体在大量的法律规范中选择与解决问题相适应的,同时又是现行有效的法律规范。

本案例中,都兰县环境保护局在进行环保执法活动时理应熟悉环境保护相关法律法规的规定,然而其在作出案涉处罚决定书时却将《全国人民代表大会常务委员会关于修改〈中华人民共和国水污染防治法〉的决议》中已经被删除的第四十八条作为法律依据,没有选择与解决环保执法问题相适应的,且是现行有效的法律规范作为适用依据,属适用法律错误。都兰县环境保护局在实施行政行为时忽视了行政行为的内容合法要件,所依据的法律法规并未做到全面、准确,最终导致该处罚决定书被人民法院依法撤销。

## (二) 案例二分析

根据相关理论知识可知:行政行为合法还包括程序合法,行政行为应该是按照法定程序作出的,行政行为如果没有遵循法定步骤,少进行一道或几道"工序",都会构成程序违法。

本案例中,从息烽县政府授权中铁十七局集团有限公司将案涉渣石移除行为的表现形式及实施内容来看,属于行政机关实施的行政强制执行行为。既然作为行政强制执行行为,就理应具备行政行为的合法程序。根据《行政强制法》第三十四条规定,行政机关依法作出行政决定后,当事人在行政机关决定的期限内不履行义务的,具有行政强制执行权的行政机关依照本章规定强制执行。同时该法第三十五条规定,行政机关作出强制执行决定前,应当事先催告当事人履行义务,催告应当以书面形式作出。该法第三十七条规定,经催告,当事人逾期仍不履行行政决定,且无正当理由的,行政机关可以作出强制执行决定。而本案中,息烽县政府并未依照前述规定履行相应的法定程序,便直接授权中铁十七局集团有限公司采取了行政强制执行行为,将案涉渣石进行了移除,其不具备程序合法要件,属于程序违法。故法院一审判决确认息烽县政府强制移除、使用张某某堆放于恒天建筑公司处 246300 立方米渣石的行为违法,二审维持一审判决,均无不当。息烽县政府的再审申请自然也被最高人民法院驳回。

## 第三节　行政行为的效力

### 一　相关案例

（一）案例一：陈某某诉四川省泸州市江阳区人民政府未履行政府信息公开法定职责案①

再审申请人陈某某因与四川省泸州市江阳区人民政府(以下简称江阳区政府)政府信息公开一案,不服四川省高级人民法院〔2016〕川行终 994 号行政裁定,向最高人民法院申请再审。

原审法院查明,陈某某于 2015 年 7 月 22 日向江阳区政府办公室邮寄了 6 份政府信息公开申请表,要求书面公开其房屋所在区域进行征收的房屋征收决定等材料。江阳区政府信息公开办公室于 2015 年 7 月 28 日作出政府信息公开告知书,告知陈某某申请的相关信息已指定江阳区住建局办理。2015 年 8 月 11 日,江阳区住建局向陈某

---

① 案例来源:https://wenshu.court.gov.cn/website/wenshu/181107ANFZ0BXSK4/index.html? docId=483b5e4a0b6e4c3a9692a8f2010fef50。

某作出政府信息公开延期答复告知书。江阳区住建局以自己的名义于 2015 年 10 月 12 日对陈某某要求公开的信息进行回复。陈某某不服，向四川省泸州市人民政府（以下简称泸州市政府）申请复议，请求确认江阳区政府不依法履行政府信息公开的行为违法，并责令其限期公开相关信息。泸州市政府经复议，认为陈某某向江阳区政府申请政府信息公开，江阳区政府应以自己为答复主体直接答复，江阳区住建局作出答复，主体不适格，遂决定责令江阳区政府自接到复议决定书之日起 15 日内对陈某某提交的政府信息公开申请予以答复。江阳区政府于 2016 年 2 月 4 日作出政府信息公开答复，内容为"陈某某，你要求书面公开房屋征收决定等信息的申请，我区于 2015 年 7 月 23 日指定主管部门江阳区住建局办理，该局已于 2015 年 8 月 11 日向你作出了延期答复的告知，并于 2015 年 10 月 12 日对你提交的申请作出了答复"。陈某某认为泸州市政府责令其履行公开职责后，江阳区政府仍未依法履行政府信息公开的法定职责，遂向四川省泸州市中级人民法院提起诉讼，请求法院判令江阳区政府限期公开相关信息。

四川省泸州市中级人民法院一审作出行政裁定认为，陈某某向江阳区政府申请政府信息公开，江阳区政府没有以自己为答复主体直接作出答复，经泸州市政府作出了复议决定，责令江阳区政府作出答复，江阳区政府收到复议决定书后作出的答复书，虽有答复书的名义，但内容是对泸州市政府作出复议决定前相关过程的叙述，并无信息有无、是否属公开的范围等实质性内容，实际并未作出答复，并未履行行政复议决定。根据《行政复议法》第三十二条之规定，被申请人不履行或者无正当理由拖延履行行政复议决定的，行政复议机关或者有关上级行政机关应当责令其限期履行。陈某某因江阳区政府不履行行政复议决定，向法院提起诉讼，不属于人民法院行政诉讼受案范围。据此，该院依照《行政诉讼法》第四十九条第四项、《最高人民法院关于适用〈中华人民共和国行政诉讼法〉若干问题的解释》第三条第一款第一项之规定，裁定驳回陈某某的起诉。陈某某提起上诉，四川省高级人民法院二审以同一理由维持一审裁定。

陈某某不服，向最高人民法院申请再审，后者依照《最高人民法院关于适用〈中华人民共和国行政诉讼法〉的解释》第一百一十六条第二款之规定，驳回陈某某的再审申请。

**案例思考**

请结合行政行为效力的内容分析本案。

## (二) 案例二：被判无效的责令退还非法占用土地告知书①

原告吴某某系河南省濮阳市城乡一体化示范区某某街某某组的村民。2019年7月25日，被告濮阳市自然资源和规划局对许村北街村民委员会作出了责令退还非法占用土地告知书，但在该告知书中却点名原告的房屋为非法占地建造，认为原告的占地行为违反了《土地管理法》第七十七条和《河南省农村宅基地用地管理办法》第十八条的规定，并责令许村北街村民委员会在三日内收回原告占用的集体土地。原告认为其是房屋下土地的真正权利人和行政相对人，但被告作出的行政行为直接指向许村北街村民委员会，明显不合法，侵害其正当合法权益。原告经人介绍，联系到北京宋某成律师，聘请宋律师代理此案，宋律师接受委托后，即指导当事人依法向濮阳县人民法院提起行政诉讼，请求人民法院依法撤销被告于2019年7月25日作出的责令退还非法占用土地知书。

濮阳县人民法院经过公开开庭审理，作出了〔2019〕豫0928行初98号行政判决书，该判决采纳了代理人宋律师的代理意见，虽未完全支持原告的诉讼请求，但站在原告一方作出了判决，确认被告濮阳市自然资源和规划局2019年7月25日作出的责令退还非法占用土地告知书无效。

 案例思考

本案例中，濮阳市自然资源和规划局作出的责令退还非法占用土地告知书为何被判无效？

## (三) 案例三：无效的离婚登记行为②

2000年7月7日，原告王某（女）与陆某（男）登记结婚。2013年6月王某得知B区民政局于2007年12月19日为其与陆某办理了离婚登记，而其本人从未去办过离婚手续，故诉至法院，请求确认该离婚登记行为无效。被告B区民政局辩称，王某的起诉已超过5年最长起诉期限，应予驳回。

 案例思考

本案例中的离婚登记行为是否为无效行政行为？判断的主要依据是什么？

---

① 案例来源：https://wenshu.court.gov.cn/website/wenshu/181107ANFZ0BXSK4/index.html?docId=c702494652bf4b4da26cab11009b2b17。

② 案例来源：http://rmfyb.chinacourt.org/paper/html/2014-04/17/content_81033.htm?div=-1。

## 二 相关理论知识

### （一）行政行为效力的内容

行政行为的效力，是指行政行为成立后，对行政相对人、行政主体以及其他组织、个人所具有的法律上的效力，主要包括公定力、确定力、拘束力和执行力，和行政行为的公定、确定力、拘束力、执行力构成一体，使行政行为的法律效力得以体现和实现。

(1)行政行为的公定力是指行政行为一经作出，除非有重大、明显的违法情形，即假定其合法有效，任何机关、组织和个人未经法定程序，均不得否定其法律效力。

(2)行政行为的确定力是指行政行为作出后，除非有重大、明显的违法情形，即发生法律效力，行政主体本身非经法定程序不得变更、撤销或废止。

(3)行政行为的拘束力是指行政行为生效后，作为行政相对人的个人、组织都要受该行为的约束，履行该行为确定的义务，不得作出与该行为相抵触的行为。例如，行政主体命令某公司停业整顿，该公司就不得再行开工营业。

(4)行政行为的执行力是指行政行为生效后，行政相对人必须自觉履行相应行为确定的义务，如果其拒绝履行或拖延履行，相应行政主体可以依法采取强制措施，强制行政相对人履行，如果相应行政主体不具有采取某种强制措施的法定权力，该行政主体可以依法申请人民法院强制执行。

### （二）行政行为的生效

行政行为的生效是指行政主体实施的法律行为在完成其法定程序，具备相应法定要件后正式对外发生法律效力。法律对不同的行政行为设定了不同的生效要件。

#### 1. 一般抽象行政行为的生效要件

(1)经相应行政机关会议讨论决定。根据抽象行政行为的不同等级，有些抽象行政行为(如制定规章的行为)，必须经过相应机关的正式会议(如政府常务会议或全体会议)讨论决定；有些抽象行政行为，可经相应机关的非正式会议(如办公会议)讨论决定。当然在实践中，也有一些抽象行政行为，无须相应机关的会议讨论决定，而直接由行政首长签署发布。

(2)经相应行政机关行政首长签署。首长签署是所有抽象行政行为生效的必备要件。但一般抽象行政行为与行政立法略有不同，一般抽象行政行为既可由正职行政首长签署，也可由主管相应行政事务的副职行政首长签署。

(3)公开发布。公开发布也是所有抽象行政行为生效的必备要件。一般抽象行政行为既可在正式政府刊物上登载，也可以公告、通告等形式在一定的公共场合或行政办公场所张贴,或者通过当地广播、电视等播放,这有利于让所有行政相对人知晓这个抽象行政行为。

(4)行为确定的生效日期已到。抽象行政行为一般自公布之日起生效,但有的抽象行政行为在公布时并不立即生效,而是另定一个生效日期,如自公布之日起30日或60日生效。在这种情况下,抽象行政行为在公布时确定的生效日期到达时,才正式开始生效。

### 2. 具体行政行为的生效要件

(1)行政主体作出行政决定。具体行政行为一般以行政决定的形式作出,无论是行政主体实施行政处罚,采取行政强制措施,还是颁发或拒绝颁发许可证照,要求行政相对人履行某种义务,都应作出行政决定。

(2)行政决定已送达行政相对人。送达的方式有四种:当面送达、留置送达、邮寄送达、公告送达。当面送达是行政主体将行政决定文书直接送交受送达人,由受送达人在送达回证上记明收到的日期,并签名或盖章。受送达人是个人的,本人不在,可交他的同住成年家属签收;受送达人是组织的,应交其法定代表人或该组织负责收件的人签收。留置送达,一般是行政相对人或他的同住成年家属拒绝接收行政决定文书,行政主体邀请有关基层组织或所在单位的代表到场,说明情况,在送达回执上记明拒收事由和日期,由送达人、见证人签名或盖章,把行政决定文书留在受送达人的住所,就视为已送达。邮寄送达是指行政主体向行政相对人直接送达行政决定文书有困难,通过邮局邮寄送达。邮寄送达回执上注明的收件日期为送达日期。而公告送达,一般是行政相对人下落不明,或者采用当面送达、留置送达、邮寄送达均无法送达的,行政主体将行政决定有关内容予以公告。公告送达通常确定一个期限,期限一到即视为送达。

(3)附款行政行为所附条件成熟。当行政行为的作出附有条件时,该条件达到之时为该行政行为生效之时。例如,附起始条件的行为,只有在行为确定的起始时间已到时才生效,附作为条件的行政行为只有在行政相对人作出某种行为,实现行政主体的某种要求后才生效。

## (三)行政行为的失效

行政行为的效力还包括失效问题。除了行政行为期限届满而失效,行政行为还可能因撤销、废止和确认无效而失效。

### 1. 行政行为的撤销

行政行为的撤销是指行政行为在具备可撤销情形时,由有权国家机关作出撤销决定后而失去法律效力。一般来说,如果行政行为的合法要件缺损,或者行政行为不适当,都可能会被撤销。而一旦被撤销,行政行为通常自撤销之日起,就会失去法律效力;

如果行政行为的撤销是由行政相对人的过错,或行政主体与行政相对人的共同过错所引起的,行政行为撤销的效力应追溯到行政行为作出之日。如行政相对人通过虚报、瞒报有关材料,向行政主体提供虚假信息而获取行政主体的某种批准、许可行为,类似情形下,行政主体通过相应行为已给予行政相对人的利益、好处均要收回;行政相对人因行政行为撤销而遭受到的损失均由其自身负责;其他个人、组织因为已撤销的行政行为所受到的损失,则应该由行政主体和行政相对人依其过错程度共同赔偿;行政主体及其工作人员还应因行政行为撤销的过错,对国家承担行政法律责任。

二维码 5-4
视频资料:
工商局被判
撤销行政行为

### 2. 行政行为的废止

行政行为具有确定力,一经作出即不得随意废止,只有在具有某些法定情形的条件下,才能依法定程序废止。行政行为废止的条件通常有下述三项:一是行政行为所依据的法律、法规等经有权机关依法修改、废止或撤销,相应行为继续存在,则与新的法律、法规等相抵触,故行政主体必须废止原行政行为;二是行政行为所依据的客观情况发生重大变化,原行政行为继续存在将不利于或损害国家、社会公共利益,为了公共利益的需要,行政主体必须废止原行政行为;三是行政行为已完成原定目标、任务,实现了其历史使命,从而没有继续存在的必要,行政行为自然终止。

### 3. 行政行为的无效

行政行为如具备下述情形之一,可视为无效行政行为,有权国家机关可确认和宣布该行为无效。

(1)行政行为具有特别重大的违法情形。例如,某地方政府命令一个因有爆炸危险而停止向外供气的煤气供应站立即恢复向外供气,此行政命令如果执行,可能造成公民生命财产无可挽回的重大损失。相应地,煤气供应站可以而且应该将此行政命令视为一个无效行政行为,不予执行。

(2)行政行为具有明显的违法情形。例如,某地方政府作出一个行政决定,要求该地所有机关、企事业组织只能购买、使用该地生产的某种产品,而不能购买、使用外地生产的同类型产品。该决定显然属于限制竞争的地方保护主义,明显违法,故对行政相对人不产生拘束力。

(3)行政行为的实施将导致犯罪。例如,某地方政府为了吸引外商在该地投资,命令村民捕杀若干国家保护的珍稀动物以招待外商。捕杀珍稀动物的行为属犯罪行为,故该地方政府命令他人实施此种将导致犯罪的行为的行政命令是无效行政行为,行政相对人有权抵制而不予执行。

(4) 没有可能实施的行政行为。例如,某地方政府为了发展旅游事业,改善游客住宿条件,以吸引游客,命令该地方所有宾馆、旅馆、饭店在三日内修建好残疾人通道和设施。该行政命令是根本不可行的,从而属无效行政行为。

(5) 行政主体受胁迫作出的行政行为。例如,行政机关工作人员在行政相对人武力威胁下作出某种行政行为,如颁发许可证照等。行政主体在这种情形下作出的行政行为均是无效行政行为。

(6) 行政主体不明确或明显超越相应行政主体职权的行政行为。例如,行政主体实施行政行为却不表明身份,在行政决定上不署相应行政主体的名称,不盖印章,使行政相对人不能确定该行政行为的行政主体是谁。此类行为同样为无效行政行为。

二维码5-5
拓展阅读:
湖南政府首次
叫停违法"红头
文件"被认定无效

## 三 案例分析

### (一) 案例一分析

根据相关理论知识可知:行政行为的效力包括公定力、确定力、拘束力和执行力等。通过对陈某某诉江阳区政府未履行政府信息公开法定职责案进行分析,有利于理解行政行为效力的内容。[①]

一是行政行为的公定力。本案例中,泸州市政府作出责令江阳区政府进行答复的复议决定显然不存在重大、明显的违法行为,应当认为其合法有效,江阳区政府在未经法定程序允许的情况下应尊重其既有公定力。

二是行政行为的确定力。本案例中,泸州市政府作出责令江阳区政府进行答复的复议决定,在当事人未于法定期限内提起行政诉讼的情况下,具有形式确定力或者不可争力,这种形式确定力或者不可争力决定了江阳区政府未依法进行答复,构成实质上的不履行行政复议决定,应当属于生效法律文书是否得到执行的问题,陈某某不宜再次就同一请求提起行政诉讼,否则容易形成相互矛盾的法律文书,损害国家机关的权威及公信力。

三是行政行为的拘束力。本案例中,泸州市政府作出责令江阳

---

① 最高法判例‖行政行为的效力内容——确定力、既决力和实现力[EB/OL]. (2018-09-18). https://mp.weixin.qq.com/s/beRy2QxVS-7_4fTS0o-sPg.

区政府进行答复的复议决定作为具有既决力的行政行为,不仅拘束行政复议申请人陈某某和复议被申请人江阳区政府,还拘束人民法院,排除人民法院对本案例的管辖权,人民法院受理本案则属于违反"一事不再理"原则。

四是行政行为的执行力。本案例中,泸州市政府已经作出责令江阳区政府进行答复的复议决定,江阳区政府未依法进行答复,构成实质上的不履行行政复议决定,陈某某有权依据《行政复议法》第三十二条的规定寻求救济,而无须舍近求远再次就同一请求提起行政诉讼。

## (二)案例二分析

根据相关理论知识可知:当行政行为具有明显的违法情形时,可视为无效行政行为。

本案例中,被告濮阳市自然资源和规划局依据《土地管理法》第七十七条和《河南省农村宅基地用地管理办法》第十八条的规定作出责令退还非法占用土地告知书,但按照上述法律规定,应当由县级以上土地行政管理部门责令违法占用土地行为人退还非法占用的土地,被告依据上述规定责令村民委员会收回非法占用的土地,没有法律依据,且该告知书并未向"违法占用土地的行为人"进行送达,程序违法,因此该告知书的作出存在明显的违法情形,属无效的行政行为。依照《行政诉讼法》第七十五条、《最高人民法院关于适用〈中华人民共和国行政诉讼法〉的解释》第九十四条、第九十九条之规定,判决确认被告 2019 年 7 月 25 日作出的责令退还非法占用土地告知书无效合理。同时该判决结果也意味着案例中的行政行为因确认无效而失效。

## (三)案例三分析

根据相关理论知识可知:行政行为具有重大且明显的违法情形时,对行政相对人不产生拘束力,行政相对人可以而且应该视之为一个无效行政行为并不予执行。

本案例中,原告王某所诉离婚登记行为是无效行政行为。离婚登记是公权力对有关法律事实的确认,是行政确认行为。该行为的基础法律事实是夫妻双方自愿离婚并对子女抚养和财产分割达成一致,关键证据是民政部门留存双方签字认可的离婚协议书。本案中被告留存的离婚协议书中没有原告的签名,被告也无证据证明原告曾申请离婚,离婚登记行为缺乏证据。《最高人民法院关于执行〈中华人民共和国行政诉讼法〉若干问题的解释》第五十七条第二款规定人民法院有权确认行政行为无效。理论知识认为,重大且明显违法的行政行为是无效行政行为,"重大"是指行政行为的实施给行政相对人权益带来重大的影响,"明显"是指一般理性人均可轻易对行政行为的违法性作出肯定判断。被告的离婚登记行为明显没有事实基础,且对原告的人身权利造成重大影响,属重大且明显违法情形,应为无效行政行为。无效行政行为自始无效,并产生以下法律后果:行政相对人可不受该行为的约束,不履行该行为确定的任何义务,并且对此种不履行不承担法律责任,可以在任何时间请求法院宣布该行为无效。本案中原告在超过五年后才知道被告为其办理了离婚登记,而陆某未再婚。被告拒不改正违法行政行为,若其起诉再因所谓超期不被法院受理,原告人身权益受到的重大损害便无法得到行政救济。为了行政相对人权益的全面保障,依据法理,应认定王某起诉请求确认B区民政局离婚登记行政行为无效,不受起诉期限的限制。

二维码5-6
第五章自测题

二维码5-7
第五章自测题
参考答案

# 第六章

# 行政立法

## 第一节 行政立法及其分类

### 一 相关案例

**（一）案例一：《安徽省实施〈优化营商环境条例〉办法》自2020年1月1日起施行**①

2019年12月30日，安徽省省长签署第290号省政府令，公布《安徽省实施〈优化营商环境条例〉办法》。该办法是全国首部优化营商环境省级政府规章，于2020年1月1日起施行。

《安徽省实施〈优化营商环境条例〉办法》起草背景如下。一是贯彻落实国务院《优化营商环境条例》的需要。2019年10月22日，国务院令第722号公布了《优化营商环境条例》。该条例作为优化营商环境的基础性行政法规，确立了优化营商环境的基本制度规范，明确了方向性要求，同时也为各地区探索创新优化营商环境的具体措施留足了行动空间。为了切实做好《优化营商环境条例》的贯彻实施工作，有必要结合安徽省实际制定《安徽省实施〈优化营商环境条例〉办法》。二是从制度层面为安徽省优化营商环境提供更加有力的保障和支撑的需要。近年来，安徽省在打造"四最"营商环境、开展"四送一服"、加强市场主体保护、优化市场环境、提升政务服务等方面，出台了一系列政策，形成了大量行之有效的经验、做法。与此同时，在实际工作中也还存在着一些问题和短板。为把安徽省优化营商环境有关政策做法上升到规章制度层面，使其进一步系统化、规范化，增强权威性、时效性和法律约束力，同时有针对性地解决安徽省优化营商环境实际工作中存在的问题，持续优化安徽省营商环境，服务保障现代化五大发展美好安徽建设，有必要制定《安徽省实施〈优化营商环境条例〉办法》。

《安徽省实施〈优化营商环境条例〉办法》起草过程如下。根据安徽省政府领导同志的批示精神，成立了由安徽省政府办公厅、省司法厅、省发展改革委、省市场监管局、省数据资源局等单位组成的起草小组，参照外省立法经验、优选立法素材，数易其稿，形成《安徽省实施〈优化营商环境条例〉办法》征求意见稿。之后，安徽省司法厅会同有关部门书面征求各市、省直管县政府和省直有关部门意见；通过中国安徽网、安徽省司法厅网站等媒体，公开征求公众意见；到有关市区开展立法调研，实地听取基层意见。

---

① 案例来源：https://www.ah.gov.cn/public/1681/8241951.html。

12月5日,安徽省省长主持召开省创优"四最"营商环境工作领导小组会议,听取了该办法起草情况汇报。领导小组会议对该办法草案完善提出意见要求。之后,安徽省司法厅先后召开了省政府法律顾问、高校法学教授、律师、营商环境评价第三方机构代表参加的立法专家论证会,以及省人大代表、省政协委员、国有企业、民营企业、外资企业代表,省商务厅、省工商联派员参加的征求意见座谈会,充分听取意见。在此基础上,经反复修改,最终形成《安徽省实施〈优化营商环境条例〉办法(草案)》。按照程序报经安徽省政府党组同意,报安徽省委常委会审议通过后,12月27日,安徽省政府第80次常务会议讨论通过了《安徽省实施〈优化营商环境条例〉办法》。

**案例思考**

本案例中,行政机关可以立法吗?根据行使行政立法权主体的不同,《安徽省实施〈优化营商环境条例〉办法》属于哪类行政立法?

**(二)案例二:新修订《食品安全法实施条例》自2019年12月起实施**[①]

2019年10月11日,第721号国务院令全文发布《食品安全法实施条例》,修订后的条例共10章86条1万余字,自2019年12月1日起实施。新修订的条例全面贯彻新时期党中央、国务院有关加强食品安全工作的新思想、新论断和新要求,严格落实"四个最严",坚持问题导向、制度创新,全面落实新《食品安全法》的各项规定,明晰食品生产经营者法律义务和责任,强化食品安全监督管理,细化自由裁量权,进一步增强了法律的可操作性。修订的主要内容如下:一是实行最严厉的处罚,落实"处罚到人";二是依法从严从重处罚情节严重的食品安全违法行为;三是强化企业主体责任;四是坚持以人民为中心,强化特殊食品监管。保障食品安全,法治是根本。该条例的出台,标志着以新修订的《食品安全法》为核心的食品安全法律体系已经基本形成,这些法律法规和规章密切联系,有利于创造公平、法治、诚信的市场环境,让各类主体有法可依、有章可循,推动形成企业负责、政府监管、行业自律、部门协同、公众参与、媒体监督、法治保障的社会共治大格局。

**案例思考**

本案例中,新修订的《食品安全法实施条例》属于职权立法还是授权立法?

---

① 案例来源:https://mp.weixin.qq.com/s/ydFdHiGXwbupefBxS2QWxQ?。

### (三)案例三:上海首创相关创制性地方立法自2018年5月1日起施行①

《上海市行政审批告知承诺管理办法》经上海市政府常务会议审议通过,于2018年5月1日起施行。此次立法是在总结上海实施行政审批告知承诺实践经验的基础上,对告知承诺制度进行规范的首个创制性地方政府立法。该办法明确,除直接涉及公共安全、生态环境保护和直接关系人身健康、生命财产安全的行政审批事项,以及依法应当当场作出行政审批决定的行政审批事项外,对于审批条件难以事先核实、能够通过事中事后监管纠正且风险可控的行政审批事项,审批机关可以实行告知承诺。考虑到行政审批事项的复杂性,该办法规定,具体事项由市和区审批改革部门根据各自权限,会同相关行政审批机关确定并向社会公布。审批机关收到经申请人签章的告知承诺书以及告知承诺书约定的材料后,能够当场作出行政审批决定的,应当当场作出行政审批决定。

 **案例思考**

本案例中,《上海市行政审批告知承诺管理办法》为何属于创制性立法?

### (四)案例四:全国首例公民告政府"行政立法不作为"案②

2003年3月,南京某化工厂厂长杨某某向南京市中级人民法院递交了一份行政起诉书,以"行政立法不作为"为由,状告南京市江宁区政府不按上位法规及时修改房屋拆迁管理办法,致使自己损失惨重。

江宁是南京市2001年撤县而建的一个区。杨某某所告针对的是原江宁县政府制定的《江宁县城镇房屋拆迁管理办法》这一地方行政规章。

2002年5月,杨某某接到江宁区科学园发展公司的拆迁通知,要拆迁他位于江宁区东山镇杨村的某化工厂。但在拆迁安置补偿金额上,双方分歧很大。拆迁方依据的是1996年江宁县政府制定的《江宁县城镇房屋拆迁管理办法》,根据这一办法,需补偿杨某某安置费用135万余元。而杨某某委托南京华盛兴伟评估公司对自己被拆迁资产进行评估,并参照现行的《南京市城市房屋拆迁管理办法》测算,认为应补偿安置费用447万元。

杨某某继而研究发现,江宁区目前房屋拆迁依据的这个办法,是1996年由原江宁县政府制定的,早已不适应撤县建区后江宁土地价格的巨大变化。而且,当初授权制定这个拆迁管理办法的上位法——1996年3月施行的《南京市房屋拆迁管理办法》,已于2000年3月7日被废止。

---

① 案例来源:http://shzw.eastday.com/shzw/G/20180427/u1ai11394101.html。
② 案例来源:http://zqb.cyol.com/content/2003-06/13/content_679627.htm。

这个已被废止的《南京市房屋拆迁管理办法》第五十三条是这样规定的:"本市所辖各县人民政府可参照本办法,结合本县实际情况制定拆迁办法。"江宁区现仍在施行的《江宁县城镇房屋拆迁管理办法》第一条也规定:"根据有关法律、法规和《南京市房屋管理拆迁办法》第五十三条的规定,结合江宁县实际情况,制定本拆迁办法。"

杨某某决定状告江宁区政府。他说,拆迁方依据的是 7 年前的老规定,制定这个规定的"上位法"早已废止,江宁区政府不根据新的"上位法"制定新规定,是一种"立法不作为"。

江宁区政府在行政诉讼答辩状中表示,江宁区政府制定的规范性文件是不可诉的,不属于法院行政诉讼的受案范围;江宁区人民政府制定的拆迁政策是依照国务院拆迁条例和江苏省拆迁条例制定的,拆迁政策的"立、改、废"要按法定程序进行。

**案例思考**

本案例中,《江宁县城镇房屋拆迁管理办法》属于行政立法吗?

## 二 相关理论知识

### (一) 行政立法的概念

行政立法是指国家行政机关依法定权限和法定程序制定行政法规和规章的抽象行政行为。行政立法是从属性立法,而不是制定源法律规范的立法,不是宪法立法权意义上的立法。"行政立法"这个词,有动态和静态两重意义:动态意义的"行政立法"指行政机关制定行政法规和规章的活动;静态意义的"行政立法"指行政机关通过行政立法程序所制定的行政法规和规章。行政立法和制定其他规范性文件,都属于抽象行政行为的范畴。

行政立法这一概念主要包含以下四层具体含义。

(1)行政立法的主体是法定或由立法机关授权的行政机关,大体上包括国务院及其部委、省级政府、设区的市级政府等行政机关。不同行政机关的立法权限和范围各不相同,而且省部级政府及以下的地方政府所属部门行政机关以及县乡级政府没有立法权限。

二维码 6-1
阅读资料:
论行政立法与行政规范性文件的区分标准

二维码 6-2
拓展阅读:
管住任性的"红头文件"

(2)行政立法行为是行政机关在法定权限内的行为。一是行政立法必须根据宪法、法律或有权机关的授权,它是接受权力机关的委托来制定普遍性行为规则的,法无明文规定或未经授权不得为之;二是行政机关只能在自己的职权范围内活动,行政立法同样不能超越自己的职权范围。作为行政行为的一种,越权无效原则同样适用于行政立法行为。

(3)行政立法是行政机关按照立法程序作出的行为。所谓立法程序就是要经过公告、征求相关人意见、公布等过程,使利益相关人知晓并参与意见,这同行政处罚、行政许可等行政机关单方面决定的行政行为不同。行政立法所要制定的是具有普遍性的、要人人遵守的行为规则,必须按立法程序进行。但是行政立法程序并不等同于权力机关的立法程序,一般来讲,行政立法程序相对较为简便、迅速,不像权力立法那样严格。这是行政立法的特点,也是行政立法存在的重要理由。

(4)行政立法不同于具体行政行为,是一种抽象行政行为。行政立法虽然具有"行政"性质,但它不同于具体行政行为。区别在于以下几点。一是主体不完全相同。行政立法的主体是《立法法》特别授权的行政机关,而具体行政行为的主体为一般行政机关。二是调整对象不同。行政立法调整的对象是普遍的、不特定的人和事,而具体行政行为所针对的通常是特定的人和事。三是效力不同。行政立法的时间效力一般长于具体行政行为,行政立法通常能多次反复适用,而具体行政行为的效力则通常是一次性的。四是程序不同。行政立法的程序比具体行政行为的程序正式、严格,具体行政行为的程序比行政立法程序简单、灵活。五是形式不同。行政立法必须以正式法律文件的形式向社会公开发布,而具体行政行为则可以采取一般的书面决定形式直接送达行政相对人,有时甚至可以采取口头形式告知行政相对人。

二维码 6-3
视频资料:
全国人大常委会
法工委记者会
限行限购等
行政行为
要于法有据

需要注意的是,行政立法不等于行政法,行政法也不等于行政机关制定的法。行政机关虽然可以制定行政法,但并不是所有的行政法都由行政机关制定。行政机关只制定行政法规和行政规章,行政法律由最高国家权力机关制定,而作为行政法法源之一的地方性法规由特定地方国家权力机关制定。此外,行政机关制定的行政法规和规章也并非都是行政法,行政法规和规章也有调整经济关系、劳动关系、商事贸易关系和其他社会关系的。

## (二) 行政立法的分类

### 1. 职权立法和授权立法

依据行政立法的权力来源不同,可分为职权立法和授权立法。职权立法是行政机关直接根据宪法和组织法的授权,为执行相应法律、法规或为行使相应行政管理职权而进行的行政立法。例如,《地方各级人民代表大会和地方各级人民政府组织法》第七十四条规定:"省、自治区、直辖市的人民政府可以根据法律、行政法规和本省、自治区、直辖市的地方性法规,制定规章,报国务院和本级人民代表大会常务委员会备案。设区的市、自治州的人民政府可以根据法律、行政法规和本省、自治区的地方性法规,依照法律规定的权限制定规章,报国务院和省、自治区的人民代表大会常务委员会、人民政府以及本级人民代表大会常务委员会备案。"这就是职权立法。

授权立法又可以分为一般授权立法和特别授权立法两种方式。一般授权立法是指行政机关依据宪法、组织法以外的法律法规的授权而进行的行政立法。例如,《税收征收管理法》规定:"国务院根据本法制定实施细则。"那么,国务院根据《税收征收管理法》这条规定去制定《〈税收征收管理法〉实施细则》,就属于一般授权立法。特别授权立法是指国家权力机关或者上级行政机关将本应由自己行使的某一方面的立法权交由行政机关去行使,行政机关根据这种特别授权所进行的立法活动。例如,早在1984年,国务院就根据全国人大常委会《关于授权国务院改革工商税制和发布有关税收条例(草案)的决定》,制定了有关改革工商税制的基本行政法规。这种就属于典型的特别授权立法。

### 2. 中央行政立法和地方行政立法

依据行使行政立法权主体的不同,可分为中央行政立法和地方行政立法。在我国,国务院制定行政法规和国务院各部委、中国人民银行、审计署和具有行政管理职能的直属机构制定的部门规章为中央行政立法。例如,交通运输部制定的《海上海事行政处罚规定》、国家发展和改革委员会与住房和城乡建设部制定的《城镇供水价格管理办法》等。省、自治区、直辖市和设区的市、自治州的人民政府制定的地方政府规章为地方行政立法。这些规章通常被冠以"地方"的地名,例如,江西省人民政府制定的《江西省烟花爆竹安全管理办法》、扬州市人民政府制定的《扬州市公共数据管理办法》、楚雄彝族自治州人民政府制定的《楚雄州人民政府质量管理奖管理办法》等。

### 3. 执行性立法和创制性立法

依据行政立法内容的不同,可分为执行性立法和创制性立法。国务院和国务院部门制定行政法规和规章,就全国人大或全国人大常委会制定的法律规定制定实施办法、实施细则,明确具体法律规范的含义和适用范围,都不属于创制性的权利义务规范,而属于执行性立法。享有行政立法权的地方人民政府,就国务院行政法规或地方性法规规定实施办法、实施细则,明确其法律规范的确切含义和适用范围,亦称执行性立法。国务院和国务院部门依据法律或根据全国人大、全国人大常委会的授权制定行政法规和规章,为公民、法人或其他组织创制新的权利义务规范,称为创制性立法;同样,享有行政立法权的地方人民政府,依据法律、法规或根据授权制定行政规章,为公民、法人或其他组织创制新的权利义务规范,亦称创制性立法。

## 三 案例分析

### (一) 案例一分析

根据相关理论知识可知:行政立法是指国家行政机关依法定权限和法定程序制定行政法规和规章的抽象行政行为,其主体是法定或由立法机关授权的行政机关。《立法法》第八十二条规定:"省、自治区、直辖市和设区的市、自治州的人民政府,可以根据法律、行政法规和本省、自治区、直辖市的地方性法规,制定规章。"

本案例中,安徽省人民政府作为省级人民政府,属于由立法机关授权的行政机关,依法享有制定行政规章的权力。《安徽省实施〈优化营商环境条例〉办法》是安徽省根据贯彻落实国务院《优化营商环境条例》的需要、从制度层面为安徽省优化营商环境提供更加有力的保障和支撑的需要起草的,其既属于为执行行政法规作出的规定,也属于就安徽省行政区域营商环境作出的规定。行政立法依据行使行政立法权主体的不同,可分为中央行政立法和地方行政立法。在我国,国务院制定行政法规和国务院各部委、中国人民银行、审计署和具有行政管理职能的直属机构制定的部门规章为中央行政立法。省、自治区、直辖市和设区的市、自治州的人民政府制定的地方政府规章为地方行政立法。《安徽省实施〈优化营商环境条例〉办法》是安徽省人民政府制定的地方政府规章,属于地方行政立法。

### (二) 案例二分析

根据相关理论知识可知:行政立法根据其权力来源不同,可分为职权立法和授权立法。授权立法又可以分为一般授权立法和特别授权立法两种。

本案例中，新修订的《食品安全法实施条例》是国务院根据《食品安全法》的授权，而进行的行政立法，这在《食品安全法实施条例》第一章中也有相关体现。《食品安全法实施条例》的第一章第一条指出，根据《中华人民共和国食品安全法》，制定本条例。故《食品安全法实施条例》属于国务院依据宪法、组织法以外的《食品安全法》的授权进行的立法，属于一般授权立法。

### （三）案例三分析

根据相关理论知识可知：行政立法依其内容不同，分为执行性立法和创制性立法。其中，享有行政立法权的地方人民政府依据法律、法规或根据授权制定行政规章，为公民、法人或其他组织创制新的权利和义务规范，称为创制性立法。

在案例中，《上海市行政审批告知承诺管理办法》是由享有行政立法权的上海市人民政府依据国务院相关规定制定的规章。采取告知承诺方式实施行政审批，不仅是对传统行政管理理念的突破，也是对原有行政审批流程的再造，对于优化行政审批程序，提高行政效率，推动政府职能转变、改善营商环境具有重要意义，其实际上为申请人、企业等创制了新的权利和义务规范。据悉，告知承诺审批方式实行以来，在推进上海市各级人民政府职能转变等方面取得了良好成效，企业办证时间、手续、费用等均得到一定程度的优化，办事效率也进而提高。故《上海市行政审批告知承诺管理办法》属于创制性立法。

### （四）案例四分析

根据相关理论知识可知：行政立法是指国家行政机关依法定权限和法定程序制定行政法规和规章的抽象行政行为。

本案例中，原告要告江宁区人民政府行政立法不作为，但事实上，江宁区人民政府仅是南京市人民政府下辖区，不具有立法权，不是行政立法主体，因此其行为不可以称为立法行为。故《江宁县城镇房屋拆迁管理办法》并不属于行政立法，原告也不能告江宁区人民政府行政立法不作为。本案中的《江宁县城镇房屋拆迁管理办法》作为一般规范性文件，其等级性特点突出。其所依据的原拆迁办法已经被新的拆迁办法所代替，那么其具体内容与新制定的拆迁办法势必有不一致之处。故应当根据新的规定加以修改，否则有权机关可予以撤销或者改变。

## 第二节 行政立法的原则

## 一、相关案例

### （一）案例一：安徽省完善行政立法体制机制迈向"良法之治"①

近年来，安徽省紧扣"三地一区"战略部署，抓实抓细推进全面依法治省各项重点任务，一体推进法治安徽、法治政府、法治社会建设，党的全面领导持续加强，立法引领推动作用持续发挥，法治政府建设持续推进，司法体制改革持续深化，群众法治获得感持续增强。

**1. "试水"第三方参与立法起草**

建立决策容错机制，对按照规定决策的探索性改革事项，未能实现预期目标，但有关单位和个人依照规定程序决策、执行，且尽职尽责、未牟取私利的，不作负面评价，依法免除或者减轻相关责任；将制定或调整事关公共利益、社会公众切身利益的重大公共政策和重要改革方案等事项，明确纳入应当进行风险评估的事项范围……《安徽省重大行政决策程序规定》自2021年3月1日起实施，其中一些条款闪烁着胆识与智慧的光芒，引发广泛关注。该规定是安徽省"试水"委托第三方起草规章草案的"探路石"。长期以来，地方立法中存在的部门利益法治化问题遭人诟病。为提升立法工作的科学性、合理性，发挥社会力量在行政立法工作中的积极作用，2020年，安徽省司法厅在起草该规定草案的过程中，积极探索部门起草与专家起草相结合的起草模式。一方面，委托马鞍山市司法局起草基层稿；另一方面，通过政府采购的方式，委托安徽财经大学起草专家稿。在此基础上形成该规定草案，后经省政府常务会议审议通过。立法起草走向多元化，在今后有望成为常态。为规范第三方参与行政立法工作，2020年，安徽省司法厅专门出台《安徽省委托第三方参与行政立法工作规定》，对可以委托第三方参与行政立法的事项、应当具备的条件等给予明确要求。虽然有了第三方"外脑"的加持，司法行政部门自身还是要"练好内功"。行政立法审查，是指省和设区的市司法行政部门审查地方性法规草案送审稿和政府规章草案送审稿的活动。2020年，针对司法行政部门立法审查工作缺乏经验、能力不足的问题，安徽省司法厅印发《安徽

---

① 案例来源：https://sft.ah.gov.cn/zhzx/mtbd/55885441.html。

省行政立法审查工作规程》,这是司法行政部门重组后,加强对设区的市行政立法审查工作指导的重要举措。

**2. "开门立法"寻求"最大公约数"**

"'危大工程'的表述建议统一为'危险性较大的分部分项工程','承包企业'的表述应当与《建筑法》相一致,改为'承包单位'。"2020年,安徽省在修订《安徽省建筑工程招标投标管理办法》时,邀请了基层立法联系点安徽安泰达律师事务所律师参加,听取并吸收他们所提出的意见。公众参与是新时代推行"开门立法",把民意融入立法全过程的重要举措。为寻求民意"最大公约数",2019年,安徽省司法厅遴选确定了10家单位作为首批政府立法基层联系点,搭建起反映民情、倾听民意、汇聚民智的平台。另外,在单位推荐和社会征集的基础上,安徽省司法厅还从法律、经济、社会管理、文化、建设规划、环保等领域,聘请了93名省行政立法咨询员,参与省级司法行政部门起草或者审查的地方性法规、政府规章草案和其他立法事项的咨询论证,使立法更好地体现群众意志、保障群众权益。安徽省地市司法行政部门也在探索完善民主立法工作机制。六安市司法局借助新媒体平台,在《六安市物业管理条例》起草工作中,会同住建部门开动脑筋,通过政府部门网站、媒体公众号,收回各类调查问卷1116份,梳理出物业管理工作中存在的15类49项问题,为条例制定提供了重要的参考意见。

 **案例思考**

本案例中,在安徽省人民政府完善行政立法体制机制的过程中,主要体现了行政立法的什么原则?

**(二)案例二:河北省人民政府公布《关于废止和修改部分省政府规章的决定》**[①]

2020年10月31日,河北省人民政府公布了《关于废止和修改部分省政府规章的决定》,废止10件、"打包"修改22件省政府规章。

废止的10件河北省政府规章分别是:《河北省木材运输管理办法》,其主要规范的是木材运输行政许可事项,新修订的《森林法》删去了相关内容,国家林草局已明确自2020年7月起不再受理相关审批申请;《河北省财政专项资金管理暂行办法》,按照国家财政资金统筹整合使用要求,河北省财政专项资金管理实行"一项专项资金一个管理办法",并配套出台了8个管理办法,不再需要以统一的专项资金管理办法予以规范;《河北省学校安全管理规定》《河北省燃气管理办法》《河北省机动车排气污染防治办法》《河北省冶金矿产品生产经营监督管理办法》,均已上升为地方性法规;《河北省

---

① 案例来源:https://hebei.hebnews.cn/2020-12/23/content_8270968.htm。

建筑装饰装修管理规定》,依据的住建部《建筑装饰装修管理规定》已废止;《河北省省级预算管理规定》,新修订的《预算法》和《预算法实施条例》已作全面规定;《河北省财政监督规定》《河北省职工劳动模范管理规定》,分别与财政监督和劳动模范评选体制不相符,已被上位法或省有关政策所替代,都没有修改保留的必要。

"打包"修改的 22 件河北省政府规章分别是:《河北省车船税实施办法》《河北省环境监测管理办法》《河北省殡葬管理办法》等 9 件,衔接上位法修订情况作出修改;《河北省南水北调配套工程供用水管理规定》《河北省暴雨灾害防御办法》《河北省暴雪大风寒潮大雾高温灾害防御办法》,因机构改革后涉及部门职责调整,对相关内容作出修改;《河北省农业机械安全监督管理办法》《河北省基础测绘管理办法》等 7 件,根据国家"放管服"改革要求作出修改;《河北省地方教育附加征收使用管理规定》《河北省涉及国家安全事项建设项目管理规定》《河北省河道采砂管理规定》,衔接国家有关政策调整情况作出修改。

 **案例思考**

请结合行政立法的原则谈谈你对本案例的理解。

## 二 相关理论知识

关于行政立法的原则,不同的国家有所不同,但有一个基本原则是共同的,这就是行政立法不得与宪法、法律相抵触。我国的行政立法除了这一原则外,根据宪法、法律及《行政法规制定程序条例》和国务院立法规划等规定和长期的做法,还有下列六大行政立法原则。

### (一) 依法而立原则

行政立法的依法,原来是指依据宪法、法律而言。依法包括:依据宪法、法律赋予的职权;依据法律授权和最高国家机关授权的事项范围;依据宪法、法律的程序和形式。行政立法发展到今天,不仅限于中央政府立法,而是行政机关的多层次立法,因而依法的含义已成为依广义之法,即下级行政机关还可以依中央政府立法和地方权力机关的立法进行立法活动。在我国,国务院的组成部门可以依

二维码 6-4
视频资料:
《食品安全法实施条例》明起施行

据国务院的行政法规、决定、命令制定规章；有权的地方人民政府可以依据行政法规制定规章。行政机关依法立法中的依法就是指依据法律的立法宗旨和精神原则。国家权力机关的立法是相对稳定的，而现实生活则是变化很快的，全国人大及其常委会的立法是很难适应形势变化的，因此，行政立法不能拘泥于法律条文的字义，而应该根据法律的立法宗旨和精神原则立法。

### （二）法制统一与因地制宜原则

我国宪法强调：中央和地方的国家机构职权的划分，遵循在中央的统一领导下，充分发挥地方的主动性、积极性的原则。这条行政立法原则的含义是，地方人民政府制定规章，必须遵守宪法，依据法律、行政法规，以保证国家的法制统一。同时，每个地方可以从本地区的现实出发，在自己的职权范围内主动地制定有利于调动本地区各方面积极性，有利于促进本地区社会主义现代化事业的发展的普遍性原则。

### （三）维护法制尊严原则

行政立法中，必须维护社会主义法制的尊严。行政立法要维护宪法和法律的权威和尊严，同时要维护自己的权威和尊严，因为行政立法是法制的重要组成部分。维护法制的权威和尊严离不开完备的切实可行的立法、执法监督机制，包括事前、事中和事后的监督。

### （四）法制稳定与因时制宜原则

相较于国家权力机关的立法，行政立法稳定性要弱一些，但不代表行政立法可以朝令夕改。行政立法的适时性要强一些，这要求行政立法的内容有时不必求全，可先对部分事项作出规定；行政立法的步骤要先急后缓，先重后轻；行政立法的程序要简便，有些立法可先采取暂行性、试行性规定。

二维码 6-5
阅读资料：
行政立法中
公众参与的
难题及其克服

### （五）民主科学原则

行政立法要贯彻民主原则，在内容上，要充分、具体、切实保护和体现人民的合法权益；在程序上，在立法过程中要充分听取人民和群众组织的意见，并且立法中所规定的程序要便民，便于人民享受合法权利和履行义务,便于人民监督立法的执行;在表述上,用词要准确、简明、通俗,便于人民理解和把握立法内容。

### (六)抓重心兼顾其他原则

社会主义现代化建设,是相当长时期内全国工作的重心所在,因此行政立法要以经济建设为重心,在完善社会主义市场经济体制方面加大行政立法力度,加强经济方面的立法。立法抓重心,但决不能不顾其他,必须兼顾其他方面的立法,如教育、科技方面的立法,社会保障方面的立法,行政管理本身方面的立法等。

## 三 案例分析

### (一)案例一分析

根据相关理论知识可知:行政立法要贯彻民主科学原则,这对行政立法的内容、程序和表述上都作出了相应要求。

在案例中,安徽省人民政府通过多项举措完善行政立法体制机制,充分彰显了行政立法的民主科学原则。在内容上,安徽省在起草《安徽省重大行政决策程序规定》草案的过程中,为避免产生部门利益法治化问题,积极探索部门起草与专家起草相结合的起草模式。一方面,委托马鞍山市司法局起草基层稿;另一方面,通过政府采购的方式,委托安徽财经大学起草专家稿。这更好地保护和体现了群众的合法权益。在程序上,安徽省为寻求民意"最大公约数",通过建立政府立法基层联系点搭建反映民情的平台、聘请行政立法咨询员参与省级司法行政部门起草或者审查的政府规章草案的咨询论证等方式,加强了群众对立法执行的监督。在政府规章的表述上,安徽省在修订《安徽省建筑工程招标投标管理办法》时,邀请了基层立法联系点安徽安泰达律师事务所律师参加,听取并吸收了他们所提出的意见,将"危大工程"的表述统一为"危险性较大的分部分项工程","承包企业"的表述改为"承包单位",与《建筑法》一致,做到用词准确、简明、通俗,便于当地群众理解和把握立法内容。

### (二)案例二分析

根据相关理论知识可知:我国的行政立法除了不得与宪法、法律相抵触这一原则外,还有依法而立、法制统一与因地制宜、维护法制尊严、法制稳定与因时制宜等原则。

开展政府规章清理是推进依法行政、建设法治政府的重要举措,是维护国家法制统一、保证政令畅通的客观要求。在案例中,河北省人民政府废止 10 件、"打包"修改 22 件省政府规章,这可以运用行政立法原则的理论知识进行分析。例如,基于依法而立的原则,因新修订的《森林法》删除了相关内容,国家林草局已明确自 2020 年 7 月起不再受理相关审批申请,《河北省木材运输管理办法》被废止;《河北省建筑装饰装修管理规定》因所依据的住建部《建筑装饰装修管理规定》已被废止而废止。基于维护法制尊严的原则,《河北省学校安全管理规定》等 4 件因上升为地方性法规,其作为省政府规章的身份被废止。基于法制统一的原则,《河北省财政监督规定》等 2 件因已被上位法或省有关政策所替代,而被废止;《河北省车船税实施办法》等 9 件为衔接上位法修订情况,而作出修改。

## 第三节 行政立法的效力

### 一 相关案例

#### (一) 案例一:《江西省行政规范性文件管理办法》自 2020 年 9 月 1 日起施行①

经 2020 年 6 月 22 日江西省人民政府第 48 次常务会议通过,7 月 7 日,江西省省长签署第 245 号省人民政府令,发布《江西省行政规范性文件管理办法》,自 2020 年 9 月 1 日起实施。该办法共 48 条,主要规定各级人民政府及有关部门在行政规范性文件制定、备案、清理与监督问责中的职责,明确了制定和备案审查的主要内容以及相应的法律责任。

《江西省行政规范性文件管理办法》的立法背景如下。2003 年 4 月 22 日,江西省人民政府出台了省人民政府令第 119 号《江西省规范性文件备案办法》,在全省建立了规范性文件备案制度。2004 年 4 月 27 日,江西省人民政府发布了省人民政府令第 128 号《江西省行政机关规范性文件制定程序规定》,将规范性文件的制定纳入了法治化管理的轨道。119 号令和 128 号令实施以来,江西省规范性文件制定、备案工作取得了明显成效,为江西省依法规范行政权力,提高行政规范性文件制定质量,保障管理

---

① 案例来源:http://www.jiangxi.gov.cn/art/2020/7/17/art_14236_2806404.html。

相对人利益,维护社会主义法制统一发挥了重要作用。但也存在一些亟待解决的问题:一是规范性文件的含义不够明晰,难以界定;二是制定、公布程序有待完善;三是合法性审核制度不够严格;四是备案监督制度有待强化。随着国务院办公厅印发了国办发〔2018〕37号《关于加强行政规范性文件制定和监督管理工作的通知》和国办发〔2018〕115号《关于全面推行行政规范性文件合法性审核机制的指导意见》,对行政规范性文件管理提出了更高更具体的要求,现行的两个政府令已不能适应新形势的要求。为认真贯彻落实中央要求,进一步规范行政规范性文件管理,推进江西省法治政府建设,有必要对现行的《江西省规范性文件备案办法》和《江西省行政机关规范性文件制定程序规定》进行修订,同时,为节约立法资源,江西省政府决定将这两个政府令合二为一,合并后的名称为《江西省行政规范性文件管理办法》。

 案例思考

本案例中,《江西省行政规范性文件管理办法》的法律效力如何?它适用的空间效力如何?

### (二)案例二:谢某某与安阳市地方税务局契税税务分局履行法定职责案[①]

上诉人谢某某诉被上诉人安阳市地方税务局契税税务分局(以下简称市地税局契税分局)履行法定职责一案,不服安阳县人民法院于2014年12月11日作出的〔2014〕安行初字第00067号行政判决,向河南省安阳市中级人民法院提起上诉。

一审法院审理查明,谢某某原有位于安阳市文峰中路临河路的房屋一套,房屋面积106.1平方米。2012年因安阳市文峰中路西段拓宽工程的需要被征收拆迁。在房屋征收补偿过程中,谢某某选择了货币补偿的征收补偿方式,获得各类补偿金额1018397.80元。2013年7月8日,谢某某以3464932元的价格购买了位于安阳市文峰区中华路与迎春东街交叉口东南角(即安阳市万达广场)建筑面积为136.3平方米的商品房一套。2014年6月30日,谢某某向市地税局契税分局缴纳契税80139.22元。2014年8月14日,谢某某委托河南某律师事务所律师向市地税局契税分局邮寄了谢某某申请退税请求回复律师函,申请该局依《河南省契税实施办法》的规定退回其应免征的80139.22元税款。庭审中,市地税局契税分局认可已收到该申请。但认为根据财税〔2005〕45号《财政部国家税务总局关于城镇房屋拆迁有关税收政策的通知》关于"一、对被拆迁人按照国家有关城镇房屋拆迁管理办法规定的标准取得的拆迁补偿款,免征个人所得税;二、对拆迁居民因拆迁重新购置住房的,对购房成交价格中相当于拆迁补偿款的部分免征契税,成交价格超过拆过补偿款的,对超过部分征收契税"

---

[①] 案例来源:https://wenshu.court.gov.cn/website/wenshu/181107ANFZ0BXSK4/index.html?docId=b2ef7b473c024965aae0b980fcc41b8b。

的规定,谢某某应就超过拆迁补偿款的部分缴纳契税。但谢某某认为依据《河南省契税实施办法》第九条第(三)项关于"土地、房屋被县级以上人民政府征用、占用后,纳税人重新承受土地、房屋权属的,其土地、房屋面积不超过被征用、占用土地、房屋面积1.3倍的,免征契税"的规定,其重新购置的房产未超过被征收、征用房产的1.3倍,符合该免税情况,市地税局契税分局不应对其购房行为征收契税,并申请该局依法退回多收契税。另查明,市地税局契税分局依据的财税〔2005〕45号已被财税〔2012〕82号吸收。

一审法院认为,根据法律规定市地税局契税分局作为地方契税税务机关,依法享有对辖区内的土地、房屋依法征收契税的职权。本案中,市地税局契税分局根据财税〔2005〕45号《财政部国家税务总局关于城镇房屋拆迁有关税收政策的通知》的规定,对谢某某购买的位于安阳市文峰区中华路与迎春东街交叉口东南角(即安阳市万达广场)建筑面积为136.3平方米的商品房,在免征购房成交价格中相当于拆迁补偿款的部分契税后,对成交价格超过拆迁补偿款的部分征收80139.22元税款,于法有据,并无不当。谢某某称其在房屋拆迁后,虽选择了货币补偿的补偿方式,但重新购置的房屋符合《河南省契税实施办法》,是重新承受土地、房屋权属的情况,应按该规定对不超过被征用、占用土地、房屋面积1.3倍的房屋面积免征契税。本院认为,该规定是对房屋征收中采用产权调换补偿方式取得房屋所缴纳契税的征收方式,不适用货币补偿后又重新购买房屋后缴纳契税的情况,故其上述主张不成立。综上,根据市地税局契税分局对谢某某在房屋拆迁后,重新购置的房屋136.3平方米在免征购房成交价格中相当于拆迁补偿款的部分契税后,对成交价格超过拆迁补偿款的部分征收其80139.22元税款的行为并无不当,谢某某申请市地税局契税分局查实并办理其退税申请的理由不成立,本院不予支持。根据《最高人民法院关于执行〈中华人民共和国行政诉讼法〉若干问题的解释》第五十六条第(一)项的规定,判决驳回谢某某的诉讼请求。

河南省安阳市中级人民法院审理查明的事实除与一审查明的事实一致外,另查明,2012年谢某某的106.1平方米房屋被征收后,获得了各类补偿金额共计1310980.92元。依照《行政诉讼法》第六十一条第(一)项之规定,河南省安阳市中级人民法院驳回谢某某上诉,维持原判。

案例思考

本案例中,谢某某上诉为何被河南省安阳市中级人民法院驳回?当财政部、国家税务总局颁布的财税〔2012〕82号文件和《河南省契税实施办法》产生冲突时,应如何处理?

## 二 相关理论知识

### (一) 行政立法的效力范围

行政立法的效力是指行政法规、规章的法律效力，也是行政立法对于行政相对人的拘束力、执行力以及对于行政机关实施行政管理和对人民法院审判活动的适用力。它一方面强调行政法规、规章的拘束力和强制执行力，即必须遵守，若有违反就应追究相应的法律责任；另一方面强调行政法规、规章的适用力，即适用范围。

#### 1. 行政立法合法有效的要求

行政立法的效力是以行政立法合法有效为前提的。行政立法合法有效的基本要求包括三个方面。一是符合宪法、法律和上位阶行政立法，其内容与宪法、法律和上位阶行政立法不相抵触。下位法不能和上位法抵触，否则就是无效的，如果冲突，基本就应该按照上位法优先于下位法原则进行处理。二是没有超越行政立法机关享有的行政立法权限，所立之法在其职权管辖范围之内，或者有合法的授权。三是遵循法定程序。立法的起草、征求意见、审议、发布等都遵守了法律、法规的要求、规则。

#### 2. 行政立法的效力范围

行政立法的效力范围具体体现在以下四个方面。

(1) 行政立法的法律效力等级。

在我国的法律体系中，法律规范的效力等级大体是这样逐次递减：宪法—基本法律—非基本法律—行政法规—地方性法规—规章。

行政法规的效力仅次于法律，关键是对规章的法律效力的理解。按我国现在的规定，规章草案根据国务院批准后由规章起草部门或制定部门发布，其法律效力等级不尽相同。具体而言，为了实施某项法律而制定的规章，经国务院批准后由制定或起草部门发布的，其法律效力等同于行政法规，它实质上是代理行政法规来实施法律；为了实施行政法规而制定的规章，经国务院批准后，由制定或起草部门发布的，其法律效力应低于行政法规；根据国务院的命令、决定制定的规章，经国务院批准后发布的，其效力也低于行政法规。

(2) 行政立法的空间效力。

空间效力范围即为效力的地域范围。行政立法是多层次的，有行政法规、部门规章，还有不同层级的地方政府的规章，一般来说，国务院的行政法规和国务院部门规章效力的范围覆盖全国，而省、自治区、直辖市和设区市级人民政府的规章的空间效力一般仅限于相应的行政管辖区域。比如，江西省政府的规章，只能在江西省范围有效；南京市政府的规章,只能在南京市范围适用。当然,在某些特定情况下也可能有例外:行政机关对非本行政区域的公民、法人或者其他组织执法,法院审理非本行政区域的公民、法人或者其他组织的案件,有时依法需要适用或参照相应公民、法人或者其他组织所在行政区域的行政立法。在这种情况下,行政立法的空间效力范围会超出行政立法机关管辖的行政区域。

(3)行政立法的时间效力。

行政立法的时间效力,主要指行政立法何时生效。对于时间效力,需注意以下两点。

第一,新法废止旧法的效力。由于行政立法中规章出自多门,适用新法废止旧法这一原则时,必须是同一地同类事项或行为所制定的规章,若不注意这一点,就会造成规章效力的紊乱。

第二,因违法被撤销的行政立法的效力。行政法规、规章经有权的机关按法定程序予以撤销,其时间效力的计算可能要视情况而定。一是自始无效;二是另定无效时间。原因是,一个行政法规、规章自生效时起到被撤销时已经适用了一段时间,已产生了一定的权利义务关系,如果自始无效,则已经因其存在而产生的一定的权利义务关系必须统统消灭,而这样做可能引起行政法律关系和行政管理秩序的混乱,对国家、社会和相对人的利益造成损害。因此,要权衡利弊,其无效时间由有权的国家机关另予确定。

二维码6-6
视频资料:
河北对部分
省政府规章
进行清理

(4)行政立法对事的效力。

行政立法对事的效力是指行政法规、规章对哪些事项或行为具有拘束力。按照法律规范的共同原则来说,它们对其所规定的事项或行为在一定的时间和空间内具有效力,但在行政法规、规章的适用上,需要注意以下两点。

第一,同类事项或行为的适用。行政法规、规章所规定的事项或行为通常采取列举和概括相结合的方法,即只列举主要的,而对于构成要件相同的事项或行为则用"等"或"其他"字句来概括。因此在适用法律规范时,只要具备了相同要件的事项或行为,即使未具体列举,也同样适用。

第二,特别法优于一般法。一般法是关于某一领域某一方面普遍的法律规范,比如《行政处罚法》。因此,对于在同一时空有效的一般法和特别法,在适用时具有优先适用特别法的规定;特别法没有规定的,才适用一般法。这在一般法的表述中,常使用"但法律、法规另有规定的除外"的文字;如果在一般法中没有这样的文字,且特别存在又没有失效时,也适用特别法的规定。例如,2021年之前的《行政处罚法》规定,依法给予20元以下罚款的,执法人员可以当场收缴。而《治安管理处罚法》中规定,50元以下罚款,人民警察可以当场收缴。按照特别法优于一般法,治安处罚的时候,就应该是 50 元以下可以当场收缴,而不是按 20 元以下的标准。

## （二）法规、规章间冲突的解决

如果法规和规章存在上位法与下位法的关系,这种冲突还是比较好解决的,可以采用下位法服从上位法的原则。但是,如果是两个平级行政主体制定的法规或规章间产生了冲突,又该如何解决呢?这种冲突主要有两种:一是地方性法规同国务院部门规章之间的矛盾;二是地方政府规章同部门规章之间的矛盾。为解决上述矛盾,国务院发布的《法规、规章备案规定》中作了规定:对前一种矛盾,通常由国务院提出处理意见,请全国人大常委会解决;对后一种矛盾,先由国务院法制部门进行协调,不能取得一致意见的,由法制部门提出意见,报国务院决定。

# 三 案例分析

## （一）案例一分析

根据相关理论知识可知:在我国的法律体系中,法律规范的效力等级大体是这样逐次递减:宪法—基本法律—非基本法律—行政法规—地方性法规—规章。行政立法是多层次的,其空间效力范围（即效力的地域范围）是不一样的。国务院的行政法规和国务院部门规章效力的范围覆盖全国,而省、自治区、直辖市和设区市级人民政府的规章的空间效力一般仅限于相应的行政管辖区域。

本案例中,《江西省行政规范性文件管理办法》是江西省人民政府根据国办发〔2018〕37 号《关于加强行政规范性文件制定和监督管理工作的通知》和国办发〔2018〕115 号《关于全面推行行政规范性文件合法性审核机制的指导意见》所制定的规章,由江西省省长签署第 245 号省人民政府令予以公布,属于地方政府规章中的省级政府规章,其效力的范围仅限于江西省行政管辖区域,即主要规定江西省各级人民政府及有关部门在行政规范性文件制定、备案、清理与监督问责中的职责。《江西省行政规范性文件管理办法》是在将《江西省规范性文件备案办法》和《江西省行政机关规范性文件制定程序规定》两个政府规章进行修订与合并的基础上产生的,同时江西省政府也决定这两个政府令合二为一,说明以上两个政府规章的效力被废止。

## （二）案例二分析

根据相关理论知识可知:行政立法的效力是指行政立法对于行政相对人的拘束力、执行力以及对于行政机关实施行政管理和对人民法院审判活动的适用力。当法规、规章间产生冲突时,如果法规和规章存在上位法与下位法的关系,可以采用下位法服从上位法的原则进行解决。

本案例中,谢某某的房屋被政府征收后选择了货币补偿方式,对其新购房屋购房成交价格超过货币补偿但房屋面积未超过被征收面积1.3倍的部分是否应该征收契税,财政部的非立法性规范性文件和地方政府规章规定的内容发生冲突。实践中,国务院、国务院各部委在法律、行政法规规定的职权范围内行使行政管理职能时,除了颁布行政法规、部门规章外,还制定了相当数量的非立法性规范性文件,这些规范性文件同样被各级行政机关作为执法的依据。就本案来讲,财政部、国家税务总局颁布的财税〔2012〕82号文件和《河南省契税实施办法》具有同源性,可以追根溯源,从其上位法的规定进行探究。从《契税暂行条例》第六条第(四)项关于"有下列情形之一的,减征或者免征契税:(四)财政部规定的其他减征、免征契税的项目"的规定看,除了该行政法规规定的减征、免征契税的项目外,其他减征、免征契税项目由财政部规定,即财政部是有权决定减征、免征契税项目的行政机关,其可以通过制定部门规章的形式也可以采取其他方式规定减征、免征契税的项目。财政部虽然授权省、自治区、直辖市对本辖区土地、房屋被县级以上人民政府征用、占用后重新承受土地、房屋确定是否减征或者免征契税,但省级政府规章规定的减征、免征项目显然以不与财政部规定的减征、免征契税项目相冲突为前提。如有冲突,自然应以财政部规定的减征、免征项目为准。财政部、国家税务总局联合发布的财税〔2005〕45号文件和财税〔2012〕82号文件都规定了居民因个人房屋被征收选择货币补偿后又重新购置房屋时,购房成交价格超过货币补偿的,对差价部分按规定征收契税,市地税局契税分局对谢某某征收契税并无不当。谢某某主张应以《河南省契税实施办法》的规定免征其契税的上诉理由不能成立。市地税局契税分局对谢某某征收契税的行为发生于2013年7月,适用的规范性文件应该是财税〔2012〕82号文件而不是已经失效的财税〔2005〕45号文件,其适用财税〔2005〕45号文件属适用法律错误。但该错误明显是由工作失误造成,且两个文件规定的内容基本一致,无论适用哪个规范性文件,对谢某某的新购房屋都应征收相同数额的契税,该适用法律错误问题并没有使谢某某合法权益受到不利影响。

谢某某要求撤销一审判决,依法判令市地税局契税分局为其办理退税手续的上诉理由不能成立,故被河南省安阳市中级人民法院驳回。

二维码 6-7
第六章自测题

二维码 6-8
第六章自测题
参考答案

# 第七章

## 行政许可

## 第一节 行政许可及其内容

### 一 相关案例

**（一）案例一：校车使用许可权争议案①**

2014年11月，被告衢州市道路运输管理局就衢州市区城乡（航埠片、衢南片、衢北片）客运班线经营权进行招标，原告衢州市衢江区前程客运有限公司中标。2015年，被告衢州市衢江区人民政府对第三人衢州市奔达校车服务有限公司衢江分公司车牌号浙H×××××大型专用校车作出校车服务许可，原告不服，于2016年7月25日起诉，要求撤销被告作出的该行政许可，并责令被告按照《2014年衢州市区城乡（航埠片、衢南片、衢北片）客运班线经营权招标文件》决定校车服务许可对象。法院认为，原告与被诉行政许可行为存在利害关系，具有诉讼主体资格。被告依法享有作出被诉行政许可行为的法定职权，该行政许可符合法定要件且被告依法履行了审查职责，故被告的行政许可行为符合法律规定，程序合法，原告的主张缺乏事实和法律依据，不予支持，依法判决驳回其诉讼请求。

**案例思考**

① 本案例中，行政机关的招标文件赋予作为中标人的原告相关义务，若行政机关的行政许可行为可能影响原告履行中标人义务，原告与该行政许可行为是否具有利害关系？

② 本案例中，区级人民政府教育行政部门是否具有校车使用许可权？

---

① 案例来源：http://anli.court.gov.cn/static/web/index.html#/alk/detail/de2fcc719efa4effqc856e36bc433a21。

## （二）案例二：陈某诉规划行政许可案①

2018年1月24日，南通市行政审批局向某公司颁发了建字第320600201820004号建设工程规划许可证，该证载明建设单位为某公司，建设项目名称为南通某四期永利大厦。此前，南通市行政审批局在南通高迪晶城小区南、北大门张贴《南通高迪晶城四期商办楼项目规划》公示，并告知利害关系人有提出建议和听证的权利。原告陈某于2009年购置了南通某三期商铺C101，购买时开发商告知将来一路之隔的四期工程沿路还会开发商铺，路宽达到13.5米。2018年四期工程开发时，陈某发现C101商铺东侧分隔三四期工程的南北道路只有6米，严重影响C101商铺的商业价值和使用功能。陈某申请政府信息公开，获知被告于2018年1月24日核发了该项目建设工程规划许可证。原告陈某对上述行政行为不服，提出行政诉讼，请求撤销南通市行政审批局作出的建设工程规划许可证。

**案例思考**

本案例中，颁发建设工程规划许可证的行政主体以及行政程序合法吗？

## （三）案例三：曾某某诉中国证券监督管理委员会不履行行政许可职责案②

2021年3月28日，曾某某通过中国邮政向中国证券监督管理委员会（以下简称中国证监会）寄送了一份邮件，内仅含一页名为"证券公司设立申请"的纸张。该页纸全部内容为："致中国证监会：证券公司设立申请。"2021年3月31日，证监会政务服务平台向曾某某发送短信，内容为："您提交的关于曾某某的证券公司设立审批的申请材料，已被接收，请在证监会政务服务平台中获取电子版接收凭证，受理单位将在5个工作日内就是否受理该行政许可申请或出具补正材料发至证监会政务服务平台中，请关注系统和短信通知。"2021年4月6日，中国证监会电话答复曾某某，主要内容为：曾某某所提证券公司设立申请仅为申请材料目录，不构成法律意义上的行政许可申请，中国证监会不予接受。请曾某某根据中国证监会网站公示的"证券公司设立审批"行政许可事项服务指南的要求准备好相关材料后再向中国证监会提交。曾某某在电话中表示希望收到中国证监会的接收凭证或者补正通知后再去找相关的人员、设备、股东等。同年4月7日，中国证监会通过中国邮政挂号信退回曾某某所提证券公司设立申请。曾某某收到退回材料后不服，向中国证监会申请行政复议，后曾某某撤回复

---

① 案例来源：https：//mp.weixin.qq.com/s/iX_yRCs3DR_ovFYqODAiEg。
② 案例来源：https：//mp.weixin.qq.com/s/kPHoPuPOMc5xtWNyaArz1Q。

议申请,同月14日中国证监会作出终止行政复议决定。后曾某某于2021年6月29日向北京金融法院提起行政诉讼。北京金融法院于2022年1月10日作出一审裁定,裁定驳回曾某某的起诉。曾某某不服一审裁定,提起上诉。北京市高级人民法院于2022年3月11日作出终审裁定,驳回上诉,维持一审裁定。

案例思考

本案例中,恶意申请行政许可如果不退回,行政机关是否就无法应对?

## 二 相关理论知识

### (一)行政许可的概念与分类

#### 1. 概念

行政许可因具有对特定活动范围进行事先控制的功能,而被各国政府作为一种行政管理手段广泛采用。当然,它也是行政法上的一种最基本的行政决定形态,是一种赋予行政相对人权益的行为,也就是说它属于授益行政行为。

早在2003年,我国就已经通过了《行政许可法》,按照我国《行政许可法》的规定,行政许可是指行政机关根据公民、法人或者其他组织的申请,经依法审查,准予其从事特定活动的行为。将它转换成理论概念,就是指特定的行政主体,根据行政相对人的申请,经依法审查,作出准予或不准予他们从事特定活动的决定的行政行为。

二维码 7-1
法律条文:
《中华人民共和国行政许可法》

#### 2. 分类

(1)按许可的范围为标准划分,可以分为一般许可和特别许可。一般许可是指只要符合法定条件,就可向主管行政机关提出申请,对申请人并无特别限制的许可,比如驾驶许可、营业许可等。特别许可是指除必须符合一般条件外,还对申请人予以特别限制的许可,如持枪许可、烟草专卖许可等。

(2)按许可享有的程度为标准划分,可以分为排他性许可和非排他性许可。排他性许可是指某个人或组织获得该项许可后,其他任何人或组织都不能获得再申请的许可,比如专利许可、商标许可等。而非排他性许可是指许可机关对所有具备法定条件的申请,均可给予许可,比如驾驶许可、营业许可等。实践中,多数行政许可都属于非排他性许可。

(3)按当事人取得许可后是否承担义务为标准划分,可以分为权利性行政许可和附义务性行政许可。权利性行政许可是指行政许可获得者,可以根据自己的意志来决定是否行使该许可所赋予的权利和资格的行政许可形式,如持枪证、护照、驾驶证、工商企业营业执照等。附义务性行政许可是指行政许可获得者必须同时承担一定时期内从事该项活动的义务,否则要承担一定法律责任的行政许可形式,如专利许可、建筑用地许可、商标许可等。

二维码 7-2
视频资料:
证难办　脸难看

### (二)行政许可的法律特征

(1)行政许可的依申请性。行政许可是一种依申请的行政行为,也就是说,行政许可行为的作出,必须以行政相对人的申请为前提。虽然行政相对人的申请,并不意味着必然取得行政许可,但没有行政相对人的申请,也就不会产生行政许可行为。关于这一点,我国《行政许可法》第四章第一节明确规定,公民、法人或者其他组织从事特定活动,依法需要取得行政许可的,应当向行政机关提出申请。

(2)行政许可的法定性。行政许可是一种非常严格的行政法律制度,并由专门的《行政许可法》作单独的调整,因而具有很强的法定性。法定性主要表现在三方面:一是实施行政许可的机关是法定的,不是任何行政机关都有行政许可权;二是许可的事项是法定的,对未列入《行政许可法》的事项不得实施许可;三是许可的程序是法定的,已经由《行政许可法》作出了统一规定,任何机关都不能创设许可程序。

二维码 7-3
视频资料:
手机安全软件
逾八成未获
销售许可

(3)行政许可的事先性。行政许可的本质功能是事先控制一种行为范围。打个比方,因球场空间的限制无法让更多的观众入场观看比赛时,只能售票,持票者方能入内。这种票就具有许可的功能。再比如,为防止拆迁人在不符合条件的情况下进行拆迁,就有了"拆迁许可证"。一般来说,事先的同意叫许可,事后的同意叫认可。行政许可具有事先控制性,它跟一些针对事后行为的处理是不同的,比如行政处罚是对违法行为发生后的处理,这就不属于行政许可。

### （三）行政许可的内容

（1）人身权。也称人身非财产权，是强调与人身不可分离的又无直接财产内容的权利。人身权又可分为人格权和身份权。人格权是指与权利人的人格始终不能分离的权利，比如生命健康权、人身自由权、姓名权、荣誉权、肖像权等。身份权是与权利人的身份不可分离的权利，如亲权、监护权、婚姻权、发明权等。行政许可涉及的人身权主要指身份权。为了维护社会的稳定，保证社会活动的有序进行，通过法律对一部分身份权的行使规定了一定条件，只有达到这些法定条件，才能行使这项权利，比如，婚姻登记就属于这种情况。

（2）财产权。它强调的是具有一定物质内容或直接体现某种经济利益的权利。它是作为权利主体的自然人或法人和组织享有的一种民事权利。行政许可通过行政主体的法律行为，对财产权实施干预，以保证公民法人和组织合法地行使这种民事权利，制止滥用财产权的行为。行政许可涉及的财产权内容是行政许可内容中数量最多的部分，它包括生产、经营、进出口、自然资源的开发利用、建筑等一系列与财产行使相关的领域。国家通过行政许可达到宏观调控经济的目的。

（3）政治权利。行政许可涉及的政治权利的内容主要有两类：一是选举权，具体体现在选民证制度上；二是结社、出版、集会、游行、示威等自由权，权利主体在行使这类自由权时，应依法取得行政许可。

二维码 7-4
拓展阅读：
学员驾考合格
两年未取证，
记者调查发现
是民警工作
疏忽导致

（4）公民个人获得某种资格或能力的权利。某种资格或能力是社会对公民个人的才能进行判断的标志之一，往往也是个人参与某项活动的必备条件。这种资格和能力是公民个人权利的组成部分，公民在行使权利时，一般需要受到一定条件的限制，比如，机动车辆驾驶证的获得。行政许可这一部分内容就是指通过一定的考核程序对许可申请人的资格能力给予法律确认，并通过颁发给被许可人资格或能力证书赋予他权利的实现。在现代社会，这种行政许可的内容越来越广泛。

## 三 案例分析

### （一）案例一分析

关于问题①,本案中的行政许可行为属于附义务性的行政许可。根据相关理论知识可知,本案中的客运班线经营权涉及行政许可的财产权问题,客运班线经营权作为权利主体的自然人或法人和组织享有的一种民事权利,行政许可通过行政主体的法律行为,对客运班线经营权实施干预,以保证公民法人和组织合法地行使这种民事权利,制止滥用财产权的行为。同时行政机关的招标文件赋予作为中标人的原告相关义务,并且行政机关的行政许可行为可能影响原告履行中标人义务,故原告与该行政许可行为具有利害关系。

关于问题②,根据《行政许可法》第三十一条以及相关行政许可的依申请性特征理论知识可知:学校或者校车服务提供者申请取得校车使用许可,应当向县级或者设区的市级人民政府教育行政部门提交书面申请和证明其符合法定条件的材料。县级人民政府包括区级人民政府,故区级人民政府教育行政部门具有校车使用许可权。

### （二）案例二分析

根据《建筑法》规定,工程规划许可证是工程建设项目开发建设过程中十分重要且必要的审批证件①,建设项目规划许可经常会涉及第三人的利益。在现行法律体系中,第三人利益诉求的途径主要包括政府信息公开、听证、第三人申请撤销等。在本案中,南通市行政审批局通过严格按照规划管理技术规定进行审批、及时公示保障利害关系人的知情权和提出异议的权利等方式,作出合法合规的行政许可行为,保障了行政相对人的正当权益。本案对于规范行政审批方式流程,维护行政法律关系的稳定,增强公众对行政机关的认同和信赖具有指导意义。

### （三）案例三分析

北京金融法院受理以"一行两会一局"为被告的金融行政案件,承担着依法规范金融监管部门行政行为,促进金融监管部门依法行政的重任。与此同时,也需要规范行政相对人的行为,明确哪些行为属于滥用自身权利的行为,为行政相对人的行为划定边界。根据相关理论知识可知:行政许可通过行政主体的法律行为,对财产权实施干

---

① 张淑玲:《优化上海市建筑许可指标举措及启示》,《建筑经济》,2021 年 S1 期。

预，以保证公民法人和组织合法地行使这种民事权利，制止滥用财产权的行为。在本案中，依据《行政许可法》的规定认定行政相对人提出的行政许可申请明显不符合法律规定的基本要求，对其提起的诉讼依法裁定驳回起诉。行政相对人要求行政机关履行行政许可的法定职责，其前提是已经向行政机关提出了符合法律规定基本要求的行政许可申请。行政相对人在明知申请材料明显不符合法律的基本要求的情况下，仍提出行政许可申请，属于滥用行政许可申请的权利以及滥用财产权。如果认可该种提出行政许可申请的方式，必将影响行政许可受理机关正常的工作秩序，最终影响其他正常提出行政许可申请的人的合法权益。故对于不符合法律规定要求的行政许可申请，行政机关予以退回并无不当，行政相对人据此提起的行政诉讼缺乏事实依据，依法应当裁定驳回起诉。

## 第二节　行政许可事项及设定

### 一　相关案例

#### （一）案例一：主体资质、资格确定问题[①]

香港地区 A 公司因接受境外委托方委托来江门某材料公司临时执行审计业务，于 2020 年 4 月 20 日在"财政会计行业管理系统"上传相关材料，向江门市财政局申请办理境外会计师事务所临时执行审计业务许可。经审查，江门市财政局发现 A 公司报送材料不齐全不完整，并第一时间与 A 公司相关工作人员取得联系，一次性告知还需补充完善的材料，退回申请人材料。申请人于 2020 年 4 月 22 日再次上传经修改完善的材料，经江门市财政局审查，申请材料齐全，符合法定形式，根据《行政许可法》第三十二条的规定，江门市财政局于 2020 年 4 月 22 日向申请人出具行政许可受理通知书，予以受理，办理许可证业务。江门市财政局于 2020 年 4 月 23 日依法出具《江门市财政局关于同意 A 公司来内地临时执行审计业务的批复》和境外会计师事务所临时执行审计业务许可证。

---

[①] 案例来源：https://mp.weixin.qq.com/s/4NzLavcgsuhlpJIP6Hzfpg。

案例思考

本案例中,对境外委托的临时执行审计业务进行许可,需要确定其主体的资质、资格吗?

(二)案例二:申请人申请成立"贵州省牛羊产业协会"①

2019年8月19日,贵州省政务中心民政厅窗口收到申请人关于成立"贵州省牛羊产业协会"的申请书及章程、业务主管单位的批准文件、验资报告、场所使用权证明等有关申请材料。经民政厅窗口审查,该申请行政许可事项属于本单位职权范围,申请材料齐全,符合法定形式,根据《行政许可法》第三十二条、《社会团体登记管理条例》第十一条的规定,予以受理,并颁发了社会团体法人登记证书。

 案例思考

本案例中,"贵州省牛羊产业协会"宗旨和业务范围符合《社会团体登记管理条例》有关规定吗?

(三)案例三:某药品生产企业不服省卫生部门设定行政许可案②

某省卫生部门向全省所有医院下发文件,规定凡是在本省医院销售的药品,必须在该省卫部门办理登记手续,否则医院不得采购。某药品生产企业将其刚投入试产的新药报到该省卫生部门备案,结果被要求其提交营业执照等资质文件十余种,并指出其中的三份资质文件不合格,不能办理登记手续,也不能在该省的医疗机构销售。此药品生产企业认为该省卫生部门违法设定行政许可,遂将其告上法庭。

 案例思考

本案例中,该省卫生部门能否就药品在本省销售进行行政许可设定?

---

① 案例来源:http://mzt.guizhou.gov.cn/xxgk/xxgkml/zdlyxx1/xzzf_87608/201909/t20190910_21923811.html。

② 案例来源:https://www.docin.com/p-1449831728.html。

### (四)案例四:省司法厅行政许可纠纷案[①]

某省甲、乙、丙三名律师决定出资合伙成立新华夏律师事务所,于是向该省司法厅提出口头申请,并提供了律师事务所章程、发起人名单、简历、身份证明、律师资格证书、能够专职从事律师业务的保证书、资金证明、办公场所的使用证明、合伙协议。但被告知,根据该省地方政府规章相关规定,设立合伙制律师事务所必须有一名以上律师具有硕士以上学位并且需要填写省司法厅专门设计的申请书格式文本。刚好乙为法学博士,于是三人交了50元工本费后领取了专用申请书,带回补正。次日,三人带了补正后的材料前来申请,工作人员A受理了申请,并出具了法律规定的书面凭证。后司法厅指派工作人员B对申请材料进行审查,发现申请人提供的资金证明系伪造,但其碍于与甲、乙、丙三人是朋友关系,隐瞒了真实情况,在法定期限内作出了准予设立律师事务所的决定,并颁发了律师事务所执业证书。1个月后,资金证明被司法厅发现系伪造,遂撤销了新华夏律师事务所的律师事务所执业证书。此间,甲、乙、丙三人已付办公场所租金2万元,装修费3万元。

#### 案例思考

① 本案例中,该省地方政府规章规定"设立合伙制律师事务所必须有一名以上律师具有硕士以上学位"的条件是否合法?为什么?

② 本案例中,该省地方规章规定"设立律师事务所,需要填写省司法厅专门设计的申请书格式文本"是否合法?能否收取50元工本费?为什么?

## 二 相关理论知识

### (一)行政许可设定的事项

(1)准予公民、法人或者其他组织从事直接涉及国家安全、公共安全、经济宏观调控、生态环境保护以及人身健康、生命财产安全等特定活动的事项。比如,关于药品经营许可,危险品生产、储备、运输、销售等许可,垃圾焚烧处理许可等。这类许可一般没有数量限制,行政机关仅审查申请者的申请条件,对符合法定条件者给予许可,否则就不予许可,而且获批的许可不得转让。

---

[①] 案例来源:https://wenku.baidu.com/view/5c3fd0605e0e7cd184254b35eefdc8d376ee14f7.html。

(2)赋予公民、法人或者其他组织从事有限自然资源开发利用、公共资源配置以及直接关系公共利益的特定行业的市场准入等权利的事项。比如,商品房建设用地许可、水域养殖使用许可、森林砍伐许可、户外广告牌许可等。这类许可一般有数量限制,申请人取得许可一般应当支付一定的费用,也可以在被许可人和符合条件的公民、法人和其他组织之间依法转让、继承。

(3)有关确定资格、资质方面的事项。主要是针对提供公众服务并且直接关系公共利益的职业、行业,需要确定特殊信誉、特殊条件或者特殊技能的事项。比如,律师资格、执业医师资格、建筑施工企业资质等方面的许可。这类许可一般没有数量限制,资格资质的许可与申请人的身份相联系,所以,资格资质的许可证不能转让、继承。

(4)对特定物的检测、检验和检疫的事项。按照《行政许可法》的规定,这类许可是属于直接关系公共安全、人身健康、生命财产安全的重要设备、设施、产品、物品,需要按照技术标准、技术规范,通过检验、检测、检疫等方式进行审定的事项。其主要目的是判断某些事项是否达到特定技术标准和技术规范,以防止危险、保障安全。比如,关于锅炉、压力容器、电梯、起重设备等建造安装许可等。这类许可一般没有数量限制,许可与申请事项的自身条件有关,所以许可证不能转让。

二维码 7-5
视频资料:
交通违章未处理就不能过年检?

(5)有关组织的设立需确定主体资格的事项。这是有关企业或者社会组织设立的行政登记制度,主要目的是确认申请人的主体资格。一般而言,未经许可取得主体资格,不得从事相关社会经济活动,也就不受法律保护。比如,商业银行设立许可、工商企业注册登记、社团登记等。这类许可一般没有数量限制,许可证也不能转让。

(6)法律、行政法规规定可以设定行政许可的其他事项。这是一个兜底条款,意味着除了以上五类可设定许可的事项以外,全国人大及其常委会的法律和国务院的行政法规还可通过单一性法律、法规来规定新的可设定许可的事项。

### (二)行政许可的设定

按照《行政许可法》的规定,法律、行政法规、地方性法规、省级政府规章可以对行政许可进行设定。也就是说,《行政许可法》规定了行政许可设定权的分配规则,全国人大、国务院、有立法权的地方人大、省级地方政府有权通过法律法规来设定许可。

（1）这些许可的设定，一般都限于《行政许可法》第十二条所列的六种事项或情形，没有制定法律的，行政法规可以设定行政许可；没有未制定法律、行政法规的，地方性法规可以设定行政许可；还没有制定法律、行政法规和地方性法规的，但又因为行政管理需要，确需立即实施行政许可的，省、自治区、直辖市人民政府规章可以设定临时性的行政许可。

（2）如果上位法已经设定了某项许可，下位法就不得再设定，顶多只能作出规定。比如，如果法律和行政法规已经设定了某项许可，地方性法规或省级地方政府规就不得再行设定。而且，地方性法规或省级地方政府规章，在内容上，不得设定应当由国家统一确定的公民、法人或者其他组织的资格、资质的行政许可，不得设定企业或者其他组织的设立登记及其前置性行政许可；在效力上，设定的行政许可，不得限制其他地区的个人或者企业到本地区从事生产经营和提供服务，不得限制其他地区的商品进入本地区市场。

二维码 7-6
拓展阅读：
国务院：严格控制新设行政许可防止边减边增、明减暗增

## 三 案例分析

### （一）案例一分析

本案中 A 公司所在地为香港地区，受境外委托方委托，对在江门设立的某材料公司进行账目审计，符合《境外会计师事务所在中国内地临时执行审计业务暂行规定》第三条"境外会计师事务所在中国内地临时执业应当向临时执业所在地的省级财政部门提出书面申请……经财政部门批准并颁发临时执业许可证后，境外会计师事务所方可在中国内地临时执业"的规定。此外，根据行政许可的设定及事项的相关理论知识可知：临时执业许可证符合行政许可事项里可以设定许可的事项中"有关确定资格、资质方面的事项"这一款，主要是针对"提供公众服务并且直接关系公共利益的职业、行业"，需要确定"特殊信誉、特殊条件或者特殊技能"的事项。账目审计是需要特殊技能的，此类资格资质的许可与申请人的身份相联系，故需要确定其主体的资质、资格且资格资质的许可证不能转让、继承。

## (二)案例二分析

根据相关理论知识以及《行政许可法》第三十八条规定可知:申请人的申请符合法定条件、标准的,行政机关应当依法作出准予行政许可的书面决定。《社会团体登记管理条例》第十二条也规定:"登记管理机关应当自收到本条例第十一条所列全部有效文件之日起60日内,作出准予或者不予登记的决定。准予登记的,发给《社会团体法人登记证书》;不予登记的,应当向发起人说明理由。"在本案中,民政厅窗口对申请材料进行了审查,"贵州省牛羊产业协会",在申请人条件、申请材料、法定形式、宗旨和业务范围等方面均符合《社会团体登记管理条例》有关规定,故应该依照规定,及时受理和给予行政许可。

## (三)案例三分析

根据相关理论知识可知:尽管该省卫生部门将增加的程序称为"登记",而没有使用"许可"字样,但是改变不了该行为属于行政许可的性质。根据《药品管理法》等规定,药品生产企业具有合法的营业执照和生产许可证,就是合法药品产品企业,这些产品经国家监管部门批准上市后,就可以投入生产并在全国范围内销售。故案例中的行政许可行为既违反了行政许可设定事项的规定,也违反了行政许可设定权的分配规则,省卫生部门显然没有行政许可设定权。

## (四)案例四分析

问题①中的条件不合法,根据相关理论知识以及《行政许可法》第十四、十五条规定可知:行政许可的设定应该用法律设定,而尚未制定法律的,行政法规才可以设定行政许可,尚未制定法律、行政法规的,地方性法规才可以设定行政许可。而且,地方性法规或省级地方政府规章,在内容上,不得设定应当由国家统一确定的公民、法人或者其他组织的资格、资质的行政许可,不得设定企业或者其他组织的设立登记及其前置性行政许可。而对律师事务所的成法中明确规定,法规、规章对实施上位法设定的行政许可作出具体规定,但不得增设行政许可,而对照《律师法》第十四、十五条规定,"设立合伙制律师事务所必须有一名以上律师具有硕士以上学位"这一限制性条件就是属于增设行政许可,故不合法。

问题②中的条件合法,填写专门设计的申请书格式文本,是行政相对人进行行政许可申请的一种真实意思表示,但不能收取工本费,因为《行政许可法》第五十八条第二款明确规定:"行政机关提供行政许可申请书格式文本,不得收费。"

## 第三节　行政许可的程序

### 一　相关案例

**（一）案例一：规划行政许可纠纷案**[①]

2012年1月，原江门市城乡规划局依法核准锦富房地产公司开发的锦富汇景湾豪庭小区修建性详细规划，内容包括案涉垃圾压缩站及公厕的建设位置、建设规模。

2016年10月25日，基于锦富房地产公司调整锦富汇景湾豪庭小区项目垃圾压缩站和公厕规划设计方案的申请，原江门市城乡规划局在经依法公示等程序后，核准了锦富房地产公司锦富汇景湾豪庭小区的规划调整方案，涉及主要调整内容包括将垃圾压缩站、公厕由竖向布局改为横向布局。

2017年3月，锦富房地产公司提出办理锦富汇景湾豪庭小区项目垃圾压缩站和公厕建设工程规划许可的申请，原江门市城乡规划局受理其申请后，及时进行了批前公示，于2017年4月25日核发建设工程规划许可证并予以批后公告。2017年7月，锦富房地产公司在施工现场设置了建设工程规划许可公告牌，公告内容包含建设工程规划许可证、经规划部门核准的规划总平面图等。

2018年6月8日，锦富房地产公司向原江门市城乡规划局申请案涉建设工程规划许可证延期。2018年6月11日，原江门市城乡规划局同意将案涉建设工程规划许可证续期至2018年10月25日。

2019年3月1日，温某等16人向江门市江海区人民法院起诉。温某等16人认为该垃圾压缩站及公厕未经法定选址程序，作出规划调整未履行任何法定变更程序，认为原江门市城乡规划局核发案涉建设工程规划许可证未进行公示，未向利益相关人征求意见，要求撤销案涉建设工程规划许可证。一审法院经审查后，认为案涉垃圾压缩站及公厕距离温某等16人远远超过规划条件要求的大于或等于15米及小型垃圾站技术规范要求的与相邻建筑间不小于8米的距离，且为单层建筑，对温某等16人的通风、采光、通行等相邻权益没有影响，温某等16人不是案涉行政行为的相对方，不属于法律规定的利害关系人，即诉讼主体不适格，依法裁定驳回温某等16人的起诉。温

---

[①]　案例来源：http://www.jiangmen.gov.cn/bmpd/jmszrzyj/ztzl/xzzfgk/qt/content/post_2034773.html。

某等 16 人随后上诉,二审法院也依法裁定驳回其上诉,维持原裁定。

**案例思考**

本案例中,被诉撤销行政许可行为是否违反法定程序?

### (二)案例二:作出的驳回决定合法性争议案①

被告黄浦区市场监督管理局(以下简称黄浦市场局)于 2016 年 11 月 11 日对原告作出黄食换许驳字〔2016〕第 12578 号食品经营许可证换证申请驳回决定,认为原告于 2016 年 10 月 20 日提交的食品经营许可证有效期延续申请涉及影响公共利益,根据《行政许可法》的规定,不符合申请条件,决定不予支持。原告不服,向被告上海市食品药品监督管理局(以下简称市食药监局)申请行政复议,被告市食药监局于 2017 年 3 月 31 日作出沪食药监复决字〔2017〕第 4 号维持驳回决定的行政复议决定。经审理查明:原告典艺馄饨店位于上海市威海路 90 号底层前后客。2013 年 11 月 14 日,业主胡某作为个体工商户,以典艺馄饨店为名取得餐饮服务许可证,有效期限为 2013 年 11 月 14 日至 2016 年 11 月 13 日。2016 年 10 月 20 日,原告向被告黄浦市场局申请延续食品经营许可。被告黄浦市场局于同日受理,当日进行了许可证延续现场核查,经核实确认原告经营许可条件与原发证条件无本质变化。其间,因威海路 92 弄居民申请听证,被告黄浦市场局于 2016 年 10 月 31 日向原告和居民发出行政许可听证通知书,并于同年 11 月 10 日举行听证,居民代表许某等 5 人及原告经营者胡某参加了听证。居民代表许某等人述称,原告自 2013 年底经营馄饨以来影响其正常生活,开窗有油烟、煤气味,原告厨余垃圾往下水道排放,造成下水道多次堵塞,原告用电超负荷,房屋系砖木结构,存在安全隐患。居民们自 2014 年初开始多次向居委街道等部门反映,各部门确实觉得原告影响居民正常生活,要求原告改变业态。听证后,被告黄浦市场局认为许可事实情况发生重大变化,于 2016 年 11 月 11 日作出被诉驳回决定,文书中未指明具体适用的法律条款。原告不服,于 2017 年 1 月 5 日向被告市食药监局提出行政复议申请。被告市食药监局受理后于同月 11 日向黄浦市场局发出行政复议答复通知书。黄浦市场局于同月 20 日予以答复,答复书中明确其依照《行政许可法》第四十七条第一款、第八条第二款、《食品经营许可管理办法》第十八条的规定,作出被诉驳回决定。被告市食药监局于同年 3 月 3 日发出行政复议延长审理期限通知书,后于同年 3 月 31 日作出被诉行政复议决定,维持被告黄浦市场局的驳回决定。被告黄浦市场局辩称,原告原获得的餐饮服务许可证有效期限截止时间为 2016 年 11 月 13 日,因根据自

---

① 案例来源:http://anli.court.gov.cn/static/web/index.html#/alk/detail/EB458FA7DC91C54A79D7F80D6608607C。

2015年10月1日起施行的《食品经营许可管理办法》的有关规定,从事食品销售和餐饮服务活动,应当依法取得食品经营许可证。原告在许可证有效期届满前,即2016年10月20日向被告提交食品经营许可换证申请。被告受理后发现原告在经营中引起邻里纠纷,卫生等方面存在隐患,并影响了周边居民的生活休息,居民投诉已达70余次。因居民强烈要求听证,被告于2016年11月10日按照相关法规举行了听证,制作了相关笔录,周边居民提交的照片、报警记录、信访等材料,证明原告影响威海路92弄居民的生活权益。被告在这个基础上认为事实已发生了重大变化,于2016年11月11日依照《行政许可法》的规定,作出被诉驳回换证申请的决定。该决定认定事实清楚,程序合法,适用法律正确,请求判决驳回原告的诉讼请求。被告市食药监局辩称:被告市食药监局作为复议机关在法定期限内受理原告的行政复议申请后,在法定期限内通知了被告黄浦市场局答辩,经审查认为被告黄浦市场局所作换证申请驳回决定认定事实清楚,程序合法,依据正确。被告市食药监局在法定期限内作出的行政复议决定程序合法,请求法院驳回原告的诉讼请求。

 **案例思考**

本案例中,黄浦市场局适用《行政许可法》第八条作出驳回决定是否合法?

## (三)案例三:申请事项不在行政机关职责范围的案例①

原告顾某在上海市奉贤区金汇镇百曲村拥有宅基地房屋,宅基地使用权证证号为奉宅506-11-477(位置标注为百曲村九队)。2015年1月23日,被告上海市奉贤区规划和土地管理局(以下简称区规土局)收到原告提交的补办规划许可手续申请书,内容大致为:原告在其宅基地内扩建房屋时,我国尚未建立乡村建设规划许可制度,依照建造房屋行为时的法律应认可扩建房屋合法;原告扩建的房屋不存在严重妨害规划的情形,应当允许继续利用,并在规划许可手续方面进行补正;原告房屋所在宅基地已被征收为国有,纳入城市规划范围内等,故原告向被告提出申请,请求被告就原告位于上海市奉贤区金钱公路1971号、1973号、1975号、1977号、1979号、1981号、1983号、1985号的房屋补充办理建设工程规划许可证。此后被告于2015年6月8日作出案涉告知书,内容为:原告提交的补办规划许可手续申请书收悉,经研究,鉴于原告申请补办规划许可证的房屋已被上海市奉贤区金汇镇人民政府认定为违法建筑,上海市奉贤区人民法院已作出〔2015〕奉行初字第3号行政判决,且该房屋所涉地块已被征收,故原告的申请被告难以受理。原告不服,提起行政诉讼。原告诉称,原告系上海市奉贤区金汇镇百曲村九队村民,持有合法宅

---

① 案例来源:http://anli.court.gov.cn/static/web/index.html#/alk/detail/5CEB0D543D80ADFEA7B373E87187BFDF。

基地证(证号为奉宅 506-11-477)。1988 年至 1991 年期间,原告在上述宅基地内搭建房屋,2005 年在上述地址院墙内再次扩建了一间房屋,现房屋建筑总面积为 1981.04 平方米。由于当时并无乡村建设规划许可制度,原告未办理上述房屋乡村建设规划许可证,现上述房屋所处宅基地已被征收为国有,纳入城市规划区域范围内,故原告向被告提交申请书,申请补办建设规划许可手续,此后被告于 2015 年 6 月 8 日向原告出具告知书。原告认为,上海市奉贤区金汇镇人民政府认定原告部分房屋系违法建筑的决定以及此后上海市奉贤区人民法院作出的判决,均已被上海市第一中级人民法院终审判决撤销,被告出具案涉告知书的主要事实理由不成立;原告部分房屋无证系历史遗留问题,其合法性应予以肯定,上海市奉贤区金汇镇人民政府对原告扩建房屋行为作出处罚后,又准予了该行为的存在,应认定该部分房屋的合法性;根据《城乡规划法》第四十条第一款规定,被告具有受理原告申请事项的法定职责;原告房屋在宅基地证和建房审批表范围内,不存在严重妨害规划的情形,应属于可以补办规划许可证的情形;案涉告知书并未释明适用法律,应视为法律依据不充分;案涉告知书未在法定期限内作出,正当性欠妥。综上,为维护自身合法权益,原告起诉至法院,请求依法撤销被告作出的案涉告知书,并判令被告重新就原告位于上海市奉贤区金钱公路 1971 号、1973 号、1975 号、1977 号、1979 号、1981 号、1983 号、1985 号房屋补充办理建设工程规划许可证的申请作出行政行为。被告辩称,被告无权对原告的申请进行处理。原告未依法取得乡村建设规划许可证而建造的房屋违法,应限期拆除,且该房屋所处土地已变更为国有土地,原告未取得国有土地使用权证,却申请办理建设工程规划许可证,故被告出具案涉告知书告知原告不予受理。二审判决并未改变原告房屋所处土地已被征收,原告未取得相关许可手续违法建造房屋的事实。原告房屋系农村住房,只能申请乡村建设规划许可证,原告申请补办建设工程规划许可证错误。上海市有关农村村民建房管理办法中规定,农村建房应先向村委会提出申请,再进行公告,公告无异议后由村委会签署意见后报镇政府,镇政府规土所实地审核后报被告,故原告申请程序错误。综上,请求法院依法驳回原告诉讼请求。

 **案例思考**

本案例中,原告申请事项是否在被告的职责范围之内?被告作出的行政决定是否合法合理?

## 二　相关理论知识

### （一）行政许可的实施程序

#### 1. 申请

（1）当事人的申请必须向有权颁发许可证的行政机关提出。也就是说，公民、法人和其他组织的活动，依法需要获得行政许可的，应该向有权行政机关或被授权组织提出申请，而相应行政主体也应该将法律、法规、规章规定的有关行政许可的事项、依据、条件、数量、程序、期限等在办公场所公示。

（2）申请的事项必须是法律规定经许可方能进行的事项。行政许可具有解禁的性质，一般而言，被许可的事项或活动对他人是禁止的，只有获得许可的人才能解除这种禁止，取得从事此项事项或活动的权利。

（3）申请人必须具有申请许可事项的行为能力。要获得行政许可，就必须符合法定条件，具备相应的从事该项活动的行为能力。

（4）必须具有明确的申请许可的意思表示。申请人提出申请时，必须以书面的形式提出，要求必须明确具体，便于审批机关的审批。而且应当如实向行政机关提交有关材料并反映真实情况，对所提交材料的真实性负责。

#### 2. 受理

（1）申请事项依法不需要取得行政许可的，应即时告诉申请人不受理。

（2）申请事项依法不属于本行政机关职权范围的，应即时作出不予受理的决定，并告诉申请人，让他向有关行政机关申请。

（3）申请材料存在错误但可以当场更正的，应当允许申请人当场更正。

（4）申请材料不齐全或者不符合法定形式的，应当当场或者在 5 天内一次性告知申请人需要补正的全部内容，逾期不告知的话，从收到申请材料那天起，就认定为已受理。

（5）如果不存在以上问题，申请事项确实属于本行政机关职权范围，申请材料又齐全，且符合法定形式，或者申请人按照行政机关的要求提交全部补正申请材料的，就应当受理该申请。

#### 3. 审查

形式审查是指行政许可机关针对相对人提交的申请材料，只要审查其是否齐全以及是否符合法定形式，符合这两个标准的，就应当场作出行政许可。《行政许可法》第三十四条第二款规定:"申请人提交的申请材料齐全、符合法定形式,行政机关能够当场作出决定的,应当当场作出书面的行政许可决定。"这正是针对形式审查而言的。

实质审查是指行政许可机关针对相对人提交的申请材料,不仅要审查其是否齐全以及是否符合法定形式,还要审查这些材料的真实性,审核是否符合有关的法律规范规定的条件,核实申请人是否具有从事该事项的能力和条件等,在此基础上才能作出是否许可。《行政许可法》第三十四条第三款规定:"根据法定条件和程序,需要对申请材料的实质内容进行核实的,行政机关应当指派两名以上工作人员进行核查。"这正是针对实质审查而言的。

### 4. 听证会

(1) 法律、法规、规章明文规定应当听证的。一般来说,许可事项涉及公共利益时,法律、法规、规章才会作出这方面的要求。行政许可机关举行这类听证会,应当事先向社会公告。比如,要拆除大型公共文化体育设施或改变其用途,上一级人民政府在批准前,就应当举行听证会,听取公众意见。

(2) 行政许可机关认为需要听证的。有时,虽然法律、法规、规章并没有规定需要听证,但如果许可事项涉及公共利益,行政许可机关也可以举行听证会。

(3) 申请人、利害关系人要求听证的。这类听证限于行政许可直接涉及申请人与他人之间重大利益关系的事项。行政机关在作出行政许可决定前,应当告知申请人、利害关系人享有要求听证的权利。申请人、利害关系人在被告知听证权利之日起5日内提出听证申请的,行政机关应当在20日内组织听证。

### 5. 决定

申请人的申请如果符合法定条件、标准,行政许可机关应当依法作出准予行政许可的书面决定。不符合法定条件、标准的,行政许可机关应当作出不予许可的书面决定。当决定不予行政许可时,还应当说明理由,并告知申请人享有依法申请行政复议或者提起行政诉讼的权利。对准予行政许可的决定,需要颁发行政许可证件的,应当向申请人颁发加盖本行政机关印章的行政许可证件。

### 6. 变更与延续

变更指的是许可事项的范围因客观条件的变化而发生改变。此外,行政许可的变更还必须符合法定性特征,以公共利益的需要为标准。《行政许可法》第八条第二款规定:"行政许可所依据的法律、法规、规章修改或者废止,或者准予行政许可所依据的客观情况发生重大变化的,为了公共利益的需要,行政机关可以依法变更或者撤回已经生效的行政许可。由此给公民、法人或者其他组织造成财产损失的,行政机关应当依法给予补偿。"被许可人要求变更行政许可事项的,应当向作出行政许可决定的行政机关提出申请;符合法定条件、标准的,行政机关应当依法办理变更手续。

延续指的是行政许可期满后,延长行政许可的有效期。行政许可的延续必须符合法定程序,也以公共利益的需要为标准。《行政许可法》第五十条第一款规定:"被许可人需要延续依法取得的行政许可的有效期的,应当在该行政许可有效期届满三十日前向作出行政许可决定的行政机关提出申请。但是,法律、法规、规章另有规定的,依照其规定。"行政机关应当根据被许可人的申请,在该行政许可有效期届满前作出是否准予延续的决定;逾期未作决定的,视为准予延续。

二维码7-7
拓展阅读:
老楼装电梯获许可——邻居不同意被驳回

## (二)行政许可的期限问题

行政许可机关作出许可决定的期限,分以下四种情况。

(1)能够当场作出许可决定的,就当场作出许可决定。

(2)不能当场作出许可决定的,一般应当自受理行政许可申请之日起20日内作出行政许可决定。20日内不能作出决定的,经本行政机关负责人批准,可以延长10日。

(3)对于统一办理或者联合办理、集中办理的许可,办理的时间不得超过45日,45日内不能办结的,经本级人民政府负责人批准,可以延长15日。

(4)依法应当先经下级行政机关审查后报上级行政机关决定的行政许可,下级行政机关应当自其受理行政许可申请之日起20日内审查完毕。另外,《行政许可法》还规定了颁发送达许可证件的期限,行政机关作出准予行政许可的决定,应当自作出决定之日起10日内向申请人颁发、送达行政许可证件,或者加贴标签、加盖检验、检测、检疫印章。

## 三 案例分析

### (一)案例一分析

根据相关理论知识可知:经批准的城乡规划一般来说不得随意修改,依法需要修改城乡规划的,建设单位或个人应当按照《城乡规划法》《广东省城乡规划条例》等有关规定办理规划变更手续。

此外，根据《行政许可法》第八条第二款规定，行政机关如要变更或者撤回已经生效的行政许可，必须在"行政许可所依据的法律、法规、规章修改或者废止，或者准予行政许可所依据的客观情况发生重大变化的，为了公共利益的需要"这一前提下，而本案中，锦富房地产公司锦富汇景湾豪庭小区项目垃圾压缩站和公厕规划设计的调整方案已经于2016年10月依法获得批准，在此基础上，原江门市城乡规划局依法受理锦富汇景湾豪庭小区项目垃圾压缩站和公厕建设工程规划许可的申请，按照规划条件和技术管理规范的规定进行审查，依程序进行规划批前公示、核发规划许可、予以批后公告，并无不当。温某等16人要求撤销案涉建设工程规划许可证没有事实和法律依据。

## （二）案例二分析

首先，2013年11月14日业主胡某作为个体工商户，以典艺馄饨店为名取得餐饮服务许可证，有效期限为2013年11月14日至2016年11月13日。但是原告是于2016年10月20日提交的食品经营许可证有效期延续申请，不符合《行政许可法》第五十条中的规定，即"应当在该行政许可有效期届满三十日前向作出行政许可决定的行政机关提出申请"。

其次，被告黄浦市场局已经进行了许可证延续现场核查，经核实确认原告经营许可条件与原发证条件无本质变化，也即申请人的延期申请是符合法定条件的。

最后，典艺馄饨店的相邻纠纷不是食品药品监管部门许可审查的职责范围，同时，根据相关理论知识可知：行政许可的延续不是对行政许可的重新审核，也不涉及对行政许可内容的改变，故不存在适用《行政许可法》第八条"客观情况发生重大变化"的事实基础，考虑到实际经营业态、食品经营条件已发生本质性变化，责令重新作出行政行为已无必要，故黄浦市场局适用《行政许可法》第八条作出驳回决定不合法。这明确了相关法律适用，也切实保障了从业者的合法经营权。

## （三）案例三分析

原告未取得许可而"违建"，限期拆除，且该房屋土地已变更为国有土地，原告也未取得国有土地使用权证，也就不能补办建设工程规划许可证。也就是说，申请事项不在被告职责范围，被告无权对原告的申请进行处理。在原告申请办理行政许可事项并不属于被告职权范围的情形下，被告依据《行政许可法》相关规定，即时作出不予受理的决定并告知原告，这是合理合法的。但被告向原告作出告知的期限不符合相关法律规定，不符合法定条件、标准的，当决定不予行政许可时，应当说明理由，作出不予许可的书面决定，并告知申请人享有依法申请行政复议或者提起行政诉讼的权利。被告于

2015年6月8日才向原告出具告知书,而原告在2015年1月23日就提交了补办规划许可手续申请书,远远超出了法定期限,故被告将承担相应法律责任。当然,对原告要求撤销被告作出告知行政行为的诉讼请求,如被告所作告知内容并无不当,该行政行为可不予撤销。

二维码 7-8
第七章自测

二维码 7-9
第七章自测题
参考答案

# 第八章

## 行政检查

## 第一节 行政检查及其特征

### 一 相关案例

**（一）案例一：H 国际高尔夫球场有限公司诉国家海洋局环保行政处罚案**[①]

广东省汕尾市海丰县 H 国际高尔夫球场有限公司（以下简称 H 公司）与海丰县人民政府（以下简称海丰县政府）签订合同约定"征地范围南边的临海沙滩及向外延伸一公里海面给予乙方作为该项目建设旅游的配套设施"。H 公司在海丰县后门镇红源管区 H 国际高尔夫球场五星级酒店以南海域进行弧形护堤的建设。2009 年 3 月 9 日，弧形护堤部分形成。2010 年 3 月 19 日，海监部门在执法检查中发现该公司未取得海域使用权证擅自建设弧形护堤，涉嫌违反《海域使用管理法》第三条的规定。经逐级上报，国家海洋局立案审查。2011 年 3 月，南海工程勘察中心受海监部门委托作出《汕尾市海丰县 H 国际高尔夫球场海岸线弧形护堤工程海域使用填海面积测量技术报告》，指出案涉弧形护堤填海形成非透水构筑物（堤坝），面积为 0.1228 公顷。

2011 年 6 月 2 日，国家海洋局作出行政处罚听证告知书，告知 H 公司拟对其作出的处罚及事实和法律依据，经组织召开听证会，同年 12 月 14 日作出第 12 号行政处罚决定：认定 H 公司在未经有权机关批准的情况下，自 2010 年 3 月中旬进行案涉弧形护堤工程建设，以在海中直接堆筑碎石的方式进行填海活动，至 2010 年 11 月 17 日技术单位测量之日，填成弧形护堤面积为 0.1228 公顷。据此，依据《海域使用管理法》有关规定和《财政部国家海洋局关于加强海域使用金征收管理的通知》，责令该公司退还非法占用的海域，恢复海域原状，并处非法占用海域期间内该海域面积应缴纳的海域使用金 15 倍的罚款人民币 82.89 万元。该公司不服，申请行政复议。国家海洋局于 2012 年 5 月 30 日作出行政复议决定认为：第 12 号行政处罚决定关于 H 公司自 2010 年 3 月中旬进行案涉弧形护堤建设的认定与海监部门航空照片显示案涉弧形护堤 2009 年已存在的情况不一致，系认定事实不清，决定撤销第 12 号行政处罚决定。其后，国家海洋局经履行听证告知、举行听证会等程序，于 2012 年 7 月 25 日作出海监七处罚〔2012〕003 号行政处罚决定书。证据显示 2009 年 3 月 9 日案涉弧形护堤已部分形成，至 2010 年 11 月 17 日海监机构委托技术单位进行现场测量之日，该弧形护堤非法占用海域的面积为 0.1228 公顷；处

---

[①] 案例来源：https://www.chinacourt.org/article/detail/2014/12/id/1519515.shtml。

罚依据与具体内容与上述第12号行政处罚决定相同。H公司不服,提起行政诉讼,请求法院撤销海监七处罚〔2012〕003号行政处罚决定书。

北京市第一中级人民法院一审认为,《国家海域使用管理暂行规定》《广东省海域使用管理规定》等有关规定明确了任何单位或个人实施填海等占用海域的行为均必须依法取得海域使用权,海洋行政主管部门颁发的海域使用权证书是当事人合法使用海域的凭证。在本案中,H公司未经批准合法取得海域使用权,填海建设弧形护堤的行为,属于《海域使用管理法》第四十二条所指未经批准非法占用海域进行填海活动的情形,被诉处罚决定中的该部分认定证据充分,定性准确。H公司关于案涉弧形护堤并非建设于海域范围,故国家海洋局无管辖权的诉讼理由,缺乏事实依据,其关于海丰县政府与其签订的合同可以作为其取得海域使用权证明的诉讼理由,缺乏法律依据,遂判决驳回该公司的诉讼请求。H公司上诉后,北京市高级人民法院判决驳回上诉,维持原判。

 **案例思考**

本案例中,海监部门有权对H公司是否取得海域使用权证而擅自建设案涉弧形护堤的情况进行行政检查吗?

### (二) 案例二:李某某诉浙江省绍兴市上虞区环境保护局行政处罚案①

2014年6月9日,浙江省绍兴市上虞区人民政府办公室印发《上虞区畜禽养殖禁养区、限养区划分方案的通知》,并于2014年7月1日在上虞区人民政府门户网站公布。该通知第四部分划分区域(一)禁养区区域五为"省、绍兴市级(上虞段)及区级河道两侧200米"。2015年8月12日,上虞区环境保护局(以下简称上虞区环保局)经现场踏勘认定李某某在禁止养殖区域内从事畜禽养殖活动,依法作出环境违法行为限期改正决定书,责令李某某于2015年8月21日前停止畜禽养殖行为。2015年8月25日,上虞区环保局再次检查时发现李某某仍在原区域从事畜禽养殖活动。2015年9月11日,上虞区环保局执法人员向李某某留置送达行政处罚事先告知书,责令其立即停止违法行为,并依照违法情形拟作出罚款人民币3000元的行政处罚。2015年9月29日,上虞区环保局作出虞环罚字〔2015〕176号行政处罚决定书并于2015年10月10日向李某某留置送达。李某某不服上述行政处罚,向绍兴市上虞区人民法院提起行政诉讼,要求确认上虞区环保局作出的行政处罚决定违法并撤销,一并审查绍兴市上虞区人民政府办公室印发的上述通知的合法性。经绍兴市中级人民法院指定管辖,绍兴市越城区人民法院受理本案。

浙江省绍兴市越城区人民法院一审认为,行政规范性文件的司法审查和行政行为的合法性审查是本案审理的重点。本案所涉的通知由上虞区人民政府办公室制定,内容涉及不特定公民、法人或者其他组织的权利和义务,在一定时期内可反复适用,且在

---

① 案例来源:https://www.chinacourt.org/article/detail/2018/06/id/3327046.shtml。

相应行政区域内具有普遍约束力,系法律效力在行政规章以下政府文件,属于行政规范性文件。同时李某某是对上虞区环保局作出的行政行为不服提起诉讼时一并提出审查,符合《行政诉讼法》第五十三条第一款规定。从制定权限看,依据《浙江省水污染防治条例》第二十五条规定,上虞区人民政府办公室具有划定本区域内畜禽养殖禁养区和限养区的合法权限。从制定内容来看,上虞区人民政府办公室从防治水污染、保护和改善环境、促进经济可持续发展角度考虑并依照法律、法规规定划定的禁止养殖区域符合上位法规定。从制定程序来看,上虞区人民政府办公室在该通知起草过程中已公开征求有关基层单位的意见、经上虞区政府法制机构合法性审查并经制定机关负责人集体讨论决定,符合行政规范性文件制定的程序要求。李某某在禁止养殖区域内从事畜禽养殖活动,在上虞区环保局责令其停止违法行为后拒不停止违法行为且至今仍从事养殖活动的事实清楚。上虞区环保局认定李某某的养殖行为违反《浙江省畜禽养殖污染防治条例》第九条第一款,并依据该条例第二十条第一款作出行政处罚决定,证据确凿,适用法律、法规正确。一审法院判决驳回李某某的诉讼请求。浙江省绍兴市中级人民法院二审维持原判。

 **案例思考**

本案例中,绍兴市上虞区环保局依据《上虞区畜禽养殖禁养区、限养区划分方案的通知》对李某某养殖行为进行的行政检查行为具有合法性吗?

(三)案例三:M汽车系统(苏州工业园区)有限公司诉苏州工业园区环境保护局环保行政处罚案[①]

江苏省苏州市工业园区环境保护局(以下简称园区环保局)连续接到某家园小区居民关于周围企业产生异味影响正常生活和健康的投诉,于2013年9月起对该小区周边企业废气排放情况集中排查整治,划定包括M汽车系统(苏州工业园区)有限公司(以下简称M公司)在内的58家企业作为检查对象。同年9月30日,园区环保局执法人员会同苏州市环境监察支队执法人员至M公司进行执法检查时,该公司保安以未办理来访预约为由拒绝执法人员进入现场检查。执法人员随即拨打110报警求助,在民警和执法人员的要求下,保安电话联系公司环保负责人后仍以未预约为由拒绝执法人员进入现场检查。园区环保局执法人员因受阻挠而认为丧失最佳检查时机,故未强行进入现场进行检查。2013年12月6日,园区环保局向该公司邮寄送达了行政处罚事先告知书。在规定的期限内,该公司未向园区环保局提出陈述、申辩意见。同年12月20日,园区环保局作出行政处罚决定,认定2013年9月30日园区环保局依法对M公司开展废气排放企业专项现场检查时,该公司拒绝其入内开展检查,违反

---

[①] 案例来源:https://www.chinacourt.org/article/detail/2014/12/id/1519543.shtml。

《大气污染防治法》关于"环境保护行政主管部门和其他监督管理部门有权对管辖范围内的排污单位进行现场检查,被检查单位必须如实反映情况,提供必要的资料"的规定,根据《行政处罚法》《大气污染防治法》有关规定,对该公司处以罚款人民币 4 万元的行政处罚。M 公司不服,提起行政诉讼,请求法院撤销该行政处罚决定。

苏州市姑苏区人民法院一审认为,国家环境保护行政机关依法实施环境保护执法检查,是法律赋予执法机关的权力和职责,原告 M 公司的内部管理规定不能对抗国家强制性法律规定。原告以公司管理规定为由阻碍、拒绝依法进行的行政执法行为,在公安民警到场介入的情况下,仍拒绝检查,其行为已构成拒绝执法检查。根据《大气污染防治法》相关规定,拒绝环境保护行政主管部门或者其他监督管理部门现场检查,环境保护行政主管部门或者法律规定的监督管理部门可以根据不同情节,责令停止违法行为,限期改正,给予警告或者处以 5 万元以下罚款。原告无正当理由拒绝被告的执法检查,事后也未及时采取补救、改正措施,其主观过错较大。被告对原告所作出的罚款在法定处罚幅度内,并无不当。故判决驳回原告的诉讼请求。一审宣判后,双方当事人均未上诉。

**案例思考**

本案例中,园区环保局依法单方面强制性给 M 公司邮寄送达行政处罚事先告知书的行为是否合法?

## 二 相关理论知识

二维码 8-1
视频资料:
用心守护安全
杨浦区市场监管局
展开专项检查

### (一)行政检查的概念

广义的行政检查,包括作为行政调查手段的检查活动。狭义的行政检查,也就是行政监督检查,是指行政主体依法单方面强制性实施,了解行政相对人遵守法律法规或者履行法定义务情况的活动。这里需要注意的是,作为行政行为的行政检查,是指依法享有检查权的行政主体了解行政相对人遵守法律法规或者履行法定义务情况的行政行为,其本身往往不直接影响行政相对人的权益。

## (二)对行政检查的进一步理解

(1)行政检查是行政主体所实施的行政行为。

(2)行政检查属于行政职权职责的行为。行政检查是一种行政行为,而且是一种依职权的行政行为。比如,我国《税收征收管理法》第四章规定的"税务检查",就强调税务机关有权检查纳税人的账簿、到纳税人的生产和经营场所检查商品和货物、责成纳税人提供与纳税有关的文件等。这就明确地从法律法规的角度规定了税务行政检查的职权来源。

(3)行政检查的对象是行政相对人。这表明行政检查是一种外部行政行为,是针对公民、法人和其他组织而作出的外部行政行为。比如,公安交警对机动车驾驶人是否酒驾进行的路查,市场监管部门对企业进行生产、经营等活动的实地检查,卫生行政部门与教育行政部门针对学校饮食服务是否符合卫生标准进行联合检查等。

(4)行政检查的依据,是规定检查职能的法律规范和检查对象应当遵守的法律规范或应当履行的法定义务。正如前面所言,行政检查是一种行政行为,当然应该有行政检查的合法性依据,在我国,很多法律中都规定了行政检查的权力,大多涉及行政执法部门。

(5)行政检查的内容是对行政相对人一定情况的强制性检查和了解。检查和了解,表明行政检查不直接处理与改变行政相对人的实体权利和义务,但行政检查具有迫使行政相对人服从的强制性效力,行政相对人不得拒绝或阻挠。

## (三)行政检查的特点

二维码 8-2
阅读资料:
论行政检查的
概念:学理
研究与法律
规定

(1)行政检查的法定性。行政检查的法定性,是指行政主体实施行政检查必须有明确的法律依据,只有依法享有行政检查职权的行政主体才能实施行政检查行为。行政检查的方式、内容、时限等也应该符合法律的明确规定。

(2)行政检查的强制性。与行政调查有强制调查和任意调查之分不同,行政检查均是强制性的,如果被检查主体不配合检查,行政检查主体有权采取强制措施。

(3)行政检查的独立性。与行政调查相比较,行政检查具有独立性。行政检查与行政调查中的检查不同,它不依附于其他行政行为。行政检查不仅包括了解实情、收集证据、认定事实,还包括督促行政相对人遵守法律、履行义务。行政检查的整个过程,从检查的启动、运行到检查决定的作出,都是独立完成的。

## 三 案例分析

### (一) 案例一分析

根据行政检查的概念的相关理论知识可知：作为行政行为的行政检查，是指依法享有检查权的行政主体了解行政相对人遵守法律法规或者履行法定义务情况的行政行为，其本身往往不直接影响行政相对人的权益。在本案中，虽然海丰县政府与H公司签订了合同，允许其使用案涉海域，但依照《海域法》等有关规定，该公司仍需依法向项目所在地县级以上海洋行政主管部门提出申请，并按照《广东省海域使用管理规定》第十一条规定的批准权限逐级上报，由批准机关的同级海洋行政主管部门发给海域使用证。故海监部门有权对H公司是否取得海域使用权证而擅自建设案涉弧形护堤的情况进行行政检查。本案例的处理对于厘清地方政府与海洋行政主管部门的法定职权，对于相关行政执法和司法实践有着积极示范意义。

在本案中，海监部门在执法检查中发现该公司未取得海域使用权证擅自建设案涉弧形护堤，涉嫌违反《海域使用管理法》第三条的规定。经逐级上报，国家海洋局立案审查。后委托南海勘察中心出具相关报告，国家海洋局作出行政处罚听证告知书，告知H公司拟对其作出的处罚及事实和法律依据，经组织召开听证会，最终作出行政处罚决定，依据《海域法》有关规定和《财政部国家海洋局关于加强海域使用金征收管理的通知》，责令该公司退还非法占用的海域，恢复海域原状，并处非法占用海域期间内该海域面积应缴纳的海域使用金15倍的罚款人民币82.89万元。而人民法院通过发挥行政审判职能作用，有力地支持了海洋行政主管部门依法实施监督管理，切实保护了海洋生态环境。党的十八届三中全会明确提出了完善自然资源监管体制，对海洋资源超载区域等实行限制性措施。海域属于国家所有，任何单位和个人在未依法取得有权机关颁发的海域使用权证书的情况下，不得侵占、买卖或者以其他形式非法转让海域，否则要受到相应的处罚。

### (二) 案例二分析

根据相关理论知识可知：行政检查的依据，是规定检查职能的法律规范和检查对象应当遵守的法律规范或应当履行的法定义务，行政检查的内容是对行政相对人一定情况的强制性检查和了解，这表明行政检查不直接处理与改变行政相对人的实体权利和义务，但行政检查具有迫使行政相对人服从的强制性效力，行政相对人不得拒绝或阻挠。

在我国，很多法律中都规定了行政检查的权力，大多涉及行政执法部门。本案系行政相对人起诉时一并请求对规范性文件进行审查的行政诉讼案件。《行政诉讼法》第五十三条规定："公民、法人或者其他组织认为行政行为所依据的国务院部门和地方人民政府及其部门制定的规范性文件不合法,在对行政行为提起诉讼时,可以一并请求对该规范性文件进行审查。前款规定的规范性文件不含规章。"司法实践中,由于法律对规范性文件的含义、制发主体、程序、权限以及审查内容、程度、标准等缺乏明确规定,需要统一审查标准。本案判决阐述了规范性文件的含义,并从文件制定权限、制定内容和制定程序三方面对该规范性文件的合法性问题进行充分的说理和论证,故在本案中,绍兴市上虞区环保局依据《上虞区畜禽养殖禁养区、限养区划分方案的通知》对李某某养殖行为进行的行政检查行为具有合法性。

### (三)案例三分析

根据相关理论知识可知:行政检查具有强制性特点。与行政调查有强制调查和任意调查之分不同,行政检查均是强制性的,如果被检查主体不配合检查,行政检查主体有权采取强制措施。在本案中,国家环境保护行政机关依法实施环境保护执法检查,是法律赋予执法机关的权力和职责,原告 M 公司的内部管理规定不能对抗国家强制性法律规定。原告以公司管理规定为由阻碍、拒绝依法进行的行政执法行为,在公安民警到场介入的情况下,仍拒绝检查,其行为已构成拒绝执法检查。现场检查是环境保护行政部门收集证据、制止环境污染违法行为的重要程序和手段,被检查单位拒绝环境保护行政部门现场检查的行为,依法应予处罚。在本案中,人民法院通过行政审判切实维护了环保机关的法定检查权和行政执法权威,裁判结果无论对被处罚企业还是其他相关排污企业,都是一次有意义的警示教育。故园区环保局依法单方面强制性给 M 公司邮寄送达行政处罚事先告知书的行为合法。

## 第二节 行政检查的原则

### 一 相关案例

#### (一)案例一:新泰市 H 有限公司诉原新泰市盐务局行政处罚案[①]

2014 年 5 月 15 日,原新泰市盐务局在执法检查过程中发现新泰市 H 有限公司

---

① 案例来源:https://www.chinacourt.org/article/detail/2020/07/id/5378754.shtml。

(以下简称 H 公司)涉嫌违规购进工业用盐。经调查,原新泰市盐务局认定该公司违规购进工业用盐 52 吨,违反了《山东省盐业管理条例》第二十一条第三款"禁止任何单位和个人违反本条例规定擅自购进盐产品"的规定,故根据《山东省盐业管理条例》第四十四条之规定作出行政处罚决定,决定没收该公司工业盐 52 吨,罚款 58000 元。H 公司不服,提起诉讼要求撤销该行政处罚决定。

山东省新泰市人民法院一审认为,H 公司购买工业用盐的行为违反了《山东省盐业管理条例》第二十一条的规定,原新泰市盐务局依据《山东省盐业管理条例》有关规定作出的行政处罚决定并无不当,故判决驳回了该公司的诉讼请求。山东省泰安市中级人民法院二审维持一审判决。H 公司不服,向山东省高级人民法院申请再审。

山东省高级人民法院经审理认为,地方性法规与法律、行政法规规定不一致的,应当根据法律和行政法规的规定判断被诉行政处罚决定是否正确。《行政处罚法》第十一条规定,法律、行政法规对违法行为已经作出行政处罚规定,地方性法规需要作出具体规定的,必须在法律、行政法规规定的给予行政处罚的行为、种类和幅度的范围内规定。结合全国人民代表大会常务委员会法制工作委员会《关于地方性法规对法律中没有规定的行政处罚行为可否作出补充规定问题的答复》的精神,对于该条款的正确理解应当是:"第一,国家已经有法律、行政法规的,地方性法规可以结合本地情况予以具体化,但是必须在法律、行政法规规定给予行政处罚的行为、种类和幅度的范围内规定。第二,在国家尚未制定法律、行政法规的情况下,地方性法规可以设定除限制人身自由、吊销企业营业执照以外的行政处罚。"为加强盐业管理,《盐业管理条例》这一行政法规对违反该条例的行为设定了相应的行政处罚,但对盐业公司之外的其他企业购买、经营工业用盐的行为没有设定行政处罚。在本案中,原新泰市盐务局依据地方性法规对 H 公司购买工业用盐的行为作出行政处罚决定,超出了《盐业管理条例》规定的给予行政处罚行为的范围,遂判决予以撤销一、二审法院判决和被诉行政处罚决定。

 **案例思考**

本案例中,原新泰市盐务局依据地方性法规对 H 公司作出的行政检查行为及行政处罚决定合法吗?

(二)案例二:德清 G 蛇类实业有限公司诉浙江省食品药品监督管理局行政监督案①

浙江省湖州市食品药品监督管理局于 2013 年 10 月抽检德清 G 蛇类实业有限公司(以下简称 G 公司)生产的某批号三蛇粉胶囊。省食品药品检验研究院对送检样品出具的检验报告为汞含量 0.5 mg/kg,该公司申请复检后省疾病预防控制中心的复检

---

① 案例来源:https://www.chinacourt.org/article/detail/2015/10/id/1730828.shtml。

结果为汞含量 0.45 mg/kg。省食品药品监督管理局(以下称省食药局)依据《保健(功能)食品通用标准》(GB 16740—1997,规定胶囊产品中有害金属及有害物质限量应≤0.3 mg/kg),认定被检样品汞超标,属不合格产品,并于 2014 年 8 月向各设区市、义乌市市场监督管理局下发浙食药监稽〔2014〕15 号《关于 2013 年度省级保健食品化妆品监督抽检结果的通报》,对抽检不合格产品予以通报(含上述胶囊),并在该局网站上予以公布。

G 公司认为,检测报告在认定标准上存在错误,抽检样品应适用经备案的企业标准,该局在网站上通报该公司产品不合格的行为严重影响其声誉。故诉至法院,要求撤销浙食药监稽〔2014〕15 号文中对其上述产品监督抽检不合格的通报。

杭州市西湖区人民法院经一审认为,诉争产品首次检测结果汞含量为 0.5 mg/kg,经复检后汞含量为 0.45 mg/kg,不符合国家强制性标准,属不合格产品。原告 G 公司提出其制定了诉争产品的企业标准并经备案,其产品符合该标准。但企业标准中关于汞含量的限量指标要求不符合国家标准,不能对抗国家强制性标准的效力。被告省食药局具有进行食品安全监测和评估、检验、公布食品安全信息的法定职责,有权向社会公布检验信息,在其网站上公布的名单并未扩大原告实际抽检产品范围,符合法定程序。遂判决驳回原告诉讼请求。一审宣判后,双方当事人均未上诉。

 **案例思考**

本案例中,省食药局经行政检查后在网站上通报 G 公司产品不合格的行为是否合法?

### (三) 案例三:资中县 Y 工业有限责任公司诉原内江市环境保护局环境保护行政处罚案[①]

资中县 Y 工业有限责任公司(以下简称 Y 公司)位于长江支流沱江流域,是内江市废水国家重点监控企业及四川省水环境重点排污单位。2018 年 3 月,四川省岷、沱江流域水污染防治强化督查组会同内江市环境执法支队对 Y 公司进行现场检查时,发现该公司位于废水总排污口的在线监测设备未按每两小时一次开展自动取样监测采集数据,取样泵损坏已不能正常使用,固定采样管道不能采样,在线监测设备已不能实时监控排放废水水质情况,自动监控所测数据明显失真。经采样检测,当日化学需氧量、总磷的排放浓度分别超过排放限值 1.61 倍、1.05 倍。原内江市环境保护局经立案调查和听证程序,依法对 Y 公司作出罚款 70 万元的行政处罚决定。Y 公司不服,提起行政诉讼,请求撤销该行政处罚决定。

四川省威远县人民法院一审认为,Y 公司发现在线监测设备显示的化学需氧量

---

① 案例来源:https://www.chinacourt.org/article/detail/2020/05/id/5195789.shtml。

超标、仪器无法采到水样后,未按规定及时通知运维人员检修、查找问题并向环境监管部门报告,对自动监测设备出现的异常情况持放任的态度,构成以不正常运行水污染防治设施等逃避监管的方式排放水污染物。原内江市环境保护局综合考量 Y 公司存在 12 个月内连续实施环境违法行为的从重处罚情形,污染物排放浓度非一般性超标,以及该公司能够配合执法,超标排放行为尚未造成严重后果等因素,依照《水污染防治法》第三十九条、第八十三条之规定,在法律规定的裁量范围内对 Y 公司作出罚款 70 万元的行政处罚决定,适用法律正确,过罚相当。一审判决驳回 Y 公司的诉讼请求。

 **案例思考**

本案例中,原内江市环境保护局在行政检查后综合考量 Y 公司违法行为、该公司能够配合执法等因素作出的行政处罚决定合法吗?

二维码 8-3
拓展阅读:
郝庄派出所:
全面开展辖区
麻将馆、棋牌室
等场所专项
检查行动

二维码 8-4
视频资料:
《24 小时》报道
黄冈市食品
监督管理局
执法人员"依法
抢劫"事件

## 二 相关理论知识

行政检查的原则,大致可以包括以下几个方面。

(1)依法检查原则。依法检查原则要求行政检查权的设定和实施,都符合法律的明确规定。依法检查原则是行政检查的首要原则,包括行政检查主体合法、目的合法、程序合法、手段合法等内容。

(2)公开公正原则。所谓公开原则,就是指行政检查的各个环节应当尽可能地向行政相对人和社会公开,自觉接受监督。公开原则有利于提高行政检查的透明性,防止暗箱操作。当然,公开原则也要求对国家秘密、商业秘密及个人隐私给予保护。而公正原则要求行政主体在实施行政检查过程中办事公道,不徇私情,平等对待各方当事人。

(3)合乎比例原则。行政检查具有很大的裁量空间,因此,行政检查除了应当符合合法性原则的要求外,还应当符合合乎比例原则的要求。合乎比例原则要求行政检查权的设定和实施适度、合乎情理,对行政相对人可能造成的损害不得大于检查行为所能实现的公共利益,不得给行政相对人造成不必要的负担。比如,针对物的检查,涉及行政相对人的财产权益,通过抽检能够达到检查目的的,应当进行抽样检查。

(4)特别保护原则。行政检查涉及公民、法人和其他组织的广泛权利,对于多数权利来说,需要依法检查、公开公正、合乎比例等原则加以保护,但对涉及人格尊严的权利,还需要遵循特别保护原则并采取相应保护措施。比如,我国《治安管理处罚法》第八十七条第二款规定:"检查妇女的身体,应当由女性工作人员进行。"同时,该条第一款还规定:"……对确有必要立即进行检查的,人民警察经出示工作证件,可以当场检查,但检查公民住所应当出示县级以上人民政府公安机关开具的检查证明文件。"

## 三 案例分析

### (一)案例一分析

从依法检查是行政检查的原则之一的相关理论知识可知:《盐业管理条例》作为规范盐业管理领域的行政法规,对违反该条例的行为设定了相应的行政处罚,但对盐业公司之外的其他企业购买经营工业用盐的行为没有设定行政处罚,地方性法规不能对该行为设定行政处罚,盐业行政主管部门不能超出《盐业管理条例》规定的给予行政处罚行为的范围作出行政处罚决定。故原新泰市盐务局依据地方性法规对 H 公司作出的行政检查行为及行政处罚决定不合法。盐资源作为关系到国计民生的重要物资,盐业行政主管部门应当依法依规对相关生产、经营活动进行监管,深化"放管服"改革,满足市场和企业发展需求。

### (二)案例二分析

根据相关理论知识可知:公开公正原则是行政检查的原则之一。在本案中,被告省食药局履行自己进行食品安全监测和评估、检验、公布食品安全信息的法定职责,对 G 公司进行的行政检查的各个环节均尽可能向行政相对人和社会公开,针对检查结果,其主动向社会公布检验信息,自觉接受监督,其在其网站上公布的名单并未扩大原告实际抽检产品范围,符合法定程序。虽然 G 公司强调抽检产品应适用经备案的企业标准,但食药监督部门严格执法,认定抽检产品不合格,主张该产品系《食品安全法》定义之食品,已公布实施强制性国家标准,生产企业必须执行。人民法院对此予以支持,在判决中明确指出企业标准中关于汞含量的限量指标要求不符合国家标准,不能对抗国家强制性标准的效力。故浙江省湖州市食品药品监督管理局在网站上通报 G 公司产品不合格的行为合法。

综上所述,本案是维护市场安全、公众健康的典型案例。繁荣的市场必须是安全的、以人为本的市场。特别是流通中的食品药品质量,直接关乎人民群众的生命健康,必须严格执行相关国家标准。即使是经过备案的企业标准,也必须服从国家强制性标准。可以说,行政审判职能的充分发挥,对于维护市场安全、保护公众健康,促进行政机关依法严格管控食品药品的生产、销售等各个环节具有积极的现实意义。

### (三)案例三分析

根据相关理论知识可知:行政检查应当符合合乎比例原则的要求。在本案中,Y公司作为重点监控企业,对企业污染物排放的自我监测履责不到位,对自我监测中存在的问题听之任之并造成污染超标排放。环保监管部门针对Y公司的处罚决定,坚持处罚与教育相结合,既考虑存在从重情节,在法律规定的幅度范围内从重处罚,同时也考虑违法行为人的配合执法表现、未造成严重后果等因素,没有顶格处罚,过罚相当,是遵循行政检查合乎比例原则的做法。

本案系排污企业因违反环境监测管理规定受到环保监管部门行政处罚引发的行政诉讼案件。环境监测是环境管理的"哨兵",是环境监管最重要的基础性和前沿性工作。排污者自我监测是环境监测体系的重要组成部分,是弥补政府监测机构和社会第三方监测力量不足的重要方式。人民法院依法支持环保监管部门的严格执法和合理裁量行为,体现司法支持依法行政的力度和保护行政相对人合法权益的温度,有利于警示排污企业自我约束、诚实守信,严格执行自我监测规范和标准,不弄虚作假,确保监测过程规范和监测数据真实,同时自觉接受环保部门监管,共同促进长江流域水体质量和生态环境的有效改善。故原内江市环境保护局在行政检查后综合考量Y公司违法行为,以及该公司能够配合执法等因素作出的行政处罚决定是合法的。

## 第三节 行政检查的程序

### 一 相关案例

#### (一)案例一:贝某某诉海宁市公安局交通警察大队道路交通管理行政处罚案[①]

原告贝某某诉称:其驾驶浙F1158J汽车(以下简称案涉车辆)靠近人行横道时,行人已经停在了人行横道上,故不属于"正在通过人行横道"情形。而且,案涉车辆经过的西山路系海宁市主干道路,案发路段车流很大,路口也没有红绿灯,如果只要人行横道上有人,机动车就停车让行,会在很大程度上影响通行效率。所以,其可以在确保通

---

① 案例来源:https://www.chinacourt.org/article/detail/2017/11/id/3085735.shtml。

行安全的情况下不停车让行而直接通过人行横道,故不应该被处罚。海宁市公安局交通警察大队(以下简称海宁交警大队)作出的编号为3304811102542425的公安交通管理简易程序处罚决定违法,请求撤销海宁交警大队作出的行政处罚决定。

被告海宁交警大队辩称:行人已经先于原告驾驶的案涉车辆进入人行横道,而且正在通过,案涉车辆应当停车让行;如果行人已经停在人行横道上,机动车驾驶人可以示意行人快速通过,行人不走,机动车才可以通过;否则,构成违法。对贝某某作出的行政处罚决定事实清楚,证据确实充分,适用法律正确,程序合法,请求判决驳回贝某某的诉讼请求。

法院经审理查明:2015年1月31日,贝某某驾驶案涉车辆沿海宁市西山路行驶,遇行人正在通过人行横道,未停车让行。海宁交警大队执法交警当场将案涉车辆截停,核实了贝某某的驾驶员身份,适用简易程序向贝某某口头告知了违法行为的基本事实、拟作出的行政处罚、依据及其享有的权利等,并在听取贝某某的陈述和申辩后,当场制作并送达了公安交通管理简易程序处罚决定书,给予贝某某罚款100元,记3分。贝某某不服,于2015年2月13日向海宁市人民政府申请行政复议。3月27日,海宁市人民政府作出行政复议决定书,维持了海宁交警大队作出的处罚决定。贝某某收到行政复议决定书后于2015年4月14日起诉至浙江省海宁市人民法院。

浙江省海宁市人民法院于2015年6月11日作出〔2015〕嘉海行初字第6号行政判决,驳回贝某某的诉讼请求。宣判后,贝某某不服,提起上诉。浙江省嘉兴市中级人民法院于2015年9月10日作出〔2015〕浙嘉行终字第52号行政判决驳回上诉,维持原判。

法院生效裁判认为,首先,人行横道是行车道上专供行人横过的通道,是法律为行人横过道路时设置的保护线,在没有设置红绿灯的道路路口,行人有从人行横道上优先通过的权利。机动车作为一种快速交通运输工具,在道路上行驶具有高度的危险性,与行人相比处于强势地位,因此必须对机动车在道路上行驶时给予一定的权利限制,以保护行人。其次,认定行人是否"正在通过人行横道"应当以特定时间段内行人一系列连续行为为标准,而不能以某个时间点行人的某个特定动作为标准,特别是在该特定动作不是行人在自由状态下自由地做出,而是由于外部的强力原因迫使其不得不做出的情况下。案发时,行人以较快的步频走上人行横道线,并以较快的速度接近案发路口的中央位置,当看到贝某某驾驶案涉车辆朝自己行走的方向驶来,行人放慢了脚步,以确认案涉车辆是否停下来,但并没有停止脚步,当看到案涉车辆没有明显减速且没有停下来的趋势时,才为了自身安全不得不停下脚步。如果此时案涉车辆有明显减速并停止行驶,则行人肯定会连续不停止地通过路口。可见,在案发时间段内行人的一系列连续行为充分说明行人"正在通过人行横道"。最后,机动车和行人穿过没有设置红绿灯的道路路口属于一个互动的过程,任何一方都无法事先准确判断对方是否会停止让行,因此处于强势地位的机动车在行经人行横道遇行人通过时应当主动停车让行,而不应利用自己的强势迫使行人停步让行,除非行人明确示意机动车先通过,这既是法律的明确规定,也是保障作为弱势一方的行人安全通过马路、减少交通事故、保障生命安全的现代文明社会的内在要求。

综上,贝某某驾驶机动车行经人行横道时遇行人正在通过而未停车让行,违反了《道路交通安全法》第四十七条的规定。海宁交警大队根据贝某某的违法事实,依据法律规定的程序在法定的处罚范围内给予相应的行政处罚,事实清楚,程序合法,处罚适当。

**案例思考**

本案例中,海宁交警大队执法交警对贝某某的执法检查行为是否符合法定程序?

### (二)案例二:黄冈食品药品监督执法人员"依法抢劫"事件①

2016年12月24日,湖北电视台《新闻360》栏目播出了这样一条调查新闻——在黄冈市黄州区,一位食品药品监督管理局(以下简称食药监局)执法人员在执法过程中,以"样品调查"为由,从一家小商店一次性拿走了36瓶食用油。由于这位执法人员没有提供产品质量存在问题的确实依据,面对如此执法,商店负责人情急之下说:"你这是抢劫!"面对商户的质疑,这位执法人员语出惊人:"我就是抢劫,我是依法抢劫!"

对不出示执法文件的质疑,执法人员表示:"人在屋檐下,岂能不低头。"黄冈市食药监局官员表示,抽样检查应当出票购买,而不能随意搬拿。

商店负责人说,黄州区食药监局的执法人员像这样进店直接拿走商品,已经不是第一次了,这一次要拿走的实在太多。直到他说已经拨打了新闻热线,这几名执法人员才放下商品离开。《新闻360》记者经过核实得知,视频中说这些话的工作人员名叫张某,是黄州区食药监局执法人员。记者找到黄冈市黄州区食药监局。得知记者来意,一位王书记并不愿意解释。无奈之下,记者找到黄冈市食药监局,该局食品稽查局一位舒局长表示,按照规定,抽样检查一般是出票购买样品。

黄州商城是黄州城区最大的农贸市场,最近多家商户都接到了黄州区食药监局执法人员开出的罚单。不仅是在黄州商城,在黄州城区经营粮油超市的林师傅,在11月也因为店内被发现有一桶过期食用油,收到黄冈市黄州区食药监局开出的罚单。记者了解到,这些罚单很多都是黄州区食药监局执法人员进店检查时,发现过期商品开出的,罚款金额并没有一定标准,商户们很不理解。11月,有商户通过当地媒体的行风热线反映这个问题,黄冈市食药监局也曾作过公开的官方回应。按照这位领导给出的官方回应,这类非主观故意的行为,并且没有销售出去的,实际操作中是免于处罚的。但实际上,黄州区食药监局执法人员,小到一袋过期胡椒,大到一桶过期食用油,统统开出罚单,少则几千,多则上万。对小商户罚款随意,对大商家同样照罚不误。作为黄冈地区最大的粮油供应商,荆楚粮油湖北黄冈公司下属公司将一批即将过期的大米召回仓库存放,已经入库等待处理,可当时黄州区食药监局的执法人员出现,开出66万的重磅罚单。面对天价罚单,荆楚粮油湖北黄冈公司申请行政复议,黄冈市人民政府于2016年1月撤销了黄州区食药监局的行政处罚决定。但是,之后这批价值12万元的大米仍然被黄州区食药监局扣押。

---

① 资料来源:https://baijiahao.baidu.com/s?id=1554682973044859&wfr=spider&for=pc。

**案例思考**

本案例中,黄州区食药监局食品稽查局执法人员的执法程序是否合法?其抽检的样品取样数量是否具有合理性和必要性?

## 二 相关理论知识

行政检查主要包括如下程序。

(1)立案管辖。立案管辖是关于行政机关行政检查权限范围的制度。行政检查关涉行政相对人的人身、财产权益,涉及隐私、声誉等与人身和财产密切相关的权益,因此,必须自始至终强调程序和过程的重要性。行政主体实施行政检查必须规范立案工作,以克服行政检查的随意性,严格管辖制度以防止超越职能权限的行政检查。行政检查权应当以法定检查事项为限;行政检查事项一般都以一定的区域范围为限;行政检查应当遵守法定权限内容。

(2)告知说明。行政主体实施行政检查,应当首先向行政相对人表明身份,而不能事后亮出证件。对于不具有相应公务身份要求的行政检查行为,行政相对人有权拒绝。而且,除当场检查必须出示工作证件外,当场检查公民住所还必须出示检查证明文件,非当场实施的行政检查也必须出示有权机关开具的检查证明文件。另外,对有关实物、场所实施检查时,应当通知行政相对人到场实行公开检查。行政主体实施行政检查应当说明实施检查的目的、法律依据等,并告知行政相对人所享有的各项程序性权利。

二维码 8-5
拓展阅读:
河北:企业拒绝
环保检查
后果很严重

(3)陈述申辩。在行政检查过程中,行政主体应当听取行政相对人的陈述和申辩,对于行政相对人和其他行政检查利害关系人的陈述和申辩,行政主体应当予以记录并归入案卷。

(4)说明理由。行政主体作出行政检查决定,应当以书面形式告知行政相对人,以及其他的行政检查利害关系人,并说明理由,包括作出行政检查决定的事实依据和法律根据。这个主要是防止检查主体滥用权力,损害当事人的合法权益。行政检查主体没有充分理由,不得采取强制措施。

(5)行政救济。因为行政检查具有很强的侵益性,随时可能会影响到行政相对人的权益,所以应当为行政相对人提供行政救济的途径,包括行政复议、行政诉讼、行政赔偿等。除了事后的救济,还应当引入申诉、听证、异议、拒检等事中救济措施。比如,根据我国《税收

二维码 8-6
拓展阅读:
行政规章之
《广东省行政
检查办法》

征收管理法》第五十九条的规定,税务机关派出的人员进行税务检查时,未出示税务检查证和税务检查通知书的,被检查人有权拒绝检查。

## 三 案例分析

### (一)案例一分析

根据相关理论知识可知,行政检查的程序包括立案管辖、告知说明、陈述申辩、说明理由、行政救济等。

在本案中,贝某某驾驶机动车行经人行横道时遇行人正在通过而未停车让行,违反了《道路交通安全法》第四十七条的规定。海宁交警大队根据贝某某的违法事实,依据法律规定的程序在法定的处罚范围内给予相应的行政处罚,事实清楚,程序合法,处罚适当。故海宁交警大队执法交警对贝某某的执法检查行为符合法定程序。

### (二)案例二分析

在本案中,"依法抢劫"式执法,表面上抢走的是商户待售商品,实则是抢走了本应规范、廉洁的执法形象,扭曲了执法秩序,折损政府公信力。根据相关理论知识以及湖北省食品药品监督管理局印发的《关于加强食品药品执法规范化建设的意见》可知:明确要求执法人员依法公开执法依据信息。而黄州区食药监局执法人员没有明确的依据证明小店的食用油存在质量问题,也没有出票购买,而是直接拿走店主的私有财产,抽检依据严重缺失。黄州区《关于加强食品药品执法规范化建设的意见》提出:"严格依据法定程序和时限开展执法活动,必须按照法律法规规定的方法、步骤开展工作,并对行为实施的过程、内容予以记录,不得擅自简化、变更法定程序。"而案例中执法人员的"抽检"行为与此规定严重不符。

故黄州区食药监局食品稽查局执法人员的执法程序不合法,执法人员抽检的样品取样数量也不具有合理性和必要性。本案中执法人员抽检行为的程序不合法,一是涉嫌执法程序错误,不能按照食药监局执法抽检的程序要求,说明需要抽检的具体理由、出示相关文件而实施抽检;二是超越样品取样数量的合理和必要性,从一家小商店一次性拿走36瓶食用油,明显涉嫌乱执法;三是未按照食药监总局《食品安全抽样检验管理办法》第十六条的规定,支付食品安全监督抽检和风险监测抽取样品的费用。食药监局抽查样品是有付费要求的,不能给受检方增加额外负担。另根据通报内容,该执法人员未穿制服进行日常监督执法检查,也违反了《食品药品监督管理人员执法着装风纪及监督管理办法》。

我国《食品药品行政处罚程序规定》第三条明确提出:"食品药品监督管理部门实施行政处罚,遵循公开、公平、公正的原则,做到事实清楚、证据确凿、程序合法、法律法规规章适用准确适当、执法文书使用规范。"本案中监管人员开出的罚单没有一定标准,主观意愿非常强,没有按照法律法规进行合理、公正处罚。同时法律规定,对于企业已经将即将过期的食品召回存放,不在经营区域的,责令经营者自行销毁,免于处罚,执法人员却开出 66 万的重磅罚单。且该案例中,张某表述了"依法抢劫"等诸多不当言论,严重损害了执法人员的形象。随意搬拿经营者物品,执法行为不文明,违背了执法规范的要求,应该受到法律的制裁。执法是实施法律的行为,执法部门和工作人员是法律的实施者、捍卫者,必须严格按照立法机关根据民意和理性事先制定的法律来进行,这是现代法治国家行政活动的一条最基本原则。"依法抢劫"不仅歪曲了政府执法的正当性、严肃性,违法违规,知法犯法,还以权谋私,欺凌百姓,严重割裂政府与民众的关系,折损政府公信力。

二维码 8-7
第八章自测题

二维码 8-8
第八章自测题
参考答案

# 第九章

## 行政处罚

# 第一节 行政处罚及其种类

## 一 相关案例

### （一）案例一：南昌市某医院超标排放水污染物案①

2020 年 7 月 16 日，南昌市生态环境局执法人员对南昌市某医院进行现场检查，江西省南昌生态环境监测中心现场对该单位废水总排口进行取样监测，经现场调查，发现该单位污水排入红谷滩新区污水处理厂。检测报告显示该单位外排废水中检测到粪大肠菌群含量为 16000 MPN/l，超过了《医疗机构水污染物排放标准》(GB 18466—2005)中预处理标准(5000 MPN/l)。

2020 年 7 月 21 日，执法人员再次对该单位进行现场检查，查明该单位 6 月份总用水量为 1373 吨，平均每日用水 45.7 吨，每月用水量相当，7 月 16 日处理废水量为 45 吨，低于 200 吨/日，并现场告知超标情况，该单位表示认可。根据检查结果，执法人员于 2020 年 7 月 21 日下达洪环责改字〔2020〕1004 号责令改正违法行为决定书，责令该单位立即停止违法行为，废水达标排放；依案件办理程序，于 2020 年 9 月 2 日召开环境行政处罚案件审理委员会会议，经集体审议，决定对该单位依法作出罚款 20.1 万元的行政处罚；2020 年 9 月 3 日，南昌市生态环境局对该单位下达行政处罚事先(听证)告知书，告知其陈述、申辩和听证权，执法人员将文书直接送达该单位。该单位未提出陈述、申辩意见，也未在规定期限要求举行听证，视为放弃陈述、申辩的权利。2020 年 9 月 24 日，南昌市生态环境局向该单位下达罚款 20.1 万元的行政处罚决定书，执法人员将文书直接送达该单位。

 案例思考

如何理解本案中某医院被行政处罚的问题？

---

① 案例来源:http://sthjj.nc.gov.cn/ncgbj/xzcfa/202111/b6e63599254d4b708ae7eb29b3a823b9.shtml。

## （二）案例二：丹阳市某商行被责令停产停业案①

2021年底，丹阳市市场监督管理局在对丹阳市某粮油制品商行经营场所进行检查时，发现该商行经营场所地面污秽不洁，且有流浪动物在场所内活动，有发生食品安全事故的潜在风险，该局遂于当日责令该商行于规定期限内改正违法行为，并对其该项违法行为给予警告行政处罚。但至规定的整改期限届至，该商行现场环境仍然脏乱不洁，且也未按其经营者承诺予以停产，仍然在从事油品的灌装生产活动。该局遂予以立案调查。经查，该商行于2019年至2021年间，多次因经营场所环境脏乱问题被该局以当场行政处罚决定书、责令改正通知书等形式处警告行政处罚，被责令改正等。该商行往往短期即予整改，但难以长期保持，鉴于该商行在历次检查中因环境脏乱多次被处警告，被责令改正，但整改后多次反复，其行为属情节严重，丹阳市市场监督管理局遂决定责令其立即停止违法行为，并处罚款和责令停产停业15日的行政处罚。

案例思考

本案例中，丹阳市市场监督管理局对该商行的行政处罚认定事实是否清楚，适用法律是否正确？

## 二 相关理论知识

二维码 9-1
法律条文：
《中华人民共和国
行政处罚法》

### （一）行政处罚的概念

按照我国《行政处罚法》的规定，行政处罚是指行政机关依法对违反行政管理秩序的公民、法人或者其他组织，以减损权益或者增加义务的方式予以惩戒的行为。同时，《行政处罚法》还规定，法律、法规授权的具有管理公共事务职能的组织可以在法定授权范围内实施行政处罚。所以，行政处罚可概括为，特定的行政主体依法对违反行政管理秩序而尚未构成犯罪的行政相对人所给予的行政制裁。

---

① 案例来源：https://m.sohu.com/a/524475718_247712?_trans_=010004_pcwzy。

## （二）行政处罚的种类

根据我国《行政处罚法》第九条的规定，行政处罚种类包括以下六种。

(1) 警告、通报批评。这属于"声誉罚"，是对违法者的名誉、信誉或精神上的利益造成一定损害的行政处罚。凡是对违法者名誉以及精神上的利益施加不利影响的，都属"声誉罚"这种行政处罚。

(2) 罚款、没收违法所得、没收非法财物。这属于"财产罚"，是使被处罚人的财产权利和利益受到损害的行政处罚。罚款是指行政主体强制被处罚人缴纳一定罚款的处罚。它是实践中比较常用的一种处罚形式。没收违法所得、没收非法财物，则是指行政主体把被处罚人的违法所得和非法财物的财产所有权予以最终剥夺的处罚形式。这里需要注意的是，违法所得和非法财物才是处理对象，与违法行为中的合法所得与合法财物不可混淆。比如，某图书商家购进一批盗版书籍，成本为5000元，加价5000元后以1万元卖出，其非法所得，是加价的5000元，还是1万元？我们认为，无论是从行为的违法属性上看，还是从处罚目的上看，都应当认定违法所得是1万元。但是，如果一个商家卖正版书籍收入5000元，卖盗版书籍收入5000元，总共1万元的现金放在一块，处罚中就只能没收售卖盗版书籍的5000元，因为售卖正版书籍那5000元是合法所得。

二维码 9-2
视频资料：
遛狗不拴绳
被行政处罚

(3) 暂扣许可证件、降低资质等级、吊销许可证件。这属于"资格罚"。显然，这几种都是以剥夺或限制被处罚人的资格为内容的处罚。这种行政处罚剥夺或限制行为人从事某一方面的特定活动的权利。

(4) 限制开展生产经营活动、责令停产停业、责令关闭、限制从业。这属于"责令作为或不作为罚"。这种处罚，直接要求被处罚人作出某种行为或不得作出某种行为，实际上是科以义务，因此，也可以被称为义务罚。

二维码 9-3
视频资料：
松江一女子
多次不配合
测核酸被
行政处罚

(5) 行政拘留。这属于"人身自由罚"，是行政主体在一定期限内剥夺违法相对人人身自由的行政处罚，也是最为严厉的一种行政处罚。

(6) 法律、行政法规规定的其他行政处罚。

## 三 案例分析

### （一）案例一分析

根据相关理论知识可知：罚款这种让违法相对人交纳一定金钱的处罚，是实践中比较常用的一种行政处罚形式。

本案中，该医院将超标的医疗废水排入红谷滩新区污水处理厂的行为违反《水污染防治法》，该法第三十六条规定："含病原体的污水应当经过消毒处理；符合国家有关标准后，方可排放。"第八十三条又规定："违反本法规定，有下列行为之一的，由县级以上人民政府环境保护主管部门责令改正或者责令限制生产、停产整治，并处十万元以上一百万元以下的罚款；情节严重的，报经有批准权的人民政府批准，责令停业、关闭……（二）超过水污染物排放标准或者超过重点水污染物排放总量控制指标排放水污染物的……"

本案中，执法人员的采样检测和现场执法行为在程序和实体上都做到了依法依规，并有相关证据佐证，充分体现了行政处罚中掌握违法事实的重要性，执法人员在对该单位进行处罚过程中，严格遵循了执法决定法制审核的要求。执法人员依照相关法律规定和法定程序对该单位处以罚款 20.1 万元，该案严格依法开展查处工作，做到了事实清楚、证据确凿、法律适用正确。

### （二）案例二分析

根据相关理论知识可知：限制开展生产经营活动、责令停产停业、责令关闭、限制从业属于"责令作为或不作为罚"。这种处罚直接要求被处罚人作出某种行为或不得作出某种行为，实际上是科以义务。

本案例中，该商行在丹阳市市场监管局监督检查有发生食品安全事故的潜在风险的情况下，特别是在被给予警告后，未在责令改正的期限内积极进行整改，现场环境仍然脏乱不洁，上述行为违反了《食品生产经营日常监督检查管理办法》第二十四条、《食品安全法》第三十三条第一款第（一）项之规定，依据《食品生产经营日常监督检查管理办法》第三十条、《食品安全法》第一百二十六条第一款、《食品安全法实施条例》第六十七条第一款第（五）项、第二款之规定，同时鉴于该商行在历次检查中因环境脏乱多次被警告、被责令改正，但整改后存在反复，其行为属情节严重，应责令其立即停止违法行为，并处罚款和责令停产停业。配合做好食品安全监督抽检工作，是食品经营户的法定义务。如果拒绝、阻挠、干涉有关部门、机构及其工作人员依法开展食品安全监督检查，市场监管部门将依据《食品安全抽样检验管理办法》《食品安全法》的规定予以处罚。食品安全并不只是要求食品本身质量达到安全标准，其整个生产过程也应符合法律的规定。故丹阳市市场监督管理局对该商行处以罚款并责令停产停业的行政处罚认定事实清楚，适用法律正确。

## 第二节 行政处罚的原则

### 一 相关案例

（一）案例一：周某某不服镇江市公安局交通巡逻警察支队沪宁高速公路大队行政处罚案①

2007年4月9日6时许，周某某驾驶轻型厢式货车在运输途中因载物超过定载质量，被江苏省沭阳县公安局交通巡逻警察大队处罚200元；10时因驾驶安全设施不全的机动车，被江苏省宝应县公安局交通巡逻警察大队处罚200元。同日14时许，周某某从扬州往镇江方向行驶至扬溧高速57千米处，遇镇江市公安局交通巡逻警察支队沪宁高速公路大队的执勤民警例行检查，再次因超载被罚款2000元。周某某不服，认为镇江市公安局交通巡逻警察支队沪宁高速公路大队的行政处罚违反了"一事不再罚"原则，遂向江苏省镇江市润州区人民法院提起行政诉讼，要求撤销镇江市公安局交通巡逻警察支队沪宁高速公路大队作出的对其罚款2000元的行政处罚决定。江苏省镇江市润州区人民法院审理后认为，周某某因违法超载被沭阳县公安局交通巡逻警察大队处罚后，继续超载行驶，直至被镇江市公安局交通巡逻警察支队沪宁高速公路大队执勤民警查处，属于在不同的时间、不同的行为地实施的违法超载行为，视为其又实施了新的违法行为，镇江市公安局交通巡逻警察支队沪宁高速公路大队对其上述新的违法超载行为进行处罚，不属于对同一违法行为给予两次罚款的行政处罚。据此，一审法院判决维持镇江市公安局交通巡逻警察支队沪宁高速公路大队对周某某作出罚款2000元的公安行政处罚决定。周某某不服一审判决，上诉至江苏省镇江市中级人民法院。二审法院审理后依法作出"驳回上诉，维持原判"的终审判决。

---

① 案例来源：https://mip.66law.cn/laws/60090.aspx? ivk_sa=1024320u。

**案例思考**

本案例中,江苏省镇江市公安局交通巡逻警察支队沪宁高速公路大队对周某某违法超载行为的再次罚款是否违反了"一事不再罚"原则?

(二)案例二:处罚与教育相结合案①

申请人请求:依法撤销被申请人在全国12315互联网平台作出的办理结果,重新作出答复。

申请人称,根据《广告法》第十七条"除医疗、药品、医疗器械广告外,禁止其他任何广告涉及疾病治疗功能,并不得使用医疗用语或者易使推销的商品与药品、医疗器械相混淆的用语"的规定,申请人认为该商家打出的广告属于直接宣传其产品能降低胆固醇、助消化、预防便秘、止渴利尿、保护心脏等效果,属于严重虚假宣传,欺骗误导消费者,已经造成危害后果,亦没有消除危害后果。

被申请人称,接到投诉举报平台转来的申请人的举报后,立即安排工作人员对举报内容进行了调查核实,给该公司下达了责令改正通知书,要求其在广告宣传中停止使用"降低胆固醇、助消化、预防便秘、止渴利尿、保护心脏"等虚假的宣传用语,该公司也及时对其经营网店的广告宣传用语进行了规范,消除了违法行为。被申请人认为该公司在广告宣传中虽存在违法行为,但鉴于其为返乡大学生创业创办企业,主要经营项目为农副产品销售,作为该地农民增收的主导产业,目前存在价格低迷、销售不畅的实际情况,同时,在调查过程中该公司积极配合,及时改正违法行为。根据《行政处罚法》第六条"实施行政处罚,纠正违法行为,应当坚持处罚与教育相结合,教育公民、法人或者其他组织自觉守法"的规定,结合该公司已改正了违法行为,被申请人故未再对该公司进行其他行政处罚。

 **案例思考**

本案例中,被申请人在全国12315互联网平台作出的办理结果是如何体现处罚与教育相结合原则的?

---

① 案例来源:https://mp.weixin.qq.com/s/rrw6No9KY0ysx-x7NUm0lg。

## 二 相关理论知识

行政处罚应该遵循的原则对于指导和规范国家行政机关实施行政处罚具有直接而积极的意义。

### （一）处罚法定原则

处罚法定原则，主要包括以下三个方面的意思。

(1)实施处罚的主体法定。行政处罚由有行政处罚权的行政机关在法定职权范围内实施，不具有有关法定职权的行政机关不能实施特定的行政处罚。法律、法规授权的具有管理公共事务职能的组织，可以在法定授权范围内实施行政处罚。受委托组织在委托的范围内以委托行政机关的名义实施行政处罚，并由委托的行政机关对行政处罚行为的后果承担法律责任。

(2)处罚依据法定，即"法无明文规定不可罚"。处罚依据应限于法律、法规及合法的规章这三种形式。根据《行政处罚法》的规定，法律可以设定各种类型的处罚，行政法规、地方性法规及规章可在一定范围内设定行政处罚。如果法规、规章超过设定范围设定处罚，不得以此为依据实施行政处罚。

(3)处罚程序合法。即行政处罚设定不但要求实体合法，而且要求程序合法。

### （二）公开、公正原则

《行政处罚法》中明确规定，行政处罚遵循公正、公开的原则。

(1)公正原则强调的是"过罚相当"，具体是指给予行政处罚，必须以事实为根据，以法律为准绳。要查明违法事实，以事实为根据，没有违法事实，不得给予处罚。给什么处罚，要以法律为准绳，与违法行为的事实、性质、情节以及社会危害程度相当，就是说行政相对人的违法行为越严重，对应在法定处罚权限范围内给予的处罚就越重，不得滥罚。

(2)公开原则主要有两层意思，一是有关行政处罚的规定要公布，使公民事先了解，没有公开，公民就不知道怎样是违法了，所以凡是需要公民遵守的，就要事先公布，未经公布的，不得作为行政处罚的依据；二是对违法者依法给予行政处罚要公开，这便于人民群众进行监督，也有利于对广大公民进行教育。

### （三）处罚与教育相结合原则

处罚与教育相结合原则，是指行政处罚不仅是制裁行政违法行为的手段，而且也起着教育的作用，是教育人们遵守法律的一种形式，也就是说，处罚是手段，而不是目

二维码 9-4
视频资料：
海丰交警处罚与教育相结合

的。行政处罚的实施中，不得为罚而罚或简单处罚了事，还必须与教育相结合。行政处罚的教育作用主要通过对违法行为的纠正表现出来。为此，《行政惩罚法》第六条规定，行政处罚"应当坚持处罚与教育相结合，教育公民、法人或者其他组织自觉守法"；第二十八条又强调，"行政机关实施行政处罚时，应当责令当事人改正或者限期改正违法行为"。这些条款体现的都是处罚与教育并行的要求。

### （四）一事不再罚原则

《行政处罚法》第二十九条明确规定："对当事人的同一个违法行为，不得给予两次以上罚款的行政处罚。同一个违法行为违反多个法律规范应当给予罚款处罚的，按照罚款数额高的规定处罚。"

二维码 9-5
阅读资料：
论治安管理处罚法中的教育与处罚相结合原则

（1）行为人的一个行为，同时违反了两个以上法律、法规的规定，可以给予两次以上的处罚，但如果处罚是罚款，则罚款只能一次，另一次处罚可以是警告、吊销营业执照或许可证，也可以是责令停产停业，或者没收等，但不能再罚款了。

（2）行为人的一个行为，如果违反了一个法律、法规规定，但该法律、法规同时规定实施处罚机关可以并处两种处罚，比如，可以没收并处罚款，罚款并处吊销营业执照等，这种并处也不违背一事不再罚原则。

（3）行为人的违法行为构成犯罪，依法还应给予行政处罚的，仍然可以适用行政处罚。

### （五）行政相对人救济权利保障原则

二维码 9-6
阅读资料：
行政处罚中"一事不再罚"原则的适用与例外

行政相对人救济权利保障原则强调的是，在行政处罚的实施中必须对行政相对人的权利予以充分保障。被处罚人对行政主体实施的行政处罚，拥有获得法律救济的权利，包括陈述权、申辩权、申请行政复议权、提起行政诉讼权和获得行政赔偿权等。这在《行政处罚法》第七条中予以了明确规定："公民、法人或者其他组织对行政机关所给予的行政处罚，享有陈述权、申辩权；对行政处罚不服的，有权依法申请行政复议或者提起行政诉讼。公民、法人或者其他组织因行政机关违法给予行政处罚受到损害的，有权依法提出赔偿要求。"

## 三 案例分析

### （一）案例一分析

根据相关理论知识可知：一事不再罚原则指的是对当事人的同一个违法行为，不得给予两次以上罚款的行政处罚。

"一事"是指行为人的同一违法行为或违法事实。同一个违法行为是指行为人在一个特定的时间和空间下，作出的同一个违反行政法律规范的行为。它具有以下特征：其一，同一个违法行为的实施主体是同一违法行为人；其二，同一个违法行为是指一个违法事实而非一次违法事件；其三，同一个违法行为是指该违法行为的整体而非一部分；其四，同一个违法行为是指一个独立的违法行为而非一类违法行为。

"不再罚"主要是指对行政相对人的同一个违法行为不得给予两次以上的处罚。一般情况下，"不再罚"应包括以下两层含义：一是已经被行政机关处罚的同一个行政违法行为不应根据同一法律规定再受处罚，但因屡犯而受到多次处罚的除外；二是同一个应受行政处罚的行为不能由几个行政机关依据同一法律规定而处罚，但对于同一个违法行为触犯不同法律规定的则可予以不同处罚，只不过不能处以两次以上的罚款处罚。

根据我国相关法律法规的规定，下列几种情形不适用一事不再罚的原则：① 行政机关针对同一个违法行为重新作出的行政处罚决定；② 行政处罚的并处，法律规定行政处罚主体可以并处两种处罚的，则不属于重复处罚；③ 行政处罚的换罚，主要是行政机关对违法行为人的一种处罚由于客观原因而难以实现，可以更换另一强度相当的处罚形式；④ 行政处罚与执行罚的并处。

本案例中对行政相对人的再次罚款不属于重复处罚，周某某驾驶货车经沭阳、宝应到镇江的运输途中，一直处于违法超载的持续状态，属于持续性的行政违法行为。其在沭阳县因违法超载被沭阳县公安局交通巡逻警察大队处以罚款200元后，本应及时纠正违法行为、消除超载违法状态，但其并未及时改正，仍然驾驶严重超载的车辆继续行驶到镇江，其继续超载行驶的行为已经构成了一个新的违法行为，且系与沭阳县公安局交通巡逻警察大队处的行政违法行为性质相同的同一类违法行为，交通管理部门对这个新的同一类违法行为可以再行处罚。镇江市公安局交通巡逻警察支队沪宁高速公路大队将周某某在因违法超载行为被沭阳县公安局交通巡逻警察大队行政处罚后继续实施的同一类违法行为作为一个新的违法行为予以罚款处罚，不属于对同一个违法行为的重复处罚，并未违反一事不再罚的原则。

## （二）案例二分析

根据相关理论知识可知：行政处罚的实施中，不得为罚而罚或简单处罚了事，还必须与教育相结合。

本案例中，被申请人接到投诉举报平台转来的申请人的举报后给该公司下达了责令改正通知书，要求该公司在广告宣传中停止使用"降低胆固醇、助消化、预防便秘、止渴利尿、保护心脏"等虚假的宣传用语。该公司随后也及时对其经营网店的广告宣传用语进行了规范，消除了违法行为。被申请人在全国12315互联网平台作出的办理结果，认定事实清楚，证据充分，适用依据正确，程序合法，内容适当。

当公权力机关对公民或法人的违法行为作出行政处罚时，应当具体结合其违法实际，注重处罚与教育相结合，不能摒弃谦抑的原则或理念。否则，属适用法律不当。因此，被申请人在全国12315互联网平台作出的办理结果符合处罚与教育相结合原则要求。

## 第三节　行政处罚的管辖与适用

### 一　相关案例

（一）案例一：吴淞海关的行政处罚管辖权争议案①

再审申请人杭州J印花有限公司（以下简称J公司）诉被申请人中华人民共和国上海吴淞海关（以下简称吴淞海关）行政处罚一案，上海市第二中级人民法院于2016年7月7日作出〔2016〕沪02行初16号行政判决，驳回J公司的诉讼请求。J公司不服提起上诉后，上海市高级人民法院于2016年11月9日作出〔2016〕沪行终641号行政判决，驳回上诉，维持一审判决。J公司仍不服，在法定期限内向法院申请再审。

---

① 案例来源：http://xzfy.hbue.edu.cn/dc/3b/c6026a187451/page.htm。

J 公司向法院申请再审,请求撤销一、二审法院判决,撤销被诉处罚决定。主要理由为:第一,案涉被处罚行为发生于 2008 年 3 月至 2009 年 3 月,上海海关缉私部门于 2009 年 4 月 1 日刑事立案,浦东机场海关于 2011 年 11 月 15 日行政立案,并于 2013 年 4 月 11 日移送吴淞海关处理,明显超过行政处罚时效;第二,吴淞海关对本案不具有行政处罚管辖权;第三,吴淞海关第一次组织听证后,因作出处罚决定证据不足又重新调查取证并组织第二次听证,且因本案处罚金额高达 185 万余元,吴淞海关也未提交相关经集体讨论的证据,属程序违法;第四,再审申请人提交的银行对账单等证据能够证明案涉货物实际交易价格与低价发票相符且与高价发票不符,吴淞海关仅对比 22 票中相应 5 票信息即不予认为低价发标反映的实际交易价格,属认定事实错误;第五,吴淞海关处罚金额计算方式不符合法律规定,且未作出合理说明,属于作出行政处罚没有法律依据。

被申请人吴淞海关向法院提出意见,请求驳回 J 公司的再审申请。主要理由为:第一,被申请人系于 1986 年 6 月经海关总署批准设立,隶属于中华人民共和国上海海关,因案涉走私的 22 票进口货物中有 20 票货物进口口岸为被申请人处,依法对本案走私行为具有管辖权;第二,本案系经刑事立案后转为行政处理,被申请人作出被诉处罚决定前依法履行事先告知、听证、复核并经内部集体讨论等,程序合法;第三,案涉证据能够充分证明 J 公司存在伪报价格偷逃税款的事实,经海关总署向日本海关调取离案发时间最近的 5 票货物从日本海关出口的出关信息,能够证明与查获的高价发票信息完全一致,且 J 公司提供的低价发票与其进口申报时所附发票也不完全一致,J 公司在调查中称货物出口商日本天间公司给予其 10%~30% 的优惠,但经比对其提供的发票价格差远超 30%,属自相矛盾;第四,案涉进口纸品已通关放行无法没收,被申请人依法按照偷逃税款占应缴税款比例作出追缴等值价款的从轻处罚决定,过罚相当。

 **案例思考**

本案例中,吴淞海关是否具有本案行政处罚管辖权?

**(二)案例二:洪洞县公安局的行政处罚管辖权争议案**[①]

2019 年 4 月 18 日 21 时 51 分左右,"春狩"行动期间,洪洞县公安局巡逻防暴警察大队在负责人李某某副政委的带领下,对临汾市尧都区滨江娱乐城大门东边二层办公室宿舍进行治安清查,在清查中发现 211 宿舍有卖淫嫖娼行为,遂将违法嫌疑人王某某、刘某某带回洪洞县公安局进行调查,王某某、刘某某存在卖淫嫖娼违法行为的事

---

① 案例来源:https://wenshu.court.gov.cn/website/wenshu/181107ANFZ0BXSK4/index.html?docId=509826fb41914f7ca79cabae000035e9。

实。洪洞县公安局巡警防暴警察大队受理治安案件后,经传唤、询问、调查,认为事实清楚,证据充分,根据《治安管理处罚法》《公安机关办理行政案件程序规定》等相关规定,对王某某作出行政拘留 15 日并处罚款 5000 元的处罚,罚款已于 2019 年 4 月 22 日缴纳,行政拘留措施已于 2019 年 5 月 5 日执行完毕。洪洞县公安局于 2019 年 4 月 19 日作出洪公行罚决字〔2019〕001046 号行政处罚决定书。

另查明,2019 年 4 月 8 日,临汾市公安局作出临公指管字〔2019〕006 号指定管辖决定书,内容为:经对"1·28"专案案件的管辖问题进行审查,根据《公安机关办理刑事案件程序规定》第二十条之规定,决定由洪洞县公安局管辖。

王某某不服洪洞县公安局作出的治安案件行政处罚决定,向一审法院提起诉讼,认为洪洞县公安局对其涉嫌行政违法行为没有管辖权和处罚权。

 **案例思考**

本案例中,王某某认为洪洞县公安局对于该起治安处罚案件没有管辖权和处罚权主张是否成立?

## 二 相关理论知识

### (一)行政处罚的管辖

行政处罚的管辖是指某个行政违法案件由哪个享有行政处罚权的主体来受理和实施处罚,也就是处罚实施主体之间的权限分工。在我国的《行政处罚法》中,确定了行政处罚管辖的三种情形。

(1)地域管辖。也就是违法行为发生地的行政机关管辖。《行政处罚法》第二十二条规定:"行政处罚由违法行为发生地的行政机关管辖。法律、行政法规、部门规章另有规定的,从其规定。"它表明,不论违反行政管理秩序的行政相对人归属于哪一地,只要违法行为发生在该地,便由该地的行政机关管辖。

(2)级别管辖。也就是县级以上行政机关管辖。《行政处罚法》第二十三条规定:"行政处罚由县级以上地方人民政府具有行政处罚权的行政机关管辖。法律、行政法规另有规定的,从其规定。"第二十四条又规定:"省、自治区、直辖市根据当地实际情况,可以决定将基层管理迫切需要的县级人民政府部门的行政处罚权交由能够有效承接的乡镇人民政府、街道办事处行使,并定期组织评估。决定应当公布。"这表明,并不是违法行为发生地的所有行政机关都有行政处罚案件的管辖权,一般情况下,只有县级以上的行政机关具有管辖权。特殊情况下,乡镇人民政府、街道办事处也可以进行行政处罚。

(3)指定管辖。这主要是由于共同管辖的存在而产生的,一般来说,两个以上行政机关都有处罚管辖权的,应该由最先立案的行政机关管辖。但有的时候还是会存在管辖争议,所以《行政处罚法》第二十五条第二款规定:"对管辖发生争议的,应当协商解决,协商不成的,报请共同的上一级行政机关指定管辖;也可以直接由共同的上一级行政机关指定管辖。"也就是说,可以由管辖争议主体的共同上一级行政机关指定一方进行行政处罚。

二维码 9-7
拓展阅读:
违法停车到底该由谁来管

## (二)行政处罚的适用

行政处罚的适用,主要强调的是三种情况:一是什么情况应该处罚;二是什么情况下应该不处罚;三是什么情况下应该从轻或减轻处罚。

(1)应受处罚的要件。

什么情况应该要处罚呢?

首先,必须已经实施了违法行为,行政相对人违法的事实已经客观存在。

其次,行政相对人违法行为属于违反行政法律规范的性质,因为行政处罚只能针对违反行政法律规范的行为,且实施违法行为的人是具有责任能力的行政管理相对人。

二维码 9-8
拓展阅读:
仁东控股财务造假案　公司拟被罚 150 万元

再次,依法应当受到处罚。也就是说,只有法律明确规定应当受处罚的违法行为,才能适用行政处罚。

最后,符合行政处罚的追诉时效要求。按照《行政处罚法》的规定,违法行为在两年内未被发现的,不再给予行政处罚;涉及公民生命健康安全、金融安全且有危害后果的,上述期限延长至五年。法律另有规定的除外。

(2)不予处罚的规定。

接下来我们看看什么情况下应该不处罚。在《行政处罚法》第三十条、三十一条和三十三条中,规定了不予处罚的情形:一是不满十四周岁的未成年人有违法行为的;二是精神病人、智力残疾人在不能辨认或者不能控制自己行为时有违法行为的;三是违法行为轻微并及时改正,没有造成危害后果的。

二维码 9-9
视频资料:
《海南省生态环境行政处罚裁量基准规定》
不予处罚的情形

(3)从轻或减轻处罚。

最后,我们来看看什么情况下应该要从轻或减轻处罚。

从轻处罚是指在行政处罚的法定种类和幅度内,适用较轻的种类或处罚的下限给予处罚,但不得低于法定处罚幅度的最低限度。减轻处罚是指在法定处罚的最低限以下给予处罚。根据《行政处罚

二维码 9-10
阅读资料:
不予行政处罚的法理——围绕《行政处罚法》第三十三条而展开

法》的规定,从轻或减轻处罚适用于以下情况:一是已满十四周岁不满十八周岁的未成年人有违法行为的;二是尚未完全丧失辨认或者控制自己行为能力的精神病人、智力残疾人有违法行为的;三是主动消除或者减轻违法行为危害后果的;四是受他人胁迫或者诱骗实施违法行为的;五是主动供述行政机关尚未掌握的违法行为的;六是配合行政机关查处违法行为有立功表现的;七是法律、法规、规章规定其他应当从轻或者减轻行政处罚的。

## 三 案例分析

### (一) 案例一分析

根据相关理论知识可知:一般而言,不论违反行政管理秩序的行政相对人归属于哪一地,只要违法行为发生在该地,便由该地的行政机关管辖。

本案例中,由于案涉货物进口口岸主要发生在吴淞海关,即吴淞海关依法属于主要违法行为发生地海关。《行政处罚法》第二十条规定:"行政处罚由违法行为发生地的县级以上地方人民政府具有行政处罚权的行政机关管辖。法律、行政法规另有规定的除外。"同时,《海关行政处罚实施条例》第三条第一款规定:"海关行政处罚由发现违法行为的海关管辖,也可以由违法行为发生地海关管辖。"上海海关缉私部门根据检察机关要求,于 2011 年 11 月 8 日将案件移交浦东机场海关处理,浦东机场海关于 2011 年 11 月 15 日作为行政案件立案后,基于吴淞海关系案涉交易纸品主要进口口岸,由吴淞海关调查取证和作出相应处理,有其行政便宜性,故又于 2013 年 4 月 11 日移送吴淞海关处理,吴淞海关具有本案行政处罚管辖权。

### (二) 案例二分析

跟上一个案例的情况类似,我们知道,行政处罚主要就是由违法行为发生地的有管辖权的行政机关进行管辖。

本案例中,王某某与刘某某的违法行为发生地和违法行为结果地均为临汾市尧都区。根据行政管辖权法定原则,县级以上地方人民政府公安机关对违反治安管理的行政违法行为的处罚权由法律规定,治安案件的管辖由国务院公安部门决定。《行政处罚法》第二十二条规定:"行政处罚由违法行为发生地的行政机关管辖。法律、行政法规、部门规章另有规定的,从其规定。"同时,《公安机关办理行政案件程序规定》第十条也规定:"行政案件由违法行为地的公安机关管辖。由违法行为人居住地公安机关管辖更为适宜的,可以由违法行为人居住地公安机关管辖,但是涉及卖淫、嫖娼、赌博、毒品的案件除外。违法行为地包括违法行为发生地和违法结果发生地……",根据该规定,对涉及卖淫、嫖娼的行政违法案件,只能由违法行为地的公安机关管辖。

依照上述法律、法规，洪洞县公安局仅对其辖区内发生的涉嫌卖淫、嫖娼行政违法行为具有处罚权，本案违法行为发生地和违法行为结果地均为临汾市尧都区，该起治安案件依法应由尧都区公安分局管辖。洪洞县公安局提供的临公指管字〔2019〕006号指定管辖决定书仅能证明其对滨江娱乐城专案具有刑事侦查管辖权，不能证明对王某某涉嫌卖淫、嫖娼治安案件具有行政处罚的管辖权，故洪洞县公安局述称基于上级机关指定取得管辖权的辩解意见不能成立。综上，洪洞县公安局对于王某某在临汾市尧都区滨江娱乐城涉嫌的行政违法行为没有治安管理处罚管辖权，其作出的行政处罚决定超越管辖职权，依法应予撤销。

## 第四节　行政处罚程序

### 一　相关案例

#### （一）案例一：某道路交通违法处罚程序争议案[①]

2018年11月17日15时11分，刘某某驾驶桂A×××××牌号小型轿车途经G80线广昆高速430KM+700M南宁往玉林方向处时，被广西壮族自治区公安厅交警总队高速公路管理支队十四大队检测到其以88 km/h速度行驶通过，该处限制车速为60 km/h。根据南宁市××支队提供的当时电子设备拍摄到刘某某行驶至该处时的两张照片，第一张照片顶端显示"2018-11-17,15:11:23:770,限速值:60 km/h,超速行驶目标车辆速度88 km/h,超速比46.7%"，第二张照片顶端显示"2018-11-17,15:11:23:900,限速值:60 km/h,超速行驶目标车辆速度88 km/h,超速比46.7%"。照片中，桂A×××××牌号小型轿车特征清晰、明显，刘某某驾驶的机动车辆前进方向右侧摆放有限速牌，标注限速60 km/h。

2019年4月11日，刘某某到南宁市××支队××大队处理上述行为。同日，南宁市××支队对刘某某作出编号4501001192961930的公安交通管理简易程序处罚决定书，主要内容为："被处罚人:刘某某;车辆牌号:桂A×××××;车辆类型:小型轿车。被处罚人于2018年11月17日15时11分，在G80线广昆高速430KM+700M南宁往玉林方向，实施驾驶中型以上载客载货汽车、校车、危险物品运输车辆以外的其

---

[①] 案例来源：http://tingshen.court.gov.cn/live/4793146。

他机动车违法行为(代码:73010),违反了《道路交通安全法》第四十二条的规定,根据《道路交通安全法》第九十条、第一百一十四条、《广西壮族自治区道路交通安全条例》第七十三条第一款的规定,决定处以 200 元罚款。根据《机动车驾驶证申领和使用规定》记 3 分。"南宁市××支队当场将处罚决定书送达刘某某,刘某某在处罚决定书上签名签收。

刘某某收到处罚决定后不服,向一审法院提起诉讼。刘某某在对该处罚的诉讼中特别提出了交警部门适用简易程序处罚违反法定程序的问题。刘某某认为,根据《行政处罚法》第三条、第三十三条、第三十六条的规定和第八届全国人民代表大会第四次会议上《关于〈中华人民共和国行政处罚法(草案)〉的说明》,以及《道路交通安全法》第一百零七条和〔2009〕行他字第 9 号《最高人民法院关于交通警察支队的下属大队能否作为行政处罚主体等问题的答复》第三条的表述,行政处罚的简易程序是指并且仅指当场作出处罚决定的程序,当场是指并且仅指在违法行为发生的时间和违法行为发生的地点,而被告交警部门被诉的行政处罚决定并非当场作出,因此,不符合适用简易程序的法定情形,属于违反法定程序。

 案例思考

本案例中,刘某某认为该交警支队适用简易程序处罚违反法定程序的问题是否成立?

## (二)案例二:黄某某、何某某、何某诉四川省成都市金堂工商行政管理局行政处罚案[①]

原告黄某某、何某某、何某称:被告四川省成都市金堂工商行政管理局(以下简称金堂工商局)行政处罚行为违法,请求人民法院依法撤销成工商金堂处字〔2005〕第 02026 号行政处罚决定书,返还电脑主机 33 台。

被告金堂工商局辩称:原告违法经营行为应当受到行政处罚,对其进行行政处罚的事实清楚、证据确实充分、程序合法、处罚适当;所扣留的电脑主机是 32 台而非 33 台。

法院经审理查明:2003 年 12 月 20 日,四川省金堂县图书馆与原告何某某之夫黄某某联办多媒体电子阅览室。经双方协商,由黄某某出资金和场地,每年向金堂县图书馆缴管理费 2400 元。2004 年 4 月 2 日,黄某某以其子何某的名义开通了 ADSL84992722(期限到 2005 年 6 月 30 日),在金堂县赵镇桔园路一门面房挂牌开业。4 月中旬,金堂县文体广电局市场科以整顿网吧为由要求其停办。经金堂县图书馆与黄某某协商,金堂县图书馆于 5 月中旬退还黄某某 2400 元管理费,摘除了"金堂县图

---

① 案例来源:https://www.court.gov.cn/shenpan-xiangqing-4219.html。

书馆多媒体电子阅览室"的牌子。2005年6月2日,金堂工商局会同金堂县文体广电局、金堂县公安局对原告金堂县赵镇桔园路门面房进行检查时发现,金堂实验中学初一学生叶某、杨某、郑某和数名成年人在上网游戏。原告未能出示网络文化经营许可证和营业执照。在告知了董某等三人有陈述、申辩的权利后,金堂工商局按照《互联网上网服务营业场所管理条例》第二十七条"擅自设立互联网上网服务营业场所,或者擅自从事互联网上网服务经营活动的,由工商行政管理部门或者由工商行政管理部门会同公安机关依法予以取缔,查封其从事违法经营活动的场所,扣押从事违法经营活动的专用工具、设备"的规定,以成工商金堂扣字〔2005〕第02747号扣留财物通知书决定扣留原告的32台电脑主机。何某某对该扣押行为及扣押电脑主机数量有异议遂诉至法院,认为实际扣押了其33台电脑主机,并请求撤销该扣留财物通知书。2005年10月8日,金堂县人民法院作出〔2005〕金堂行初字第13号行政判决书,维持了成工商金堂扣字〔2005〕第02747号扣留财物通知书,但同时确认金堂工商局扣押了何某某33台电脑主机。同年10月12日,金堂工商局以原告的行为违反了《互联网上网服务营业场所管理条例》第七条、第二十七条的规定作出了成工商金堂处字〔2005〕第02026号行政处罚决定书,决定"没收在何某某商业楼扣留的从事违法经营活动的电脑主机32台"。

四川省金堂县人民法院于2006年5月25日作出〔2006〕金堂行初字第3号行政判决:撤销成工商金堂处字〔2005〕第02026号行政处罚决定书;金堂工商局在判决生效之日起30日内重新作出具体行政行为;金堂工商局在本判决生效之日起15日内履行超期扣留原告黄某某、何某某、何某的电脑主机33台所应履行的法定职责。宣判后,金堂工商局向四川省成都市中级人民法院提起上诉。成都市中级人民法院于2006年9月28日以同样的事实作出〔2006〕成行终字第228号行政判决,撤销一审行政判决第三项,对其他判项予以维持。

### 案例思考

本案例中,金堂工商局在作出处罚决定前只告知黄某等三人有陈述、申辩的权利,而没有告知听证权利,是否违反了法定程序?

## 二 相关理论知识

行政处罚的实施程序,主要包括简易程序、一般程序和听证程序。简易程序是普通程序的简便化,一般程序是正常情况下适用的行政处罚程序,听证程序是普通程序的复杂化。

### (一)简易程序

简易程序,也可以称为当场处罚程序,是指行政处罚主体对于事实清楚、情节简单、后果轻微的违反行政管理秩序的行为,当场给予处罚的程序。《行政处罚法》第五十一条规定:"违法事实确凿并有法定依据,对公民处以二百元以下、对法人或者其他组织处以三千元以下罚款或者警告的行政处罚的,可以当场作出行政处罚决定。法律另有规定的,从其规定。"这意味着,适用简易程序的行政处罚案件必须符合三个条件:一是违法事实确凿,即违法事实简单、清楚,证据充分,没有异议;二是对这种违法行为实施处罚有法定依据,即必须是法律、法规和规章明文规定可以处罚的;三是处罚较轻,这里强调对个人处以 200 元以下的罚款或者警告,对组织处以 3000 元以下罚款或者警告。

所以,简易程序不是没有程序或不要程序。《行政处罚法》第五十二条规定,行政处罚主体实施行政处罚采用简易程序,必须遵循以下程序规则:"执法人员当场作出行政处罚决定的,应当向当事人出示执法证件,填写预定格式、编有号码的行政处罚决定书,并当场交付当事人。当事人拒绝签收的,应当在行政处罚决定书上注明。行政处罚决定书应当载明当事人的违法行为,行政处罚的种类和依据、罚款数额、时间、地点,申请行政复议、提起行政诉讼的途径和期限以及行政机关名称,并由执法人员签名或者盖章。执法人员当场作出的行政处罚决定,应当报所属行政机关备案。"

二维码 9-11
视频资料:
东阳简易程序
行政处罚案例

### (二)一般程序

行政处罚的一般程序,也叫作普通程序,是指简易程序和听证程序以外的行政处罚程序。一般程序适用于三类案件:一是处罚较重的案件,即对个人处以警告和 200 元以下罚款之外的行政处罚,以及对法人或者其他组织处以警告和 3000 元以下罚款之外的行政处罚案件;二是情节复杂的案件,也就是需要经过调查才能搞清楚的处罚案件;三是当事人对执法人员给予当场处罚的事实认定有分歧,而无法作出行政处罚决定的案件。

行政处罚的一般程序,大致包括五个步骤。

(1)调查取证。除依法可以当场给予行政处罚的外,行政主体在作出行政处罚决定前,必须全面、客观、公正地调查,收集有关证据,必要时,依照法律、法规的规定,可以进行检查,以便查明行政相对人有无违法的事实。在违法事实未经查实之前,行政机关不能对任何人施以行政处罚,即使作出了行政处罚,也是无效的行政处罚。调查取证是作出处罚决定的前提和根据,也是查明认定违法事实的程序,它是一般程序必不可缺的部分。行政机关发现公民、法人或者其他组织有依法应当给予行政处罚的行为的,必须全面、客观、公正地调查,收集有关证据。行政机关在进行调查或者进行检查时,执法人员不得少于2人,并应当向当事人或者有关人员出示证件。当事人或者有关人员应当如实回答询问,并协助调查或者检查,不得阻挠。如果执法人员与当事人有直接利害关系,还应当主动回避。

(2)告知处罚事实、理由、依据和有关权利。《行政处罚法》中明确规定,行政机关在作出行政处罚决定之前,应当告知当事人拟作出的行政处罚内容及事实、理由、依据,并告知当事人依法享有的陈述、申辩、要求听证等权利。

(3)听取陈述、申辩或举行听证。这里强调的是当事人有权进行陈述和申辩。而且《行政处罚法》规定,行政机关必须充分听取当事人的意见,对当事人提出的事实、理由和证据,应当进行复核;当事人提出的事实、理由或者证据成立的,行政机关应当采纳。行政机关不得因当事人陈述、申辩而给予更重的处罚。如果当事人要求听证,并且该案符合听证条件的,还应举行听证会。

(4)作出处罚决定。在前述调查取证等程序结束后,行政机关负责人应当对调查结果进行审查,根据不同情况,分别作出如下决定。

① 确有应受行政处罚的违法行为的,根据情节轻重及具体情况,作出行政处罚决定。

② 违法行为轻微,依法可以不予行政处罚的,不予行政处罚。

③ 违法事实不能成立的,不予行政处罚。

④ 违法行为涉嫌犯罪的,移送司法机关。而且,正常情况下,行政机关应当自行政处罚案件立案之日起90天内作出行政处罚决定。

(5)送达处罚决定书。《行政处罚法》第六十一条规定,行政处罚决定书应当在宣告后当场交付当事人;当事人不在场的,行政机关应当在7日内依照《民事诉讼法》的有关规定,将行政处罚决定书送达当事人。

二维码 9-12
拓展阅读:
105 次违章后领万元罚单透视杜宝良事件标本意义

### (三)听证程序

听证的实质含义就是听取利害关系人的意见,从而保证行政机关公正地行使行政权。行政处罚主体在作出行政处罚决定之前,在非本案调查人员的主持下,举行听证会。听证会由该案的调查人员和拟被行政处罚的当事人参加,当事人可以陈述、申辩以及与调查人员辩论。当然,严格地说,听证程序不是与简易程序、一般程序相并列的第三种程序，而是一般程序中的一个中间环节。这里可以把听证作为一种特别程序对待。

(1)听证的适用条件。

根据《行政处罚法》的规定，听证一般适用于处罚较重的行政处罚案件，包括：较大数额罚款；没收较大数额违法所得、没收较大价值非法财物；降低资质等级、吊销许可证件；责令停产停业、责令关闭、限制从业；其他较重的行政处罚等。当然，只有在当事人要求听证的情况下，行政机关才可以提供听证。

(2)听证的具体程序。

① 当事人要求听证的，应当在行政机关告知后 5 日内提出。

② 行政机关应当在举行听证的 7 日前，通知当事人及有关人员听证的时间、地点。

③ 除涉及国家秘密、商业秘密或者个人隐私依法予以保密外，听证公开举行。

④ 听证由行政机关指定的非本案调查人员主持，当事人认为主持人与本案有直接利害关系的，有权申请回避。

⑤ 当事人可以亲自参加听证，也可以委托 1~2 人代理。

⑥ 当事人及其代理人无正当理由拒不出席听证或者未经许可中途退出听证的，视为放弃听证权利，行政机关终止听证。

⑦ 举行听证时，调查人员提出当事人违法的事实、证据和行政处罚建议，当事人进行申辩和质证。

⑧ 听证应当制作笔录。笔录应当交当事人或者其代理人核对无误后签字或者盖章。当事人或者其代理人拒绝签字或者盖章的，由听证主持人在笔录中注明。听证结束后，行政机关应当根据听证笔录，依照《行政处罚法》第五十七条的规定，作出决定。

二维码 9-13 阅读资料：《行政处罚听证程序的立法缺陷与法治化回应》

## 三 案例分析

### (一)案例一分析

根据相关理论知识可知：行政处罚的简易程序是指行政处罚主体对于事实清楚、情节简单、后果轻微的违反行政管理秩序的行为，当场给予处罚的程序。

根据《道路交通安全法》第一百零七条及《最高人民法院关于交通警察支队的下属大队能否作为行政处罚主体等问题的答复》的规定中可知，法律没有规定按照简易程序作出决定的时间、地点等时空边界,且其表述主要是"可以当场作出行政处罚决定",即简易程序是可以当场作出处罚决定,也可以事后作出处罚决定的。况且,要求所有按照简易程序所作处罚决定都必须当场作出,也不符合客观实际。例如,超速行驶、闯红灯、不按道路交通标志和标线行驶等违法行为的处罚,一方面,对违法行为发生证据的采集与固定,不可能完全由路面执勤交警即时完成,而依据交通技术监控设备采集与固定证据,从数据的采集、记录到数据的传送、固定,客观上,证据的形成与违法行为的发生存在时间差。另一方面,要求对前述违法行为的处罚决定都必须当场作出,将耗费巨大的警力资源,这与我国国情不符。

因此,本案例中,刘某某将简易程序狭隘地理解为只有"当时"和"当地"作出处罚决定一种情形,是片面的,不符合立法本义。案涉处罚决定书对刘某某处以罚款200元,适用简易程序并无不当,因此南宁市××支队作出的案涉公安交通管理简易程序处罚决定书程序合法。

## (二)案例二分析

根据相关理论知识可知:听证的实质含义就是听取利害关系人的意见,从而保证行政机关公正地行使行政权。根据《行政处罚法》的规定,听证一般适用于处罚较重的行政处罚案件,包括:较大数额罚款;没收较大数额违法所得、没收较大价值非法财物;降低资质等级、吊销许可证件;责令停产停业、责令关闭、限制从业;其他较重的行政处罚等。

为了保证行政相对人充分行使陈述权和申辩权,保障行政处罚决定的合法性和合理性,对没收较大数额财产的行政处罚应当根据《行政处罚法》第六十三条的规定适用听证程序。本案中关于没收较大数额的财产标准应比照《四川省行政处罚听证程序暂行规定》第三条"本规定所称较大数额的罚款,是指对非经营活动中的违法行为处以1000元以上,对经营活动中的违法行为处以20000元以上罚款"中对罚款数额的规定。因此,金堂工商局没收黄某某等三人33台电脑主机的行政处罚决定,应属没收较大数额的财产,是对黄某某等三人的利益产生重大影响的行为,金堂工商局在作出行政处罚前应当告知被处罚人有要求听证的权利。本案中,金堂工商局在作出处罚决定前只按照行政处罚一般程序告知黄某某等三人有陈述、申辩的权利,而没有告知听证权利,违反了法定程序,依法应予撤销。

二维码 9-14
第九章自测题

二维码 9-15
第九章自测题
参考答案

# 第四篇
## 权利救济篇

# 第十章

## 行政复议

## 第一节 行政复议及其原则

### 一 相关案例

#### （一）案例一：林某某不服杭州市萧山区教育局不予行政许可申请行政复议案①

申请人：林某某

被申请人：杭州市萧山区教育局

行政复议机关：杭州市萧山区人民政府

申请人对被申请人作出的不予教育行政许可决定书不服，向行政复议机关申请行政复议。

申请人认为，申请人申请材料齐全，符合法定形式，办学条件符合要求，应当予以许可；高考复读具有现实的需求，申请人举办面向高考复读生民办学校的商业风险由申请人承担，被申请人在行政许可层面不应以申请人的商业风险大作为不予行政许可的理由。

被申请人认为，申请人申请的高复班教学行政许可不符合当地教育发展的需要。近年来，本区的高中录取率均在95%以上，且从2008年开始本区开设高复班的民办学校已无生存市场、早已退出市场，同时申请人办学场所所在的街道也无该类学校的教育规划布局，经被申请人多方调查并经集体研究，认为该次申请不符合当地教育发展需求，故作出不予许可决定。

行政复议机关经审理查明，申请人于2018年7月9日向被申请人提交行政许可申请，请求举办一家办学层次为"16周岁以上成人或非成人文化课培训"的民办学校，主要招收高考复读学生。2019年9月26日被申请人作出不予教育行政许可决定书，认为申请人举办培训学校有符合规定的场所和教学管理人员，有必备的办学资金，但进行高复班教学，不符合当地教育发展的需求，违反《民办教育促进法》第十一条的规定，依照《行政许可法》第三十八条和《民办教育促进法》第十八条的规定，决定不予许可。

---

① 案例来源：http://www.zj.gov.cn/art/2020/6/4/art_1229215392_272.html。

案例思考

本案例中,行政复议机关应如何处理此问题?

(二)案例二:某科技有限公司不服某区人力资源和社会保障局作出工伤认定决定案[①]

某科技有限公司的员工李某声称其于2021年1月12日上班期间在公司周转仓摔伤,次日请假自行前往珠海市某区人民医院就诊,诊断其为右尺骨鹰嘴骨折。2021年1月19日,李某向某区人力资源和社会保障局提出工伤认定申请,某区人力资源和社会保障局于2021年3月16日作出认定工伤决定书。某科技有限公司认为,李某在受伤当天并未向公司说明其发生工伤事故及其受伤程度、时间、地点、过程,无其他员工目睹其受伤经过,请假时未向其主管说明是在公司内受伤,结合李某工作内容及环境,并不存在受伤的可能性,某区人力资源和社会保障局认定李某伤情是于2021年1月12日在公司上班时发生并作出认定工伤的决定错误。故某科技有限公司向某区人民政府申请行政复议。

某区人力资源和社会保障局在向复议机关提交的复议答复书中主张,根据李某提供的证据材料及调查情况证实,李某于2021年1月12日正常上班,上班期间未离开公司,受伤前搬运过较大件的物品,某区人力资源和社会保障局多次联系公司提交当天的监控录像,但某科技有限公司一直未提供,虽然某科技有限公司不认为是工伤,但并未提交相应的证据材料,故某区人力资源和社会保障局作出认定工伤决定书认定事实清楚,程序合法,适用法律依据正确,请求复议机关依法予以维持。

 案例思考

本案例中,行政复议机关应如何处理?

## 二 相关理论知识

(一)行政复议的特征

行政复议是指公民、法人或其他组织认为行政主体的具体行政行为侵犯其合法权

---

[①] 案例来源:http://www.jinwan.gov.cn/zhjwsfj/gkmlpt/content/2/2990/post_2990157.html#2497。

二维码 10-1
法律条文：
《行政复议法》

益，依法向行政复议机关提出复查该具体行政行为的申请，行政复议机关依法定程序对被申请的具体行政行为进行合法性、适当性审查，并作出复议决定的一种法律制度。

行政复议有以下特征。

(1)行政复议是一种依申请的行政行为。作为一种权利救济制度的行政复议，是基于公民、法人或其他组织的权利保护请求而启动的制度，而不是行政主体依职权启动的制度。简而言之，没有行政相对人的申请行为，行政复议作为监控行政权的一种法律制度就不可能发挥其内在功能。

(2)行政复议所处理的是行政争议。这里的争议主要是指行政主体在行政管理过程中，因实施具体行政行为而与行政相对人发生的争议，这种争议的核心是这个行政行为是否合法、适当。行政复议不解决民事争议，如果行政主体实施解决民事争议的具体行政行为，这种行为就不是行政复议，而是行政调解或行政裁决。

二维码 10-2
视频资料：
普法小课堂——
什么是行政复议

(3)行政复议是一种行政机关内部监督和纠错的制度。也就是说，行政复议是由行政系统内部的行政机关，对下级或者所属的行政机关的具体行政行为所实施的一种监督和纠错行为，它显然不同于法院通过行政诉讼，审查行政机关作出的具体行政行为的司法审查制度。

### (二)行政复议的原则

按照我国《行政复议法》第四条的规定，行政复议机关履行行政复议职责，应当遵循合法、公正、公开、及时、便民的原则。

(1)合法原则。合法原则是所有行政权行使时应该遵循的一项基本原则，是依法行政的基本要求，行使行政复议权也要遵循合法原则。此项原则要求行政复议机关依法受理复议案件，按照法定职权和程序审理复议案件，作出复议决定的依据应当合法，做到以事实为依据，以法律为准绳。

(2)公正原则。公正原则要求复议机关应当平等地对待申请人和被申请人，要求复议机关不仅仅审查具体行政行为的合法性，而且审查其合理性，公平对待不同的申请人。在《行政复议法》中，确定复议机关的选择机制、被申请人可以要求停止具体行政行为的执行等规定，都体现了公正原则。

(3)公开原则。公开原则要求行政复议活动应当公开进行，复议案件的受理、调查、审理、决定等一切活动，都应该尽可能地向当事人及社会公开，使社会各界了解复议活动的基本情况。具体来说，因为行政复议主要实行书面审理，所以复议公开主要表现为：复议程序对当事人的公开和开放；申请人可以依法查阅被申请人提出的书面答复以及作出具体行政行为的证据和依据;复议决定及其依据的公开。《行政复议法》第二十三条第二款也有相关规定:"申请人、第三人可以查阅被申请人提出的书面答复、作出具体行政行为的证据、依据和其他有关材料,除涉及国家秘密、商业秘密或者个人隐私外,行政复议机关不得拒绝。"

(4)及时原则。及时原则是行政效率原则在行政复议中的具体要求,是指行政复议机关应当在法律规定的期限内,尽快完成复议案件的审查,并及时作出行政复议决定。《行政复议法》第十七条明确规定,"行政复议机关收到行政复议申请后,应当在五日内进行审查",并及时告知申请人结果;第二十三条规定,复议机构应当自行政复议申请受理之日起 7 日内,将行政复议申请书副本或行政复议申请笔录复印件发送被申请人;第三十一条规定,行政复议机关应当自受理之日起 60 日内作出复议决定。类似这样的时效规定,体现了行政复议的及时原则。

(5)便民原则。行政复议是权利救济的一项措施,但不是唯一的,这项制度是否能够深入人心、被大家所认可,其中一个关键就是是否便民,是否能节省时间、精力、费用等成本。所以,便民原则就要求复议机关在行政复议中应努力创造条件,为申请人提供方便,更不能刁难复议申请人。比如,行政复议机关应当在法定范围内为当事人提供进行复议活动的便利条件。具体来说,比如对不能提供书面申请的行政相对人,允许其以口头方式向复议机关提出复议申请,由复议机关工作人员记录,再请申请人签字,把它作为行政相对人正式提出的申请材料。

## 三 案例分析

### (一)案例一分析

根据相关理论知识可知:行政复议应当遵守合法原则和公正原则。

其一,本案中,被申请人对高复班和民办学校这两者加以区别缺少法律依据。申请人向被申请人申办的是民办学校,虽然主要招生对象为高考复读学生,但相关申请材料均为民办学校申请材料,被申请人在没有法律依据的情况下,认为高复班与民办学校是存在区别的,并在行政许可过程中设置了不同的标准。而事实上高复班仅仅是一个称谓,并无相关法律、法规或规范性文件对高复班教学作出专门定义或特别规定。在法无明文规定的情况下,被申请人应严格按照申请人申请的"16 周岁以上成人或非成人文化课培训"民办学校进行许可审查,而不应戴着有色眼镜进行特殊对待。

其二,被申请人认为申请人举办高复班不符合该地区的教育发展,理由有以下几点:一是该地区近年高考录取率逐年上升,对于高考复读的需求很少;二是所在街道并无该类学校的教育规划布局;三是高复班教学于 2008 年开始因生源不足无生存市场。但该地区并无禁止或限制高复班教学的规定,被申请人的上述理由均不能证明申请人举办案涉民办学校不符合该地区的教育发展需求,故其被申请人不予许可的理由无法成立。

故复议机关应该认定,被申请人以申请人申请设立学校不符合当地教育发展需要为由不予许可,依据不足,即确认被申请人不予许可的理由不能成立。可以根据《行政复议法》第二十八条第一款第(三)项、《行政复议法实施条例》第四十五条之规定,撤销被申请人作出的不予教育行政许可决定书,并责令被申请人在收到复议决定书之日起三个月内重新作出决定。

## (二)案例二分析

本案中,员工与用人单位对于工伤认定的意见相左,根据相关理论知识以及《广东省工伤保险条例》第十四条第三款规定可知:职工或者其近亲属、工会组织认为是工伤,用人单位不认为是工伤的,由用人单位承担举证责任。用人单位在处理员工工伤案件时,应当主动作为、积极举证,否则将依法承担举证不利的法律后果。某科技有限公司在工伤调查及复议调查阶段均无法提供证据材料。显然,复议机关可根据事实依据和法律依据,作出维持工伤认定的复议决定。当然,另一种思考也可以是:在此情况下,复议机关若仅仅依法作出维持工伤认定的复议决定,极有可能无法取得当事人的理解并引发后续的行政诉讼,占用宝贵的司法资源。复议机关可以坚持公正公开原则,通过实地走访、调查询问,全面梳理矛盾纠纷点,做好释法析理工作,积极沟通协调,最终促成双方和解,真正做到定分止争、案结事了,最大限度发挥行政复议调解职能作用,促进行政争议有效化解。

# 第二节 行政复议的范围

## 一 相关案例

### (一)案例一:杨某等五人行政复议案①

申请人:杨某、马某、何某、郭某、乔某
被申请人:烟台市房地产管理局
复议机关:山东省住房和城乡建设厅

---

① 案例来源:http://www.ytlaishan.gov.cn/art/2020/6/15/art_31950_2745070.html。

申请人因不服被申请人对其作出的限期腾退直管公房通知书,向行政复议机关申请行政复议。

申请人认为,申请人是烟台市萧山区公房的承租户,双方签订了直管公房租赁合同,其在公租房的维修中进行了资金投入,但被申请人未予结算;被申请人对公租房房租涨价的程序不符合法律规定;被申请人没有提前通知过申请人缴纳租金;被申请人对其作出的限期腾退直管公房通知书程序违法,确认事项不明确,请求山东省住房和城乡建设厅依法撤销。

 案例思考

本案例是否属于行政复议的受案范围?

## (二)案例二:王某申请卫生行政复议案①

申请人:王某,男,45岁,系A省A市A区居民

被申请人:A市卫生局

申请人王某于2003年4月30日在A市市立医院做骨外科手术失败。实施手术者为张某。张某于2001年大学毕业后到A市市立医院骨外科工作,2002年9月参加了全国医师资格考试,成绩合格,2002年12月1日获得执业医师资格,2003年底领到执业医师资格证书,但未进行医师注册。王某多次要求A市市立医院及张某进行人身损害赔偿未果。2004年6月7日,王某向被申请人A市卫生局请求认定张某诊疗行为为非法行医。A市卫生局于2004年7月15日给予书面答复,认为张某直到2003年底才拿到执业医师资格证书是因为证件制作、上报验印有个过程,因此不能认定张某诊疗行为为非法行医。王某不服,于2004年7月20日向A省卫生厅提出行政复议申请,以张某没有医师执业证书,不能单独实施医疗手术为由,请求撤销A市卫生局作出的不能认定张某诊疗行为为非法行医的答复。A省卫生厅接到申请人王某的行政复议申请以后,经过审查,于2004年7月23日受理了此案,向王某寄发了受理通知书,同时向A市卫生局寄发了提出答复通知书,要求A市卫生局在接到通知书之日起10日内提交书面答辩,并提交当初作出具体行政行为的证据、依据。A市卫生局于2004年8月5日向A省卫生厅提交了书面答复意见及相关证据材料,认为张某未能向卫生行政部门申请执业注册是因为当时正处于"非典"的特殊时期,属于不可抗力,A市卫生局对此没有解释权。张某实施手术有上级医师台下指导,不属于单独执业。

---

① 案例来源:https://mip.66law.cn/laws/214834.aspx。

案例思考

本案例是否属于行政复议的受案范围?

## 二 相关理论知识

行政复议的范围即行政机关受理行政复议案件的范围,它决定了哪些行政行为可以成为行政复议的对象,哪些不能成为行政复议的对象。也就是说,行政复议的范围包括可申请行政复议的范围以及不能申请行政复议的范围。

### (一)可申请复议的范围

可申请复议的范围有哪些呢?先要了解我国《行政复议法》对行政复议范围的确定标准,主要有以下三个。

(1)具体行政行为标准。《行政复议法》明确规定,公民、法人或其他社会组织认为行政主体的具体行政行为侵犯其合法权益的,有权向行政机关提出行政复议申请。但是要注意,具体行政行为作为标准,并不意味着对抽象行政行为的一律排除。行政复议法将部分行政行为,即规范性文件纳入行政复议的审查范围,但这又是有限的,也就是说申请人只能在对具体行政行为提出复议时附带提出。这体现在《行政复议法》第七条中:"公民、法人或者其他组织认为行政机关的具体行政行为所依据的下列规定不合法,在对具体行政行为申请行政复议时,可以一并向行政复议机关提出对该规定的审查申请……"

(2)违法与不当的标准。这一标准同人民法院受理的行政诉讼案件有很大的区别。人民法院受理行政诉讼案件通常以行政行为是否合法为标准,一般不审查行政行为是否适当。行政复议制度是行政机关内部的监督制约机制,可以也应当对行政行为的是否适当进行审查。只要行政相对人认为侵犯其合法权益的行政行为违法或者不当,就可以申请行政复议。

(3)合法权益标准。《行政复议法》规定,行政复议机关只受理侵犯公民、法人或其他组织合法权益引发的行政争议。当然,不受法律保护的其他权益被剥夺或限制,也就不属于行政复议的范围。

在这几个标准下,《行政复议法》第六条明确了可以申请行政复议的情形:① 对行政机关作出的警告、罚款、没收违法所得、没收非法财物、责令停产停业、暂扣或者吊销许可证、暂扣或者吊销执照、行政拘留等行政处罚决定不服的;② 对行政机关作出的限制人身自由或者查封、扣押、冻结财产等行政强制措施决定不服的;③ 对行政机关作出的有关许可证、执照、资质证、资格证等证书变更、中止、撤销的决定不服的;④ 对行政机关作出的关于确认土地、矿藏、水流、森林、山岭、草原、荒地、滩涂、海域等自然资源的所有权或者使用权的决定不服的;⑤ 认为行政机关侵犯合法的经营自主权的;⑥ 认为行政机关变更或者废止农业承包合同,侵犯其合法权益的;⑦ 认为行政机关违法集资、征收财物、摊派费用或者违法要求履行其他义务的;⑧ 认为符合法定条件,申请行政机关颁发许可证、执照、资质证、资格证等证书,或者申请行政机关审批、登记有关事项,行政机关没有依法办理的;⑨ 申请行政机关履行保护人身权利、财产权利、受教育权利的法定职责,行政机关没有依法履行的;⑩ 申请行政机关依法发放抚恤金、社会保险金或者最低生活保障费,行政机关没有依法发放的;⑪ 认为行政机关的其他具体行政行为侵犯其合法权益的。

二维码 10-3
拓展阅读:
加装电梯
引争议 复议
为民显成效

第一到第七种情形是比较具体的行政行为,第八到第十种情形属于行政不作为,第十一种属于"兜底条款",能够把没有列举但侵犯了行政相对人合法权益的具体行政行为都纳入行政复议中来。

《行政复议法》还规定,如果行政机关的具体行政行为所依据的规定不合法,在对具体行政行为申请行政复议时,可以一并向行政复议机关提出对该规定的审查申请。这些规定包括除行政规章以外的国务院部门的规定、县级以上地方各级人民政府及其工作部门的规定,以及乡、镇人民政府的规定。这一规定要求在行政复议中,对作为具体行政行为依据的行政规范性文件应予以审查,而不是将行政规范性文件纳入行政复议的范围。

二维码 10-4
拓展阅读:
行政复议机构
"刀刃向内"
严格依法办案

### (二)不能申请复议的范围

《行政复议法》第八条规定:"不服行政机关作出的行政处分或者其他人事处理决定的,依照有关法律、行政法规的规定提出申诉。不服行政机关对民事纠纷作出的调解或者其他处理,依法申请仲裁或者向人民法院提起诉讼。"根据此规定,不能申请复议的范围,至少包括人事行政行为、民事调解或处理、行政仲裁和国务院的具体行政行为等。

(1)人事行政行为。对行政主体有关公务员以及按公务员管理的其他人员的调动、晋升、奖励和惩戒等各类人事行政行为,行政相对人不能按《行政复议法》申请复议,但是,这个内部行政关系的权利救济,按照《公务员法》的规定,可以通过内部的申请复核或者申诉等渠道来实现。

(2)民事调解或处理。一般来说,行政主体对当事人相互之间的民事纠纷进行调解或处理,只要没有运用行政权,就不具备具体行政行为的构成要件,也就不是具体行政行为。在民事调解或处理中,行政主体通常会采用说服教育的方法,促使当事人友好协商达成协议,从而解决纠纷,所达成的调解协议具有民事合同的法律效力,行政主体的处理意见仅具有行政指导性质,因此,民事调解或处理不属于行政复议的范围。当然,如果行政主体在调解或处理中运用了行政权,比如对民事纠纷一方当事人的行为性质作出认定,对责任进行区分(比如对交通事故进行责任确认、划分),或者强制双方当事人达成协议等,这就会构成具体行政行为,属于行政复议的范围。

(3)行政仲裁。行政仲裁包括劳动争议仲裁和人事争议仲裁。《劳动争议调解仲裁法》等法律规定,对劳动争议和人事争议仲裁不服的,依法只能以双方当事人为原、被告向法院提起民事诉讼,而不能以仲裁机关为被申请人申请复议。

(4)国务院的具体行政行为。尽管在《行政复议法》中,没有明文规定对国务院的具体行政行为是否可以申请复议。但是,在"行政复议受理"的规定中,并没有界定对国务院具体行政行为不服而申请复议的受理机关,同时,国务院即使受理复议案件,所作决定也被规定为终局决定。因此,国务院的具体行政行为目前并不属于行政复议的范围。

## 三 案例分析

### (一)案例一分析

本案例的争议焦点为该案件是否属于行政复议的受案范围。如果属于,则应受理该案件并进行下一步的实体审理,否则可以直接作出不予受理的决定。

在该案件中,申请人与被申请人分别签订了直管住房租赁合同,双方已经形成了民法范畴中的平等主体之间的民事法律关系,被申请人向申请人送达限期腾退直管公房通知书的行为是基于前述民事法律关系而作出的,并不存在行使行政职权的因素,也没有进行行政管理的因素,即不是具体行政行为,故不属于行政复议的受案范围,复议机关应不予受理。

行政复议制度是为了防止强大的国家机器利用其行政职权侵犯公民、法人或者其他组织的合法权益,或者合法权益被侵犯后纠正违法行政行为的一种制度。即只有公民、法人或者其他组织认为行政机关的具体行政行为侵犯其合法权益时,才可以向主管行政机关提出复议申请,即被复议的对象必须是具体行政行为,而不能是民事行为。

在实践中,行政机关通常作为行使行政职权的主体存在并被人们认知,但是,也不能忽略行政机关作为民事主体进行的民事活动。如果行政机关作为行使行政职权的主体并且在行使职权的过程中侵害了行政相对人的合法权益,应该适用《行政复议法》《行政诉讼法》等法律法规来纠正此类违法行为;但如果行政机关作为民事主体,在与其他的平等民事主体进行民事活动的过程中产生了纠纷,则必须适用《民法典》等民事领域的法律、法规。

在本案中，如果申请人是因为其符合公租房的承租条件向被申请人申请租赁公租房被拒绝，从而向复议机关申请行政复议，则必然属于行政复议的受案范围，复议机关应依法受理。但申请人实际上已经取得租赁公租房的资格并与被申请人签订了直管住房租赁合同，该合同中的条款均是基于平等的民事主体地位进行的约定。限期腾退直管公房通知书是被申请人基于平等民事主体地位作出的民事行为，不能被认定为具体行政行为。复议机关可以据此认定申请人的复议申请不属于行政复议的受案范围。

### （二）案例二分析

根据相关理论知识以及我国《行政复议法》第二条和第九条的规定可知：只要公民、法人或者其他组织认为具体行政行为侵犯其合法权益，就可以提出行政复议申请。《行政复议法》第六条以列举的方式明确了行政复议范围。从中可以看出，行政复议是针对具体行政行为而言的。本案是否属于行政复议范围，关键看 A 市卫生局的答复是否属于具体行政行为。具体行政行为是相对于抽象行政行为而言的，是国家行政机关依法就特定事项对特定的公民、法人和其他组织的权利和义务作出的单方行政职权行为。从类型上讲，行政机关依法裁决公民、法人或者其他组织之间权益争议的活动称为行政裁决，行政裁决是具体行政行为的一种。故 A 市卫生局对王某和 A 市市立医院的医患纠纷作出认定答复是行政裁决，也就是一种具体行政行为，这种行为属于行政复议范围，应予受理。

## 第三节　行政复议的管辖

### 一　相关案例

#### （一）案例一：惠州市 L 县化工厂河流排污行政复议案[①]

惠州市下辖的 L 县化工厂未经批准擅自向本县一河流内设置排污口，排放大量工业废水，造成严重环境污染，县环保局责令该化工厂迅速纠正违法行为，并报经市环

---

① 案例来源：http://shj.huizhou.gov.cn/zwgk/yasfdxal/content/post_80045.html。

保局批准,对该化工厂处以 9 万元的罚款。L 县化工厂认为,根据该省颁布的《防治水污染条例》规定,县人民政府环境保护行政管理部门决定的罚款以不超过 1 万元为限;超过 1 万元的,应当报上一级环境保护行政主管部门批准。而县环保局却对该化工厂处以 9 万元的处罚,属于违法,准备申请行政复议。

 **案例思考**

本案例中,L 县化工厂可以向哪些机关申请行政复议?

### (二)案例二:周某诉上海市人力资源和社会保障局政府信息公开案①

周某向位于上海市黄浦区的上海市人力资源和社会保障局(以下简称上海市人保局)申请信息公开,要求公开由上海市人保局组建的上海市卫生系列高评委往年进行高级职称评审的组成人员、评审经过和评审结果。上海市人保局作出了政府信息公开申请答复,告知周某要求获取的高评委组成人员信息公开可能危及国家安全、公共安全、经济安全和社会稳定,该信息不属于公开的范围;其要求获取的评审经过和评审结果的信息不属于上海市人保局公开的职权范围,建议周某向相关评委会办公室咨询。周某不服,想申请行政复议。

 **案例思考**

本案例中,周某可以向谁申请行政复议?

## 二 相关理论知识

行政复议的管辖,通俗来说就是某个行政复议案件具体归谁管的问题。它强调的是各行政复议机关对复议案件在受理上的具体分工,也就是行政相对人提起行政复议申请之后,应当由哪一个行政复议机关来行使行政复议权。根据相关法律的规定,行政复议管辖大致可以分为一般管辖、特殊管辖、转送管辖与指定管辖。

### (一)一般管辖

行政复议的一般管辖,是指在通常情况下不服行政主体具体行政行为的行政复

---

① 案例来源:http://www.chncase.cn/case/case/2142676。

议，适用于一般机构设置或一般案件的权限分工。主要有以下三种情况。

(1)不服县级以上人民政府工作部门具体行政行为的复议申请管辖。行政机关是按照层级隶属来设置的，各级政府分别设立若干工作部门，这是行政机关设置的一般情况。那么，对于县级以上人民政府工作部门具体行政行为，可以由申请人选择，向该部门的上一级主管部门提起复议，或者由该部门所属的本级人民政府进行复议管辖。但是，对海关、金融、国税、外汇管理等实行垂直领导的行政机关和国家安全机关的具体行政行为不服的，只能向它们的上一级主管部门申请行政复议。对国务院各工作部门作出的具体行政行为不服的，考虑到国务院不适宜承担行政复议工作，故采取由原行政机关管辖的方式，即由作出具体行政行为的国务院工作部门进行行政复议。

(2)不服地方各级人民政府作出的具体行政行为的复议管辖。这种情况下一般采用"政府对政府"的管辖确定方式，向上一级地方人民政府申请行政复议。但是，对于省一级人民政府作出的具体行政行为不服的，则采取由原行政机关管辖的方式，也就是说，由原作出具体行政行为的省级人民政府进行复议。

(3)不服省、自治区人民政府依法设立的派出机关所属的县级地方人民政府的具体行政行为的，向该派出机关申请行政复议。比如，部分省、自治区人民政府会派出地区行署，地区行署在法律上是具有行政主体资格的，那么对地区行署下的县级政府行政行为不服的，当然就要向地区行署申请行政复议。

二维码 10-5
拓展阅读：
县级生态环境分局的行政复议案件由谁受理？

## （二）特殊管辖

行政复议的特殊管辖指除一般管辖外，适用于特殊案件的管辖。按照《行政复议法》的规定，特殊管辖主要有以下五种。

(1)不服地方人民政府派出机关具体行政行为的复议管辖。对县级以上地方人民政府依法设立的派出机关的具体行政行为不服的，向设立该派出机关的人民政府申请行政复议。比如，街道办事处通常是区政府的派出行政机关，如果对街道办事处的具体行政行为不服，就可以向区政府申请行政复议。

(2)不服政府工作部门设立的派出机构作出的具体行政行为的复议管辖。对政府工作部门依法设立的派出机构依照法律、法规或者规章规定，以自己的名义作出的具体行政行为不服的，向设立该派出机构的部门或者该部门的本级地方人民政府申请行政复议。比如，作为某县公安局的派出机构的某公安派出所，如果以自己的名义对他人治安罚款 200 元,行政相对人对这个罚款行为不服,就应该向设立该派出机构的县公安局申请行政复议。但是要注意,如果公安派出所不是以自己的名义,而是以县公安局的名义作出行政行为,比如拘留他人,这个时候的行政主体就是县公安局,如不服,行政相对人就应该向市公安局或县政府申请行政复议。

(3) 不服法律、法规授权的组织的具体行政行为的复议管辖。对法律、法规授权的组织的具体行政行为不服的,分别向直接管理该组织的地方人民政府、地方人民政府工作部门或者国务院部门申请行政复议。在行政法主体这一章强调过,法律、法规授权的组织在行使法律法规赋予的行政权力的时候,是具有行政主体地位的。因此,对其行政行为不服,就应向直接管理该组织的行政机关申请行政复议。比如某省教育厅管辖的地方高校,对学生作出开除学籍的行政行为,学生不服,就可以向该省教育厅申请行政复议。

(4) 共同行为的复议管辖。对两个或者两个以上行政机关以共同的名义作出的具体行政行为不服的,向它们的共同上一级行政机关申请行政复议。比如,县公安局和县市场监管局作出的联合执法等共同行政行为,行政相对人不服的话就可以向县政府申请行政复议;又如,对 A 县政府和 B 县政府的共同行政行为不服的话,就可以向它们的共同上一级行政机关——市政府申请行政复议。

二维码 10-6
视频资料:
宁波北仑区
王某夫妻
行政复议案

(5) 行政机关被撤销的复议管辖。对被撤销的行政机关在撤销前所作出的具体行政行为不服的,向继续行使其职权的行政机关的上一级行政机关申请行政复议。因为继续行使职权的行政机关为该具体行政行为的被申请人,按照上一级管辖的原则,应由其上级行政机关管辖。

(三) 转送管辖与指定管辖

转送管辖是指接受特殊管辖的行政复议机关案件的县级地方人民政府,对不属于自己受理范围的行政复议申请,应当在收到复议申请之日起 7 日内,转送有关行政复议机关,并告知申请人。

而指定管辖是指某一行政复议案件,由上级行政机关或同级人民政府指定某一行政机关管辖。指定管辖往往是因为管辖发生争议,且协商不成,或者因不可抗力或者其他特殊原因不能行使管辖权,由它们的上级行政机关指定管辖。

## 三 案例分析

### （一）案例一分析

根据相关理论知识可知：可以遵循一般管辖的原则，即对县级以上各级人民政府工作部门的具体行政行为不服，可选择向本级人民政府或上一级别主管部门申请复议。故 L 县化工厂可以向惠州市环保局或 L 县人民政府申请行政复议。

### （二）案例二分析

在本案中，上海市人保局作出了政府信息公开申请答复，根据相关理论知识可知：按照行政复议管辖的一般原则，可以向上海市人保局的上级主管行政机关或它所属的本级人民政府申请复议，也就是说周某可以选择向上海市人民政府申请行政复议或者向国家人社部申请行政复议。

## 第四节 行政复议参加人

### 一 相关案例

#### （一）案例一：吴某不服县政府颁发国有土地使用权证具体行政行为申请复议案①

某县 A 镇供销社始建于 1956 年，当时为了方便经营，建在吴氏宗族祠堂前面的部分空地上。2005 年，某县 A 镇供销社改制后，经批准由县国土资源局主持将营业用房土地和使用的空地进行公开挂牌出让，杨某等 5 户居民获得了使用权，随后某县人民政府为其颁发了国有土地使用权证。该县 B 乡土观吴氏族人知道后，认为供销社

---

① 案例来源：https://www.66law.cn/laws/201546.aspx。

占用的土地是吴氏宗族在 A 镇祠堂前的土地,吴某等人遂以吴氏宗族代表的名义,向该县的上级人民政府申请行政复议。

 **案例思考**

本案例中,吴氏宗族的代表可否作为申请人?

**(二)案例二:袁某甲不服某区人民政府作出的建设用地批准书,申请行政复议及行政赔偿案**①

申请人:袁某甲
被申请人:某区人民政府
第三人:袁某乙
复议机关:杭州市人民政府

申请人因对被申请人作出的建设用地批准书不服,向行政复议机关申请行政复议,并请求责令被申请人赔偿损失 50000 元。

申请人认为,袁某乙并非农村居民,不具有申请集体土地建造房屋的资格,且建设用地批准书许可的土地上所建房屋与申请人所建房屋相邻,最短距离仅 1~2 米,故被申请人作出的案涉建设用地批准书不符合法律规定。且申请人因维权身心疲惫,并支付了相应费用,请求被申请人作出行政赔偿。

被申请人认为,申请人与被申请人作出的建设用地批准书无利害关系,申请人没有申请行政复议的主体资格。第三人虽为城镇居民,但其翻建老屋系其父继承所得,其本人常住案涉村,因此,具有申请宅基地建造房屋的资格。

复议机关经审理查明,第三人系城镇居民,其在申请建设用地批准书时提交了证明、报纸遗失公告,拟证明其户原持有集体土地建设用地使用证但遗失。经核实,该证据与事实不符,第三人原并未持有该证。行政复议期间,第三人向被申请人提出申请,请求撤销案涉建设用地批准书,被申请人作出行政许可撤销决定书,撤销了案涉建设用地批准书。复议机关作出复议决定,确认被申请人作出的案涉建设用地批准书违法,但对申请人提出的行政赔偿请求未予支持。申请人、第三人收到复议决定书后均未提起诉讼。

 **案例思考**

本案例中的袁某甲是否具有行政复议申请人资格?

---

① 案例来源:http://www.pzhsxq.gov.cn/xqfzb/xzfy/alxd/1381544.shtml。

## 二　相关理论知识

行政复议参加人是指与争议的具体行政行为有利害关系而参加行政复议,并依法受复议决定约束的当事人及与当事人复议地位相似的人,包括申请人、被申请人和第三人等。

### （一）申请人

申请人是指认为具体行政行为直接侵害其合法权益,以自己的名义向行政复议机关提出申请,要求对该具体行政行为进行复议,并依法受所作复议决定约束的公民、法人或其他组织。也就是说,并不是所有的公民、法人或其他组织都可以提起行政复议,而是必须具备一定的条件,也就是行政复议申请人的资格。

(1)申请人应当是公民、法人或其他组织。这里的公民、法人或其他组织,就是行政相对人,也就是受到行政管理活动影响的相对方。当然,特殊情况下,申请人的资格是可以转移的,大致包括三种情况:一是有权申请行政复议的公民死亡的,其近亲属可以申请行政复议;二是有权申请行政复议的公民没有民事行为能力人或者限制民事行为能力,他的法定代理人可以代为申请行政复议;三是有权申请行政复议的法人或者其他组织终止的,承受其权利的法人或者其他组织可以申请行政复议。

(2)申请人应当是认为具体行政行为直接侵害其合法权益的人。也就是说,申请人跟被申请复议的具体行政行为有法律上的利害关系。而所谓法律上的利害关系,当然就是说申请人的权利受具体行政行为侵害,而不是受其他行为侵害。这里需要注意,申请人必须是受直接侵害的人,也就是直接受具体行政行为不利影响的人,这里既包括具体行政行为所直接指向的相对人,也包括与该具体行政行为有法律上利害关系的人。比如,某县市场监督管理局因某商家出售劣质食品而对进行处罚,该商家不服,认为自己所销售的食品是从正规生产厂家购进,有产品检验合格证。这时,商家作为被处罚对象,当然可以作为申请人提起行政复议。但同时,生产厂家被认定为生产了劣质食品,实际上也就是受到市场监督管理局行政行为的影响,属于法律上有利害关系的人,因此,生产厂家其实也是可以作为申请人提起行政复议的。

### （二）被申请人

被申请人是与申请人相对的概念,指申请人认为具体行政行为侵犯了自己的合法权益而申请复议,由复议机关通知参加复议的行政主体。实际上,被申请人就是作出被申请复议的具体行政行为的行政主体。

被申请人有两个要件,首先必须是行政主体,其次必须实施了被申请复议的具体行政行为。被申请人的确定,大致有以下几种情况。

(1)申请人对行政主体作出的具体行政行为不服,直接申请复议的,该行政主体是被申请人。

(2)下级行政主体依照法律、法规、规章规定,经上级行政主体批准作出具体行政行为的,批准机关为被申请人。

(3)两个以上行政主体以共同名义作出同一具体行政行为的,共同作出具体行政行为的行政主体是共同被申请人;行政主体与其他组织以共同名义作出具体行政行为的,行政主体为被申请人。

(4)行政主体设立的派出机构、内设机构或者其他组织,未经法律、法规授权,对外以自己名义作出具体行政行为的,该行政主体为被申请人。但是,如果法律、法规对派出机构有授权,该派出机构以自己的名义作出具体行政行为,那么这个派出机构就是被申请人。

(5)对法律、法规授权的组织作出的具体行政行为不服,该组织是被申请人;行政主体委托的组织所作具体行政行为引起的复议案,作出委托的行政主体为被申请人。

(6)作出具体行政行为的行政主体被撤销的,或授权关系消灭的,或法律变化的,则继续行使其职权的行政主体是被申请人。

### (三)第三人

行政复议第三人是指跟申请行政复议的具体行政行为有利害关系,申请参加或由复议机关通知参加的除申请人与被申请人之外的公民、法人或其他组织。比如,在治安、食品安全等行政处罚复议案件中,受处罚人不服行政处罚而申请复议,受害人作为第三人;或者受害人不服行政机关处理决定而申请复议,受处罚人作为第三人参加复议。

第三人具有以下几个特征。

(1)第三人是以自己的名义,为了维护自己的合法权益而参加复议活动的除申请人和被申请人以外的公民、法人或者其他组织。行政主体作为机关法人的,可以作为第三人。

二维码 10-7
拓展阅读:
土地违法行为人能否列为行政复议第三人?

(2)第三人同被申请复议的具体行政行为间有法律上的利害关系,也就是行政复议决定会影响其权益。

(3)第三人是在复议活动开始后、终结前,经行政复议机关批准而参与复议活动的。已有判例显示,行政复议机关没有通知利害关系人参加行政复议,直接作出对利害关系人不利影响的行政复议决定,构成违反法定程序,依法应当撤销。当然,经过通知,第三人不参加行政复议的,不影响行政复议案件的审理。

## 三 案例分析

### （一）案例一分析

复议机关收到吴某等吴氏宗族代表的行政复议申请后，经审查，认为吴某等人不具有行政复议申请人资格，遂作出不予受理的决定。

理由有三。其一，吴某等人所主张保护的权利是吴氏宗族祠堂用地权。根据国务院《宗教管理条例》的有关规定，姓氏宗族祠堂不属于宗教活动场所，土地使用权的保护，目前尚无法律依据。

其二，吴某等人的居住地不在 A 镇的吴氏宗族祠堂所在地，而是在 B 乡，他们作为吴姓族人的代表主张该姓族人的权利也无法律依据。姓氏宗族在我国尚不属于任何组织，我国宪法规定，我国行使权利的人是公民、法人或者其他组织。吴某等人虽说是我国公民，但他们代表的是吴姓氏族。吴姓氏族不属于行政管理的相对组织，它无资格向行政机关主张保护其权利。

其三，宗族祠堂已明确不属于受法律保护的宗教场所，姓氏宗族不属于法定的任何组织，如果复议机关作出维持或撤销某县政府颁发土地使用权证的行为，就会造成政府认可了宗族祠堂、姓氏宗族的合法性，有违背法律的规定。故复议机关采纳作出不予受理的决定。

### （二）案例二分析

本案被申请人在行政复议答复中提出本案袁某甲不具有本行政复议的申请人资格。行政复议法律体系对申请人主体资格的规定主要有两个条文：《行政复议法实施条例》第二十八条第（二）项、《行政复议法》第二条。行政复议法律对申请人主体资格的要求是，申请人与被复议的行政行为存在"法律上的利害关系"，也即其权利和义务受到某一行政行为的实际影响。至于什么情况下申请人和具体行政行为存在"法律上的利害关系"，可以借鉴行政诉讼法律体系的规定。《最高人民法院关于执行〈中华人民共和国行政诉讼法〉若干问题的解释》第十三条第（一）项规定，被诉的具体行政行为涉及其相邻权或者公平竞争权的，公民法人或者其他组织可以依法提起行政诉讼。相邻权是指不动产的占有人在行使物权时，对相邻的他人的不动产享有特定的支配权。如果民事主体侵犯他人相邻权的行为是由行政机关的具体行政行为引起的，是经行政机关批准、许可后实施的，拥有相邻权的一方认为行政机关的批准、许可行为侵犯其合法权益的，可以提起行政复议或者诉讼。根据本案查明的事实，申请人所建房屋与第三人在案涉建设用地批准书许可的土地上所建房屋相邻，两房屋最短距离仅有 1 米，存在相邻关系。复议机关认为,相邻关系存在即可构成"法律上的利害关系",申请人具有本行政复议案件的申请人资格。

## 第五节 行政复议的程序

### 一 相关案例

#### (一)案例一:超过申请行政复议法定期限案件受理[①]

平南县寺面镇陈某某因林地权属纠纷,申请寺面镇政府调处。平南镇政府经过调查处理,作出了行政处理决定,并于2021年11月11日送达给陈某某。陈某某收到处理决定后不服,但并没有马上申请行政复议,而是等到2022年2月24日才申请行政复议。行政复议机关收到行政复议申请后,经过调查认为,陈某某提出的行政复议申请,已超过《行政复议法》第九条规定的60日法定期限,而且没有证据证明其因不可抗力或者其他正当理由耽误法定申请期限,因此,决定不予受理。

案例思考

本案例中,行政复议机关不予受理是否符合规定?

#### (二)案例二:潘某不服某县公安局交通警察大队行政处罚案[②]

申请人:潘某
被申请人:某县公安局交通警察大队
申请人请求:撤销被申请人作出的行政处罚决定书
申请人某日驾驶未悬挂前车牌的车辆上路行驶,被申请人认为申请人违反了《道

---

① 案例来源:平南县司法局官网,http://www.pnxzf.gov.cn/zfxxgk/fdzdgknr/jbxx/zwdt/t11675025.shtml。
② 案例来源:石家庄市司法局官网,http://sfj.sjz.gov.cn/col/1602489374315/2020/05/25/1590385969896.html。

路交通安全法》规定,以其不按规定安装号牌出具了行政处罚决定书。申请人主张其不存在此种情形,请求复议机关撤销该行政处罚决定书。被申请人提供的执法记录仪影像资料显示:申请人当天驾驶未悬挂前车牌的车辆上路行驶,交警遂对其车辆进行拦截。在交警尚未开始询问时,申请人在主驾驶位置连续多次作出前车牌被人偷了的陈述。经调查核实,申请人对其主张车牌照被盗一事无报警记录,无挂失记录。

 案例思考

本案例中,行政复议机关应如何审理此案件?

## 二 相关理论知识

行政复议的程序主要包括申请、受理、审理和决定四个过程。

### (一)行政复议的申请

行政复议的申请要注意两个原则:一是期限,二是形式。

关于申请的期限,在《行政复议法》制定以前,大多情况是由特别法加以规定,因此复议期限各种各样,很不统一,有 3 日、5 日、10 日的,也有 15 日、30 日的,还有 60 日、3 个月的,这既不利于行政主体对申请期限的告知,也不利于行政相对人了解和掌握申请期限,还不利于行政复议申请的受理工作。为此《行政复议法》规定,申请人可以从知道该具体行政行为之日起 60 日内提出行政复议申请。显然申请期限较长对申请人是有利的,可以更多地理解具体行政行为的内容和为复议做更多的准备。《行政复议法》还规定,法律规定的申请期限超过 60 日的除外。也就是说,如果法律规定的申请复议期限比 60 日短,就依照《行政复议法》规定的一般期限;如果规定的时间比 60 日长,就适用该特殊期限。

二维码 10-8
视频资料:
"漫"话行政
复议申请

关于复议申请的形式,《行政复议法》规定,申请人申请行政复议,可以书面申请,也可以口头申请;口头申请的,行政复议机关应当当场记录申请人的基本情况、行政复议请求、申请行政复议的主要事实、理由和时间。

## （二）行政复议的受理

行政机关在收到行政复议申请后,应当在 5 日内进行审查,包括审查是否符合申请的一般条件(比如申请人资格);审查是否重复申请;审查是否已起诉,如果已经向法院提起诉讼,就不能再向行政机关申请复议;审查复议申请书是否符合格式要求,如果不符合,可以要求申请人更正。

审查了是否符合受理条件,就可以作出受理或不受理的决定。如果决定受理,一般而言,行政复议机构收到申请之日,就是受理之日,可以制作受理决定书、通知申请人已经受理。这里面还需要注意以下两种情况。

二维码 10-9
拓展阅读：
对行政复议决定书
不服是否属于
行政复议受理条件？

(1)行政复议申请材料不齐全或者表述不清楚的,行政复议机关可以从收到该复议申请之日起 5 日内书面通知申请人补正,申请人无正当理由逾期不补正的话,就视为放弃复议申请。

(2)申请人就同一事项向两个或者两个以上有权受理的行政主体申请行政复议的,由最先收到复议申请的行政主体受理。如果同时收到行政复议申请,就由收到行政复议申请的行政主体在 10 日内协商确定;协商不成的,就由它们的共同上一级行政主体在 10 日内指定受理机关。

## （三）行政复议的审理

行政复议机关受理复议申请后,应该全面审查具体行政行为所依据的事实、证据和法律适用等,这就进入行政复议的审理程序了。审理程序中需要关注审理前的准备、审查证据和依据以及审理中的主要制度。

### 1. 审理前的准备

行政复议机关应当自行政复议申请受理之日起 7 日内,将行政复议申请书副本或者行政复议申请笔录复印件发送被申请人,并要求被申请人在规定期限内提出答复、提交证据。而被申请人,也应当在收到行政复议申请书副本之日起 10 日内,向行政复议机关提交作出具体行政行为的有关材料和证据,并提出答辩书,要注意的是,被申请人所提交的证据,必须是当初作出具体行政行为的证据。超过这个期限不答辩的话,也不影响行政复议的进行。

### 2. 审查证据和依据

行政复议人员可向有关组织和人员调查取证，可查阅、复制、调取有关文件和资料，向有关人员进行询问。

申请人在申请行政复议时，如果一并申请对具体行政行为所适用的规范性文件进行审查，或者行政复议机关审查时认为具体行政行为所适用的法律存在冲突等问题，那么，行政复议机关如果有权处理，就应当在 30 日内依法处理；如无权处理，则应当在 7 日内依法转送有权处理的机关处理。也就是说，即使申请人没有对具体行政行为的依据提出附带性审查，行政复议机关也可以进行审查。

另外，申请人、第三人可以查阅被申请人提出的书面答复、作出具体行政行为的证据、依据和其他有关材料。除涉及国家秘密、商业秘密或者个人隐私外，行政复议机关不得拒绝，并应该提供必要条件。

### 3. 审理中的主要制度

在审理阶段，还有几个非常重要的制度需要了解。

(1) 行政复议期间具体行政行为不停止执行的制度。这是因为，具体行政行为是行政主体代表国家维护公共秩序和公共利益的行为，具有效力先定的特权，一经作出即推定有效，不得随意否定。但是，《行政复议法》其实也规定了例外的情形，包括被申请人认为需要停止执行的；行政复议机关认为需要停止执行的；申请人申请停止执行，复议机关认为其要求合理，决定停止执行的；以及法律规定停止执行的。比如，《治安管理处罚法》中就规定，被裁决拘留的人，交纳保证金或提供保证人的，在行政复议期间，拘留可以停止执行。

(2) 行政复议的证据制度。主要包括：行政复议案件的审理中，实行被申请人对具体行政行为承担举证责任；行政复议的证据不仅仅要证明具体行政行为的合法性，还要证明具体行政行为的合理性；在行政复议过程中，被申请人不得自行向申请人和其他人收集证据。对这种事后收集的证据，行政复议机关不应认定。

(3) 行政复议的撤回制度。《行政复议法》规定，行政复议决定作出前，申请人自愿撤回行政复议申请的，应说明理由，并经行政复议机关同意后，可以撤回。有的时候，申请人认识到具体行政行为合法、合理，或者被申请人改变了所作的具体行政行为，没有必要继续复议，当然可以撤回行政复议申请。一旦撤回，申请人就不得再以同一事实和理由再次申请复议，这既体现了对申请人行政复议申请权的尊重，也有利于防止申请人滥用这项权利。

(4) 行政复议和解与调解制度。一方面，行政相对人对行政主体行使法律、法规规定的自由裁量权作出的具体行政行为不服申请行政复议，复议决定作出前，在双方自愿并且不损害社会公共利益和他人合法权益的情况下，可以和解。和解协议不违反法律规定的，行政复议机关应当准许。另一方面，《行政复议法》还规定了，行政复议机关可以按照自愿、合法的原则进行调解，包括对行使自由裁量权的具体行政行为不服申请行政复议的,以及当事人之间的行政赔偿或者行政补偿纠纷。

### (四) 行政复议决定

二维码 10-10
拓展阅读:
首例! 高安市
以调解书形式
成功化解一起
行政复议案件

经过行政复议审理,行政复议机关就要作出行政复议决定。行政复议决定大致有以下几种。

(1) 维持决定。如果审理后认为原行政行为认定事实清楚,证据确凿,适用依据正确,程序合法,内容适当,那么就可以维持决定。

(2) 履行决定。如果审理后认为原行政行为确属不作为,也就是被申请人不履行法定职责的,行政复议机关就应该责令被申请人在一定期限内履行职责。

(3) 撤销和责令重作决定。如果审理后发现原具体行政行为的主要事实不清、证据不足,或者使用依据错误,或者违反法定程序,或者超越或滥用职权,或者明显不当,或者被申请人不依法提出书面答复或提交证据、依据和其他有关材料,那么,行政复议机关就可以作出撤销的决定。另外,对应该撤销的行政行为,行政复议机关认为被申请人仍有必要作出相应具体行政行为的,应同时责令被申请人重新作出具体行政行为。

(4) 变更决定。变更决定通常适用于认定事实清楚、证据确凿、程序合法,但是明显不当或者适用依据错误的情形,或者认定事实不清、证据不足,但是经行政复议机关审理查明事实清楚、证据确凿的情形。既可以变更具体行政行为所认定的主要事实和证据,也可以变更具体行政行为所适用的依据,还可以变更行政行为的处理结果。

(5) 确认决定。这是指行政复议机关经过审查被申请人的不作为行为或事实行为,并宣布行为违法的复议决定。对行政机关的不作为或事实行为,无法适用撤销决定,只能用确认决定认定其违法。

(6) 赔偿决定。行政相对人在申请行政复议时可一并提出行政赔偿请求,行政复议机关对符合国家赔偿法的有关规定应当予以赔偿的,在决定撤销、变更或改变原具体行政行为时,应当同时决定被申请人依法给予赔偿。

## 三 案例分析

### (一) 案例一分析

行政复议申请期限是一个十分重要的问题,它不仅涉及行政机关能否正确地行使其权力,而且关系到公民、法人和其他组织能否充分地行使其行政复议申请权,保护自己的合法权益。根据相关理论知识可知:申请行政复议期限是指认为具体行政行为侵犯了其合法权益的公民、法人或其他组织提出行政复议申请的有效期限。公民、法人或其他组织认为具体行政行为侵犯其合法权益时,只有在法定有效期内提出行政复议申请,行政复议机关才予受理;否则,行政复议机关不予受理。根据《行政复议法》第九条的规定,公民、法人或者其他组织认为具体行政行为侵犯了其合法权益的,可以自知道该具体行政行为之日起60日内提出行政复议申请;但是法律规定的申请期限超过60日的除外。因不可抗力或者其他正当理由耽误法定申请期限的,申请自障碍消除之日起继续计算。故在本案中,行政复议机关作出不予受理的决定程序合法。

## (二)案例二分析

本案例的焦点在于申请人是否明知其未悬挂前车牌而上路行驶。

执法记录仪记录的执法全过程足以证明申请人对其未悬挂前车牌照上路行驶的事实是明知的。申请人在明知其前车牌未悬挂的情况下上路行驶,被申请人以此为由出具行政处罚决定书,认定事实清楚,证据确凿,适用法律依据正确,程序合法,内容适当。

在本案中,行政执法人员在执法全过程规范使用了执法记录仪,行政复议机关依据该执法影像资料还原案件事实,作出了公正的行政复议决定。通过行政复议,倒逼行政机关在执法过程中严格落实"行政执法三项制度",规范执法程序,强化执法责任和执法监督,提高法律实施的效果和质量,进一步推进依法行政。

二维码 10-11
第十章自测题

二维码 10-12
第十章自测题
参考答案

# 第十一章

# 行政诉讼的受案范围与管辖

# 第一节 行政诉讼及其原则

## 一、相关案例

### （一）案例一：包某某诉苍南县人民政府强制拆除案[①]

1985年，农户包某某在浙江省苍南县肥艚镇东面的河滩上毁堤抛石填河形成三间屋基，向肥艚镇城建办申请建房，建房审批表中有当地生产大队"同意建房，请主管部门审批"的意见和印章，没有镇城建办和镇政府的审批意见和印章。在包某某动工建房时，苍南县水电局等部门责令其停建并自行拆除，但包某某建成三间三层楼房，并办理了房屋产权登记。1987年7月4日，苍南县人民政府以未经合法审批、占用水道为由，组织人员强行拆除了包某某新建的三间三层楼房的部分建筑。包某某和其子不服，以苍南县人民政府侵犯其合法财产权益为由提起诉讼，要求苍南县人民政府赔偿各类损失总计13012元。1988年8月25日，温州市中级人民法院民事审判庭在苍南县影剧院按照民事诉讼程序依法公开开庭审理此案，后作出驳回原告诉讼请求的一审判决。包某某等不服，上诉至浙江省高级人民法院。浙江省高级人民法院二审根据《民事诉讼法（试行）》第一百五十条第一款第一项之规定，判决驳回上诉，维持原判。

二维码 11-1
视频资料：
中华人民共和国
行政诉讼"第一案"

 **案例思考**

① 本案如何体现中国行政诉讼法的基本含义？
② 本案对于中国行政诉讼审判工作有何现实意义？

---

① 案例来源：http://www.zjsfgkw.cn/art/2019/10/8/art_56_18493.html。

## (二)案例二：廖某某诉龙南县人民政府房屋强制拆迁案①

原告廖某某的房屋位于龙南县，2011年被告龙南县人民政府批复同意建设县第一人民医院，廖某某的房屋被纳入该建设项目拆迁范围。就拆迁安置补偿事宜，龙南县人民政府工作人员多次与廖某某进行协商，但因意见分歧较大未达成协议。2013年2月27日，龙南县国土及规划部门将廖某某的部分房屋认定为违章建筑，并下达自行拆除违建房屋的通知。同年3月，龙南县人民政府在未按照《行政强制法》的相关规定进行催告、未作出强制执行决定、未告知当事人诉权的情况下，组织相关部门对廖某某的违建房屋实施强制拆除，同时对拆迁范围内的合法房屋也进行了部分拆除，导致该房屋丧失正常使用功能。廖某某认为龙南县人民政府强制拆除其房屋和毁坏其财产的行为严重侵犯其合法权益，遂于2013年7月向赣州市中级人民法院提起了行政诉讼，请求法院确认龙南县人民政府拆除其房屋的行政行为违法。赣州市中级人民法院将该案移交安远县人民法院审理。安远县人民法院受理案件后，于法定期限内向龙南县人民政府送达了起诉状副本和举证通知书，但该政府在法定期限内只向法院提供了对廖某某违建房屋进行行政处罚的相关证据，没有提供强制拆除房屋行政行为的相关证据和依据。

**案例思考**

① 本案例中，龙南县人民政府拆除廖某某房屋的行为是否违法？
② 本案例中，龙南县人民政府在法定期限内向法院提供相关证据的行为体现了行政诉讼的什么原则？

## (三)案例三：李某某诉乐清市公安局行政处罚案②

乐清市(县级市)大荆镇油岙村村民委员会拖欠李某某工程款14.2万元，其多次前去索讨无果。2014年4月15日下午，李某某再次到村民委员会办公处索要欠款，与村支部书记发生争执。其间，李某某踹了村会议室大门一脚，导致大门门锁侧边固定铁翼螺丝松动，不能正常关闭。村支部书记报警后，乐清市公安局大荆派出所派员出警至现场，当日立案，并于次日作出处罚决定，认定李某故意损坏公私财物，影响村委会正常办公，根据《治安管理处罚法》第四十九条的规定，决定对其行政拘留5日。李某不服，提起行政诉讼。

---

① 案例来源：找法网，https://china.findlaw.cn/fangdichan/fangwuchaiqian/fwcqal/1149458.html。
② 案例来源：https://wenshu.court.gov.cn/website/wenshu/181107ANFZ0BXSK4/index.html?docId=af0c7a113ebb482d917a3d827274ff80。

案例思考

本案例对李某某的 5 天的行政拘留处罚是否明显过重？法院能否作出撤销判决？

## 二 相关理论知识

### （一）行政诉讼的概念及特征

#### 1. 概念

一般来说，行政诉讼是法院基于行政相对人的请求，通过法定程序审查行政主体的行政行为的合法性，从而解决一定范围内行政争议的活动。根据我国《行政诉讼法》的规定，公民、法人或者其他组织认为行政机关和行政机关工作人员的行政行为侵犯其合法权益时，有权依照该法向人民法院提起诉讼。

二维码 11-2
法律条文：
《行政诉讼法》

#### 2. 特征

（1）行政诉讼以行政争议的存在为前提。行政相对人只要认为行政行为侵犯了自己的合法权益，就可以提起行政诉讼。这里的"认为"，只是行政相对人的主观判断，不一定是行政行为实际侵犯了其合法权益。当然，要注意的是，对于被排除在人民法院受案范围外的事项，行政相对人是不能提起诉讼的。

（2）行政诉讼是在人民法院主持下审查行政行为合法性的。与行政复议不同的是，行政诉讼是一种司法救济，人民法院一般只审查行政主体行政行为的合法性。

（3）行政诉讼的当事人具有恒定性。在行政诉讼中，原告是公民、法人或其他组织，也就是被诉行政行为的作用对象，而被告只能是行政主体。行政诉讼只能是"民告官"，而不能"官告民"。

（4）行政诉讼的目的是通过解决行政争议，对违法行政行为所造成的消极后果进行补救，以保护行政相对人的合法权益不受侵害。当然，与此同时，也维护了行政权威，提高了行政效率，恢复了正常的行政管理秩序。

## (二)行政诉讼的原则

行政诉讼的原则包括一般原则和特有原则。

### 1. 行政诉讼的一般原则

在《行政诉讼法》第一章中,对行政诉讼与民事诉讼等其他诉讼的共有原则有明确的规定,大致包括以下几种。

(1)人民法院依法独立行使审判权的原则,即人民法院行使审判权是不受行政机关、社会团体和个人的干涉的。

(2)以事实为根据、以法律为准绳的原则。

(3)人民法院审理行政案件,依法实行合议、回避、公开审判和两审终审的原则。

(4)当事人在行政诉讼中法律地位平等的原则。

(5)使用本民族语言、文字进行诉讼的原则。

(6)辩论原则。

(7)检察院实行法律监督原则。

### 2. 行政诉讼的特有原则

行政诉讼的特有原则主要有以下四个方面。

(1)人民法院对行政行为实行合法性审查的原则。这里强调的是,人民法院审查具体行政行为只审查其合法性,原则上不审查它的合理性。《行政诉讼法》之所以这样规定,是因为行政权和审判权是两种国家权力,行政权的行使需要法律广泛赋予自由裁量权,行政机关因长期处理行政事务而具有专门经验,能审时度势作出恰当的决定,因此法院在审理行政案件时不应当忽视行政机关的自由裁量权。当然,法院审查具体行政行为的合法性也有例外,比如,《行政诉讼法》有规定:行政处罚明显不当,或者其他行政行为涉及对款额的确定、认定确有错误的,人民法院可以判决变更。

(2)被告负举证责任原则。《行政诉讼法》明确规定:被告对作出的行政行为负有举证责任,应当提供作出该行政行为的证据和所依据的规范性文件。这意味着,如果被告在诉讼过程中不对被起诉的具体行政行为举证,基本就会败诉。当然,被告负举证责任的原则,在行政赔偿中是一个例外,也就是说,行政赔偿诉讼中,实行的是"谁主张、谁举证",原告如果认为赔偿不合理,就得拿出证据、说明清楚。

(3)行政行为不因诉讼而停止执行原则。行政行为是行政机关代表国家依据法律、法规的规定作出的,一旦作出就应该推定为合法,也就是说,行政机关的行政行为具有先定力。而且,不停止执行也有利于维护行政管理活动的连续性,保障行政管理活动效率,具体行政行为一经作出,就要得到执行。但是,《行政诉讼法》也规定了裁定停止执行的几种情况:一是被告认为需要停止执行的;二是原告或者利害关系人申请停止执行,人民法院认为该行政行为的执行会造成难以弥补的损失,并且停止执行不损害国家利益、社会公共利益的;三是人民法院认为该行政行为的执行会给国家利益、社会公共利益造成重大损害的;四是法律、法规规定停止执行的其他情形。

(4)不适用调解原则。《行政诉讼法》规定,人民法院审理行政案件,不适用调解。强调的是不能把调解作为行政诉讼过程中的一个必经阶段,也不能把调解作为结案的一种方式。因为法院审理行政案件,就会对具体行政行为的合法性进行审查,结论要么合法,要么违法,所以如果允许调解的话,会造成行政机关法定职权的性质与调解的前提相互矛盾。当然,《行政诉讼法》也规定了一些特殊情况,行政赔偿、补偿以及行政机关行使法律、法规规定的自由裁量权的案件可以调解。

二维码 11-3
阅读资料:
论行政诉讼调解的适用范围

## 三 案例分析

### (一)案例一分析

关于问题①,本案发生在 1985 年,行政案件受理范围很窄,针对本案还未有一套全面、系统的法律适用,但根据相关理论知识可知:人民法院基于行政相对人也就是本案中农户包某某的请求,通过法定程序,审查行政主体也就是本案中的苍南县人民政府的行政行为的合法性,从而解决苍南县人民政府强拆包某某的房屋建设这一行政争议的活动,故本案符合行政诉讼的基本含义,属于行政诉讼案件。

关于问题②,该案不是中国的第一起行政案件,却因为其重要意义被称为中华人民共和国行政诉讼"第一案"。虽然包某某败诉了,但该案唤起了公民权利意识的觉醒和政府对依法行政的反思,对推动行政诉讼法立法具有深远的影响,在中国法制史上留下了印记,成为那个时代背景下的一个标本,对此后的中国行政诉讼影响重大而深远,同时也标志着行政诉讼制度在我国的初步建立。这虽是人民法院的一小步,却是中国民主法治的一大步。1989 年 4 月 4 日,第七届全国人民代表大会第二次会议通过《行政诉讼法》,1990 年 10 月 1 日起施行,行政诉讼制度正式建立。该法明确规定,公民、法人或者其他组织认为行政机关和行政机关工作人员的行政行为侵犯其合法权益的,有权依照本法向人民法院提起诉讼。

## (二)案例二分析

关于问题①,根据相关理论知识以及《行政诉讼法》相关规定可知:被告对作出的行政行为负有举证责任,应当提供作出该行政行为的证据和所依据的规范性文件。在本案中,被告龙南县人民政府在收到起诉状副本和举证通知书后,没有在规定的期限内提交强制拆除房屋行为的相关有效证据,故人民法院认定被告龙南县人民政府强制拆除原告廖某某房屋的行政行为没有证据,其行政行为不具有合法性。

关于问题②,根据相关理论知识可知:龙南县人民政府在法定期限内向法院提供相关证据的行为,体现了行政诉讼的特有原则中被告负举证责任的原则。在本案中,被告将原告的合法房屋在拆除违法建筑过程中一并拆除,在其后诉讼过程中又未能在法定期限内向法院提供证明其行为合法的证据,因此只能承担败诉后果。这就意味着,被告如果在诉讼过程中不对被起诉的具体行政行为举证,基本就会败诉。

经安远县人民法院多次协调,最终促使廖某某与龙南县人民政府就违法行政行为造成的损失达成和解协议。廖某某撤回起诉,行政纠纷得以实质性解决。本案例的典型意义在于:凸显了行政诉讼中行政机关作为被告的举证责任和司法权威,对促进行政机关及其工作人员积极应诉,不断强化诉讼意识、证据意识和责任意识具有警示作用。

## (三)案例三分析

根据相关理论知识可知:行政行为不因诉讼而停止执行这一行政诉讼的特有原则可以知道,行政行为是行政机关代表国家依据法律、法规的规定作出的,一旦作出就应该推定为合法,也就是说,行政机关的行政行为具有先定力,具体行政行为一经作出,就要得到执行。但是,《行政诉讼法》并不适用于所有情况,比如在本案中,对原告李某某5天的行政拘留于情于法明显过重,符合《行政诉讼法》行政行为裁定停止执行的情况——原告或者利害关系人申请停止执行,人民法院认为该行政行为的执行会造成难以弥补的损失。故对原告拘留5天的处罚属于明显过重,属于《行政诉讼法》规定的可以判决撤销或部分撤销中"明显不当"的情形,人民法院可以作出撤销判决。

## 第二节　行政诉讼的受案范围

### 一　相关案例

**（一）案例一：李某某诉北京市西城区人民政府不履行法定职责案**①

再审申请人李某某因诉北京市西城区人民政府（以下简称西城区政府）不履行法定职责一案，不服北京市高级人民法院〔2016〕京行终252号行政裁定，向本院申请再审。

原审法院认为，公民等向人民法院提起行政诉讼，应当符合法定的起诉条件，不符合起诉条件的，应当裁定驳回起诉。李某某曾就加固扩容工程签订协议的问题向西城区政府邮寄信件，要求追究相关人员的责任。李某某还曾就案涉问题向12345市民热线、西城区政府信访部门、西城区重大办反映过。从李某某申请的内容、申请递交的部门、申请处理过程等因素考察，该申请不属于西城区政府的法定职责范畴。因此，李某某提起的本案履责之诉缺乏事实根据，不符合行政诉讼的起诉条件，依法应予驳回起诉。据此，北京市第四中级人民法院一审裁定驳回李某某起诉，北京市高级人民法院二审裁定驳回其上诉。

再审申请人李某某向本院申请再审，请求：第一，撤销北京市高级人民法院〔2016〕京行终252号行政裁定；第二，判决西城区政府履行职责，赔偿再审申请人损失。其申请再审的事实与理由为：在2014年政府惠民抗震加固扩容工程中，根据相关规定，北京市西城区土地管理中心应当与再审申请人李某某签订两间但只签订一间违法，致使再审申请人遭受损失。再审申请人通过政府12345市民热线以及向相关职能部门多次反映，均未得到解决。

 **案例思考**

本案例中，李某某诉西城区政府是否属于行政诉讼受案范围？

---

① 案例来源：https://wenshu.court.gov.cn/website/wenshu/181107ANFZ0BXSK4/index.html? docId=a996b0dcd33e43b88b31a812010453fa。

（二）案例二：张某诉法院法警行政诉讼受案范围案①

张某应法官徐某之邀开着自家的轿车到谯城区人民法院办事，车子停放在法院院内，法警认为其停车位置不当，便将其轿车的前后牌照全部掰走。等到张某办完事出来，发现轿车的前后牌照全部被法警掰走，而张某找法警要牌照过程中，双方发生争执，张某的丈夫打110报警。民警两次前来处理均遭到法警拒绝。民警走后，双方再次发生口角，张某及其丈夫遭到法警"推搡"，引来群众围观。张某及其丈夫最终以妨碍法院办公为由，被法警强行拘留。张某被关进拘留所后，法警才向其开出依据《民事诉讼法》作出的拘留决定书，拘留决定书上注明"民事、行政案件用"。张某认为，《民事诉讼法》赋予法警的是司法拘留权，而自己并非到法院打官司的当事人，实际上法警对自己实行的是行政拘留，而法警并没有行政拘留权，于是张某向亳州市中级人民法院申请行政复议。后来，张某见申请行政复议无果，又以其被谯城区法院4名法警殴打致轻伤且被司法拘留为由向该院提起行政诉讼。中级人民法院审理后，以张某的起诉不属于人民法院行政诉讼案件受案范围为由，裁定不予受理。张某不服一审裁定，上诉至安徽省高级人民法院。

案例思考

① 本案例中，人民法院法警作出的与诉讼活动无关的管理行为是行政行为吗？

② 本案是否属于行政诉讼受案范围？

（三）案例三：A县机床附件厂诉A县人民政府企业合并规划案②

在2011年10月15日，A县人民政府（以下简称A县政府）根据《发展A县经济的实施规划》，以红头文件形式作出了一项《关于对A县几家工业企业进行调整的措施》的决定，其中决定将属于集体所有制的A县机床附件厂与属于国有企业的A县机械厂合并为A县机械总厂。A县机床附件厂不服A县政府的这一决定，认为合并决定事先未征得企业的同意，侵犯了企业的自营自主权，遂向A县人民法院（以下简称A县法院）提起行政诉讼，A县政府有关领导得知这一情况后立即告诉A县法院，这一合并决定是为了改革和发展A县经济、解决A县机械厂的经济困难作出的，A县机床附件厂应当顾全大局，服从A县政府的决定，同时，A县政府要求

---

① 案例来源：http://news.sohu.com/02/22/news148342202.shtml。

② 案例来源：https://www.ppkao.com/shiti/3247E68856BABFD21F83D52EF05988A8/e78f36d4f2d0429c8a7da0a9d31f74af。

A县法院应与A县政府态度一致,维持A县政府的改革措施,对A县机床附件厂的起诉不予受理。

 **案例思考**

本案是否属于A县法院的行政诉讼受案范围?

## 二 相关理论知识

### (一)概念

行政诉讼受案范围是指人民法院可审理的行政诉讼案件范围,或者说是人民法院解决行政争议的范围和权限。

### (二)内容

#### 1. 人民法院受理的行政案件

对于人民法院受理的行政案件,《行政诉讼法》中既有概括式的界定,也有列举式的界定。列举式的界定体现在《行政诉讼法》第十二条中,采用个别列举的方式,规定了人民法院受理的12类行政案件。比如对行政拘留、暂扣或者吊销许可证和执照、责令停产停业、没收违法所得、没收非法财物、罚款、警告等行政处罚不服的等。

这12类基本符合以下标准:第一,是具体行政行为;第二,行政行为涉及违法侵权;第三,是相对人的人身权、财产权等权益受影响。

二维码 11-4
视频资料:
法治的力量——
解析行政诉讼

#### 2. 人民法院不予受理的案件

对于不属于行政诉讼的受案范围,《行政诉讼法》明确规定了四种情形。

(1)国防、外交等国家行为。比如,国家机关宣布紧急状态,或者宣布与相关国家建交等。国防、外交等国家行为的作出,依据的是国家的内政外交政策,而不是具体的法律规定,而且它会随着国内外政治、经济形势的变化而变化,所以法院很难对其合法性作出判断。而且,一般认为,国家机关依据宪法和法律授予的自由裁量权就国家重大政治问题所采取的行为,属于高度政治性行为而非法律性行为,所以国家行为不受一般法律规则的制约,国家行为不可纳入行政诉讼的受案范围。

(2)行政法规、规章或者行政机关制定、发布的具有普遍约束力的决定、命令。这其实就是抽象行政行为,确认行政机关抽象行政行为是否合法,是否予以撤销、改变的权力,属于国家权力机关和上级行政机关,人民法院是无权处理的。而且,这种抽象行政行为一般情况下,不会直接侵害行政相对人的合法权益,它需要通过具体行政行为的转化才会影响行政相对人的权益。

(3)行政机关对行政机关工作人员的奖惩、任免、监督等决定。这实际上是行政机关管理其内部事务的内部行政行为,属于行政机关自律权范畴,人民法院对此不能通过审判程序进行干涉。

(4)法律规定由行政机关最终裁决的行政行为。最终裁决的行政行为,是指行政机关依照法律规定作出的行政决定,具有终极效力,当事人不服不能再提起诉讼。比如在上一章的《行政法复议》中,就规定了国务院的终局裁决行为。

## 三 案例分析

### (一)案例一分析

根据相关理论知识可知:行政诉讼受案范围是指人民法院可审理的行政诉讼案件范围,或者说是人民法院解决行政争议的范围和权限。但是,对于不属于行政诉讼的受案范围的案件,人民法院不予受理,比如本案中,原告李某某诉被告西城区政府,其实质属于不在行政诉讼的受案范围的第三条——行政机关管理其内部事务的内部行政行为,属于行政机关自律权范畴,因此,人民法院对此不能通过审判程序进行干涉。这也体现了《行政诉讼法》中,行政管理相对人对上级行政机关或者同级人民政府的处理不服,以上级行政机关或者同级人民政府为被告,要求人民法院责令上级行政机关或者同级人民政府履行保护人身权、财产权等合法权益的法定职责的,一般不属于人民法院行政诉讼的监督范畴。故李某某诉西城区政府不属于行政诉讼受案范围。

行政管理相对人对具有管辖职权的行政机关的处理不满意,可以向上级行政机关或者同级人民政府投诉、举报、反映,要求上级行政机关或者同级人民政府监督、督促具有相应管辖职权的行政机关依法履行职责;上级行政机关或者同级人民政府也有权依据相关法律规定进行相应处理。故针对原告以上级行政机关或者同级人民政府为被告而提起的不履行法定职责违法之诉或者要求履行法定职责之诉,人民法院如无须实体审查即能得出被告明显不具有诉请履行法定职责的,可以迳行裁定驳回起诉,而无须进入实体审理后再作出驳回其诉讼请求的实体判决,以保障各方权益,减轻司法成本,引导诉讼权利正确行使。

## （二）案例二分析

关于问题①，根据相关理论知识可知：谯城区法院法警作为行政主体的工作人员对原告张某实施的行政拘留行为产生行政法律效果，其行为有单方性、公务性、法律性等行政行为的特点，具有实质意义上的行政行为的属性，当事人不服可以对其提起行政诉讼，故，人民法院法警作出的与诉讼活动无关的管理行为是行政行为。但是，其行为不具有司法行为属性。根据我国诉讼法的原则规定，针对扰乱法庭秩序的当事人及相关人员，法警经批准可以采取拘留等强制措施。但其采取司法行为的前提是诉讼过程中存在扰乱法庭审理秩序的行为，而本案发生地是在法院的院内，而不是在法庭上，不属于诉讼期间作出的扰乱法庭审理秩序的行为，法院属于公共机关，法院院内这一区域虽然由法院管理，但从设定该特定地域的法律目的而言，该地域以服务公众为目的，公众中的任何人使用该地域都是在使用公共财物。最后，法警作出的拘留决定出于管理公产目的，具有强制服从性与单方性的属性，且系依法作出，具备行政行为的特征。故谯城区人民法院法警的行为不是司法行为，而是行政行为。

关于问题②，在本案例中，谯城区人民法院法警作出的拘留行为属于行政行为，根据相关理论知识可知：这是一种形式上由司法机关工作人员实施但实质上属于特定地域之内发生的行政行为，符合《行政诉讼法》中列举式中的界定，即法院受理的12类行政案件中对行政拘留不服这类案件，故我们认为，此案属于行政诉讼受案范围，当事人不服该行为，有权提起行政诉讼，人民法院也应予以受理。

## （三）案例三分析

根据相关理论知识可知：是否属于行政诉讼受案范围，要看是否属于人民法院可审理的行政诉讼案件范围，或者说是否属于人民法院解决行政争议的范围和权限。在本案中，符合《行政诉讼法》中列举式的界定，属于《行政诉讼法》中对行政机关侵犯经营权不服的行政案件，并且基本符合以下标准：首先，A县政府的红头文件面向企业的对象特定，其行为是具体行政行为；其次，该具体行政行为侵犯了企业A县机床附件厂经营自主权；再次，作为行政相对人的A县机床附件厂财产权等权益受影响。故A县法院有权受理此案，本案属于A县法院的行政诉讼受案范围。

## 第三节 行政诉讼管辖

### 一 相关案例

**（一）案例一：大连北方鑫发置业有限公司诉庄河市人民政府、庄河市自然资源局、一审第三人华丰家具集团有限公司撤销土地登记行政行为案**[1]

大连北方鑫发置业有限公司（以下简称鑫发公司）因诉庄河市人民政府、庄河市自然资源局、一审第三人华丰家具集团有限公司（以下简称华丰公司）撤销土地登记行政行为一案，不服辽宁省大连市中级人民法院〔2020〕辽02行初288号行政裁定，向辽宁省高级人民法院提起上诉。辽宁省高级人民法院受理后，依法组成合议庭进行了审理，并征得各方当事人同意，于2021年4月12日组织各方当事人进行了询问。本案现已审理终结。

一审法院认为，《行政诉讼法》第二十六条第一款规定，公民、法人或者其他组织直接向人民法院提起诉讼的，作出行政行为的行政机关是被告。鑫发公司提起行政诉讼的事实根据是庄河市自然资源局于2011年9月12日颁发的庄国用〔2011〕第03170号国有土地使用证，因此，庄河市自然资源局系本案适格被告，本案案件管辖应当以庄河市自然资源局的行政级别确定由基层人民法院管辖。依照《行政诉讼法》第四十九条第（四）项、《最高人民法院关于适用〈中华人民共和国行政诉讼法〉的解释》第六十九条第一款第（一）项、第三款的规定，裁定驳回鑫发公司的起诉。

鑫发公司上诉，请求撤销一审裁定，并依法审判；由被上诉人承担本案诉讼费用。上诉理由如下。第一，一审认定错误。《行政诉讼法》第二十六条第四款规定："两个以上行政机关作出同一行政行为的，共同作出行政行为的行政机关是共同被告。"2004年5月17日，鑫发公司与解放军65743部队签订军队房地产置换协议，置换场地位于庄河市观驾山乡暖水村，营房坐落编号为沈辽字1453号，面积155668平方米。2005年9月19日，原沈阳军区联勤部作出〔2005〕联营字第479号批复，2006年11月10日，解放军土地管理局向庄河市国土资源局作出军用土地补办出让手续许可证。该局为鑫发公司补办土地出让、权属过户手续，庄河市人民政府依据庄河市自然资源局

---

[1] 案例来源：https://wenshu.court.gov.cn/website/wenshu/181107ANFZ0BXSK4/index.html?docId=519ea86e4d634a7e9915ad49007b1ea6。

提供的"规范性文件",作出了庄政地字〔2007〕7号行政批复。庄河市自然资源局依据该行政批复与鑫发公司签订国有土地使用权出让合同、颁发庄国用〔2007〕第0301号国有土地使用权证。鑫发公司开始对整块土地规划、设计等。2011年8月,大连北方鑫发贸易有限公司变更为大连北方鑫发置业有限公司,庄河市自然资源局依据鑫发公司申请及相关法律、法规的规定为鑫发公司办理了国有土地使用权证变更登记,2011年9月12日颁发庄国用〔2011〕第03170号国有土地使用证。然而,在鑫发公司施工过程中发现,鑫发公司受让宗地中有近50亩土地在部队的军事区内,导致无法开发利用。鑫发公司到庄河市国土资源局查档发现,鑫发公司受让1453号宗地原始界址蓝图被涂改掉近50亩。原来,2006年庄河市国土资源局为鑫发公司补办国有土地出让、权属过户手续时,未依据军委批复明确的即1453号宗地界址档案确定鑫发公司的土地原始界址。因为2000年6月11日,大连市人民政府作出大证地字〔2000〕36号《关于实施庄河市土地利用总体规划大连华丰家具有限公司用地的批复》的土地批复,庄河市国土资源局依据该批复,将鑫发公司受让1453号宗地界址蓝图涂改掉近50亩土地为大连华丰家具公司办理土地使用权出让手续。所以该局在为鑫发公司补办国有土地出让、权属过户手续时,为满足军委批复明确的转让给鑫发公司的土地面积155668平方米,违法变更1453号宗地原始界址,将鑫发公司受让宗地界址延展到军事区内近50亩(见证据),以此掩盖鑫发公司受让1453号宗地原始界址被涂改掉近50亩并出让的行政行为。庄河市人民政府是依据违法的"规范性文件",作出庄政地字〔2007〕7号错误的行政批复,致使鑫发公司受让1453号宗地中有近50亩丧失了使用权,鑫发公司在建工程被迫停滞并产生了巨额经济损失,也造成鑫发公司庄国用〔2007〕第0301号国有土地使用权证错误,系二被上诉人共同作出的行政行为。第二,一审认定庄河市自然资源局系本案适格被告,本案案件管辖应当以庄河市自然资源局的行政级别确定由基层人民法院管辖。依据《行政诉讼法》第二十四条第一款"上级人民法院有权审理下级人民法院管辖的第一审行政案件"的规定,一审的认定系违反法律规定,是错误的。第三,一审程序违法。本案合议庭组成人员李某法官曾是鑫发公司〔2019〕辽02行初148号案行政裁定合议庭组成人员,然该两案认定的是同一事实,依据《最高人民法院关于审判人员在诉讼活动中执行回避制度若干问题的规定》,一审审判程序违法。2018年辽宁省营商环境监督局组织案涉的大连市人民政府、庄河市人民政府、庄河市自然资源局及鑫发公司召开协调会,解决该案涉土地纠纷,会后该局让鑫发公司等待,该局至今未给鑫发公司答复意见(详见证据)。故大连市人民政府、庄河市人民政府均是本案关联主体。综上所述,鑫发公司认为一审认定事实错误,适用法律、法规错误,导致作出不公正、不合法的裁定。第四,在〔2020〕辽02行初289号一案中,庄河市人民政府自认,如果没有土地批复,鑫发公司就无法办理土地使用证,因此,二被上诉人之间属法律上的利害关系,系共同被告。为此,请求撤销一审裁定,并依法审判。

庄河市人民政府答辩称,第一,原审法院认定被诉行政行为系由庄河市自然资源局作出,庄河市政府非本案适格被告,进而认定本案案件管辖应当以庄河市自然资源局的行政级别确定由基层人民法院管辖,并无不当。第二,案涉行政争议为土地使用权登记纠纷,鑫发公司提及庄河市政府作出的庄政地字〔2007〕7号行政批复行为不属于本案审理范围。第三,一审法院审理程序合法,法律适用准确,裁定驳回鑫发公司的起诉,符合法律规定,二审法院应依法予以维持。

庄河市自然资源局辩称,第一,《不动产登记暂行条例》施行后,单一的土地登记已经转变为不动产统一登记,原不同登记机关的职责整合到不动产登记机构。根据《庄河市委办公室、庄河市人民政府办公室关于印发〈庄河市自然资源局职能配置和人员编制规定〉的通知》,庄河市不动产登记的法定职责统一由庄河市自然资源局承担,即原庄河市人民政府行使的土地登记职权由庄河市自然资源局承继。根据《行政诉讼法》第二十六条第六款的规定,行政机关被撤销或者职权变更的,继续行使其职权的行政机关是被告。因此,庄河市人民政府已不是本案例的适格被告。一审法院根据《行政诉讼法》第四十九条、《最高人民法院关于适用〈中华人民共和国行政诉讼法〉的解释》第六十九条第一款第一条、第三款的规定,裁定驳回鑫发公司的起诉,并无不当。第二,《最高人民法院关于审判人员在诉讼活动中执行回避制度若干问题的规定》第三条规定:"凡在一个审判程序中参与过本案审判工作的审判人员,不得再参与该案其他程序的审判。但是,经过第二审程序发回重审的案件,在一审法院作出裁判后又进入第二审程序的,原第二审程序中合议庭组成人员不受本条规定的限制。"根据该规定,只是同一个案件中参与过审判的审判人员,不得再参与该案的其他程序的审判。而本案与〔2019〕辽02行初148号案是两个案件。故一审法院审理本案例的合议庭审判人员的组成,并不违反最高人民法院审判人员执行回避制度的规定。第三,《行政诉讼法》第二十四条第二款规定:"下级人民法院对其管辖的第一审行政案件,认为需要由上级人民法院审理或者指定管辖的,可以报请上级人民法院决定。"根据该规定,上级人民法院有权审理下级人民法院管辖的第一审行政案件,但需要一审法院认为需要由上级人民法院审理的,报请上级人民法院决定后,上级人民法院才能审理,并不是上级人民法院直接受理应由下级人民法院管辖的一审案件。所以,一审法院不受理本案是正确的。

华丰公司陈述称,第一,鑫发公司的起诉违反了一案一诉原则,应依法裁定驳回起诉。第二,鑫发公司错列被告,向大连市中级人民法院提起诉讼不符合市中级人民法院级别管辖的范围,因此鑫发公司的第二项诉讼请求不符合法定的起诉条件。第三,鑫发公司提出行政赔偿请求不符合法定起诉条件。第四,鑫发公司诉讼的行政行为已经超过法律规定的起诉期限,人民法院应该依法驳回起诉。第五,第三人申请国有土地使用权证的程序合法,并未侵害鑫发公司的相关权益。第六,鑫发公司的诉讼请求应当是基于撤销土地管理部门的土地登记行为,鑫发公司在尚未确认相关土地管理部门的土地登记行为的情况下就诉请撤销土地使用权证书,人民法院不应支持。

辽宁省高级人民法院经审理查明,鑫发公司诉庄河市人民政府出让国有土地使用权批复并赔偿一案,一审法院作出了〔2020〕辽02行初289号行政裁定,鑫发公司不服,上诉至辽宁省高级人民法院。

案例思考

本案例中,哪个法院对本案有管辖权?

(二)案例二:王某诉玉林市人力资源和社会保障局劳动和社会保障行政管理审查与审判监督案①

2013年2月26日起,王某在广西联勤建筑有限公司承建的博白县实验中学学生宿舍楼建筑工程施工工作,但未签订劳动合同,也未缴纳社会保险。2013年7月16日,王某在施工过程中因身体不适而突然晕倒,后经博白县人民医院诊断为:脑梗死(右侧基底节);慢性胃炎。2014年5月30日,王某向玉林市人力资源和社会保障局(以下简称玉林市人社局)申请工伤认定。2015年6月12日,玉林市人社局作出玉市人社工伤不认字〔2015〕1号不予认定工伤决定,认定王某受到的伤害不符合《工伤保险条例》第十四条、第十五条认定工伤或者视同工伤的情形,决定不予认定或者视同工伤。王某不服,提出行政复议申请,玉林市人民政府于2015年9月14日作出玉政复决字〔2015〕第42号行政复议决定,维持玉市人社工伤不认字〔2015〕1号不予认定工伤决定。王某提起本行政诉讼,请求撤销不予认定工伤决定和行政复议决定。

广西壮族自治区玉林市中级人民法院〔2015〕玉中行初字第65号行政裁定认为,依照《最高人民法院关于适用〈中华人民共和国行政诉讼法〉若干问题的解释》第八条之规定,作出原行政行为的行政机关和复议机关为共同被告的,以作出原行政行为的行政机关确定案件的级别管辖。本案被诉原行政行为作出的行政机关是玉林市人社局,应以玉林市人社局确定本案例的级别管辖,即本案依法应由玉林市玉州区人民法院管辖,本院对原告之起诉应不予受理。由于本院已对原告之起诉予以受理,应裁定驳回原告的起诉。依照《最高人民法院关于适用〈中华人民共和国行政诉讼法〉若干问题的解释》第三条第一款第(一)项之规定,裁定驳回原告王某的起诉。

广西壮族自治区高级人民法院〔2016〕桂行终577号行政裁定认为,根据《最高人民法院关于适用〈中华人民共和国行政诉讼法〉若干问题的解释》第八条的规定,本案应以玉林市人社局确定级别管辖。玉林市人社局为市级政府部门,不符合《行政诉讼法》第十五条规定的情形,一审认为本案不属于中级人民法院管辖的第一行政案件,事实清楚。王某的起诉不符合《行政诉讼法》第四十九条第(四)项规定的"属于受诉人民法院管辖"的条件。王某以本案被告为县级以上人民政府为由,主张本案属于中级人民法院管辖的第一审案件范围,与上述规定不符;王某以医院入院记录与事实不符、用人单位需经诉讼确认等为由,主张本案为复杂案件,理由不成立。综上,依照《行政诉讼法》第八十九条第一款第(一)项的规定,裁定驳回上诉,维持一审裁定。

---

① 案例来源:https://wenshu.court.gov.cn/website/wenshu/181107ANFZ0BXSK4/index.html? docId=76533eba4e624467bbd1a80b00f01cb7。

王某申请再审称,第一,一、二审适用法律错误、程序违法。依据《立法法》的原则,上位法优于下位法,法律的效力高于行政法规、地方性法规、规章,《行政诉讼法》属于《最高人民法院关于适用〈中华人民共和国行政诉讼法〉若干问题的解释》的上位法,效力高于司法解释。《行政诉讼法》第十八条第一款规定:"行政案件由最初作出行政行为的行政机关所在地人民法院管辖。经复议的案件也可以由复议机关所在地人民法院管辖。"本案中的复议机关被告之一玉林市政府是县级以上地方人民政府,因此复议机关所在地人民法院玉林市中级人民法院对本案行政诉讼应当具有管辖权。《行政诉讼法》第二十一条规定,两个以上人民法院都有管辖权的案件,原告可以选择其中一个人民法院起诉。因此,申请人选择玉林市中级人民法院对本案进行行政诉讼依法有据。第二,即使玉林市中级人民法院和广西壮族自治区高级人民法院认为本案不属于其法院管辖,也应当在发现后依据《行政诉讼法》第二十二条的规定进行移送,而不能只作出行政裁定驳回申请人的起诉而不将案件移送给其认为有管辖权的人民法院处理。综上,根据《行政诉讼法》第九十一条第(一)(四)(五)项的规定,请求撤销一、二审裁定,裁定再审并支持王某的再审请求。

 案例思考

本案例中,哪个法院对本案有管辖权?

(三)案例三:张三诉市公安局行政复议案①

某市 C 县公民张三,自 2010 年以来在 A 县个体摊主张甲处帮工,从事个体水果经营。2018 年 2 月,张甲派张三到 B 县某水果公司进货。张甲在 A 县收到水果公司发来的水果后,发现烂果达 30%,马上通知在 B 县的张三找水果公司交涉,张三到水果公司后没见到公司负责人,与公司职员李四发生争吵,进而将李四打伤。B 县公安局对张三处以行政拘留 15 日的处罚,张三不服,向位于 D 区的市公安局申请行政复议,市公安局将行政处罚改为行政拘留 10 日兼处罚款 200 元。张三仍不服,准备提起行政诉讼。

 案例思考

① 本案例中,哪几个法院对本案有管辖权?
② 本案例中,若张三同时向上述有管辖权的法院都提起诉讼,应如何处理?

---

① 案例来源:https://wenku.baidu.com/view/ddee80e6aa114431b90d6c85ec3a87c241288a8e.html。

## 二 相关理论知识

### （一）概念

行政诉讼管辖是人民法院之间受理第一审行政案件的职权划分，具体明确了各级人民法院以及不同地域、不同专业属性的人民法院受理第一审行政案件的分工和权限。通俗一点来说，就是某个行政诉讼案件，到底由哪个法院来受理管辖的问题。行政诉讼管辖主要包括级别管辖、地域管辖和其他管辖。

### （二）管辖的分类

#### 1. 级别管辖

级别管辖是上下级人民法院之间受理第一审行政案件的分工和权限。原则上来说，第一审行政案件由基层人民法院进行管辖。但是，对国务院部门或者县级以上地方人民政府所作的行政行为提起诉讼的案件、海关处理的案件，由中级人民法院管辖；另外，本辖区内重大、复杂的行政案件分别由中级、高级和最高人民法院管辖。

#### 2. 地域管辖

地域管辖是同级人民法院之间受理第一审行政案件的分工和权限。地域管辖可以分为一般地域管辖和特殊地域管辖。

（1）一般地域管辖。一般地域管辖，是根据最初作出具体行政行为的行政机关所在地人民法院来确定管辖，也就是被告在哪个地方，就由当地的人民法院来进行管辖，也就是我们通常所说的"原告就被告"原则。根据《行政诉讼法》的规定，行政案件由最初作出行政行为的行政机关所在地人民法院管辖。行政诉讼地域管辖之所以不是由原告所在地或者违法行为发生地等因素来确定，是因为作为被告的行政主体一般是以地域为基础确定它的管辖职权的，被告所在地往往是违法行为发生地以及原告所在地。

（2）特殊地域管辖。

特殊地域管辖有以下几种情况。

第一，经过行政复议的案件，既可以由最初作出行政行为的行政机关所在地人民法院管辖，也可以由复议机关所在地的人民法院管辖，具体取决于当事人的选择。当然，如果原告同时向两个以上的人民法院提起诉讼，那么就由最先立案的人民法院进行管辖。

第二,经最高人民法院批准,高级人民法院可以根据审判工作的实际情况,确定若干人民法院跨行政区域管辖行政案件。这可以有效解决行政诉讼中的不当干预和行政案件立案推诿、过度协调、久拖不决等问题。

二维码 11-5
拓展阅读：
被排除在人才补贴范围外,"非全"研究生提起行政诉讼

第三,对限制人身自由的行政强制措施不服而提起的诉讼,由被告所在地或原告所在地人民法院管辖。这里的原告所在地包括原告户籍地、经常居住地和被限制人身自由地。

第四,因不动产提起的行政诉讼,由不动产所在地的人民法院管辖。比如,如果位于 A 县的 B 企业排污,导致隔壁 C 县的某村农田受污染,A 县环保局对 B 企业进行了处罚,如果 B 企业不服要提起行政诉讼,就应该由 C 县管辖,而不是 A 县人民法院。

### 3. 其他管辖

其他管辖包括移送管辖、指定管辖、管辖转移等。

二维码 11-6
拓展阅读：
复议机关不作为的行政诉讼案件,谁有管辖权？

(1)移送管辖,是指人民法院已经受理了行政案件,发现所受理的案件不属于自己管辖,然后将案件移送给有管辖权的人民法院审理。

(2)指定管辖,是指由于某些特殊原因(比如不可抗力等),有管辖权的人民法院不能行使管辖权,或者人民法院之间因管辖权发生争议,而由上级人民法院以指定的方式将案件交由某一人民法院管辖。

(3)管辖转移,是指经过上级人民法院决定或者同意,把下级人民法院有管辖权的案件交由上级人民法院管辖。也就是说,上级人民法院有权审理下级人民法院管辖的第一审行政案件。

二维码 11-7
阅读资料：
行政诉讼管辖改革指导思想的实践创新

## 三 案例分析

### (一)案例一分析

根据相关理论知识可知:行政诉讼管辖,通俗一点来说,就是某个行政诉讼案件,到底由哪个法院来受理管辖的问题。本案体现了行政诉讼中的级别管辖。级别管辖,就是上下级人民法院之间受理第一审行政案件的分工和权限。关于鑫发公司提出的上级人民法院有权审理下级人民法院管辖的第一审行政案件的问题,原则上来说,第一审行政案件由基层人民法院进行管辖,而本案中的基层人民政府就是庄河市基层人民法院,并且,本案也不属于重大、复杂的

行政案件，故庄河市基层人民法院对本案有管辖权。

基层人民法院管辖第一审行政案件，可以方便当事人诉讼，有利于矛盾的化解，降低司法成本与当事人的诉讼成本。且根据前述规定，上级人民法院有权审理下级人民法院管辖的第一审行政案件，一审人民法院认为需要由上级人民法院审理的，报请上级人民法院决定后，上级人民法院才能审理，并不是上级人民法院直接受理应由下级人民法院管辖的一审案件。故鑫发公司的该项上诉主张没有法律依据，辽宁省高级人民法院不予支持。

## （二）案例二分析

根据相关理论知识可知：行政诉讼中地域管辖是指同级人民法院之间受理第一审行政案件的分工和权限。本案是符合地域管辖的特殊地域管辖中的第一种情况，根据《行政诉讼法》规定，经过行政复议的案件，既可以由最初作出行政行为的行政机关所在地人民法院管辖，也可以由复议机关所在地的人民法院管辖，具体取决于当事人的选择。当然，如果原告同时向两个以上的人民法院提起诉讼，那么就由最先立案的人民法院进行管辖，但是应当以作出原行政行为的行政机关确定案件的级别管辖。

具体到本案中，玉林市人社局作出原行政行为——不予认定工伤决定，复议机关玉林市政府维持了玉林市人社局作出的原行政行为，王某以玉林市人社局和玉林市政府为共同被告提起诉讼，应当以作出原行政行为的玉林市人社局确定本案例的级别管辖，故本案应由玉林市人民法院管辖。

根据相关理论知识以及《行政诉讼法》中明确规定的级别管辖的范围，本辖区内重大、复杂的行政案件分别由中级、高级和最高人民法院管辖。对于是否属于本辖区内重大、复杂的案件，法律和司法解释并无明确界定和解释，应由中级人民法院根据案件的性质、疑难程度、规则价值、社会影响等全面分析考量认定。而在本案中，王某主张本案应属中级人民法院管辖的重大、复杂的第一审行政案件，其理由是否成立，属于玉林市中级人民法院司法自由裁量权的范畴。由于王某坚持在玉林市中级人民法院起诉，玉林市中级人民法院则认为该案不属于中级人民法院管辖范围，故一、二审裁定驳回王某的起诉并无不当。

根据相关理论知识可知：其他管辖还包括移送管辖和管辖转移等，移送管辖是指人民法院已经受理了行政案件，发现所受理的案件不属于自己管辖，然后将案件移送给有管辖权的人民法院审理；而管辖转移是指经过上级人民法院决定或者同意，把下级人民法院有管辖权的案件交由上级人民法院管辖。也就是说，上级人民法院有权审理下级人民法院管辖的第一审行政案件。在本案例中，玉林市中级人民法院已对王某释明应到玉林市玉州区人民法院起诉，王某仍坚持向玉林市中级人民法院起诉，玉林市中级人民法院作出驳回其起诉的裁定亦无不当。一、二审裁定的结果并不影响王某继续行使其诉权，故王某应当按照一、二审裁定的指引，在法定起诉期限内依法向有管辖权的人民法院起诉，以保护其合法权益。

## (三)案例三分析

关于问题①,根据相关理论知识可知:本案属于特殊地域管辖的第一种和第三种情况,即经过行政复议的案件,既可以由最初作出行政行为的行政机关所在地人民法院管辖,也可以由复议机关所在地的人民法院管辖,具体取决于当事人的选择。对限制人身自由的行政强制措施不服而提起的诉讼,由被告所在地或原告所在地人民法院管辖,这里的原告所在地包括原告户籍地、经常居住地和被限制人身自由地。这两种情况具体到本案中,对行政拘留这种限制人身自由的案件,又经过了行政复议,那么可以管辖的法院就包括原告户籍所在地的 C 县法院、经常居住地的 A 县法院、最初作出行政拘留的县公安局所在地的 B 县法院,以及行政复议机关市公安局所在地的 D 区法院,故 A 县、B 县、C 县、D 区这四个法院都有管辖权。

关于问题②,如果原告张三同时向上面四个法院提起诉讼,那么按照规定,就应该由最先立案的人民法院进行管辖。

二维码 11-8
第十一章自测题

二维码 11-9
第十一章自测题
参考答案

# 第十二章

行政诉讼参加人

# 第一节 行政诉讼原告

## 一 相关案例

### (一) 案例一：马某某等诉北京市东城区人民政府教育行政管理案[①]

原告马某某等四人(以下简称四原告)诉被告北京市东城区人民政府(以下简称被告)，要求确认被告无法律文书撤销北京市地安门中学行政行为违法一案，向北京市第四中级人民法院提起行政诉讼。北京市第四中级人民法院于2015年7月29日受理后，依法组成合议庭进行审理，现已审理终结。

四原告诉称，2008年3月3日，被告违背国务院及市政府、教育部的相关规定和要求，违反法定的政府决策程序和教学规律，原则同意撤销综合高中(也称地安门中学)。被告在没有任何法律文书手续的情况下，纵容区教委盗用区委、滥用区政府名义，于2008年3月10日上午在其会议室由其时任主任蔡福向学校全体干部口头宣布"区委、区政府"撤校"决定"；3月11日下午，在学校大会议室又由教委时任副主任冯某某向全体教职工口头宣布"区委、区政府"撤校"决定"，并当即宣布由一所初中学校接管。学校财产由其查收，停止当年招生。被告强行撤销学校建制，终止学校办学许可权的违法撤校决定，剥夺了全体师生知情权和监督权，侵害了全体师生切身利益。故四原告诉请法院判决确认被告无法律文书撤销北京市地安门中学行政行为违法。

被告辩称，被告将综合高中与北京市五中分校合并之行为，并没有侵害原告的合法权益，而原告与两校合并行为没有法律上的利害关系，四原告不具有提起本案诉讼的主体资格。被告将综合高中与北京市五中分校进行合并，属于被告法定职责范围内管理和负责的事务。两校合并符合法律所规定的学校调整原则。东城区教委在具体实施两校合并以及新校运行过程中，就历史传承问题给予了足够重视。故被告请求法院驳回原告的起诉。

四原告不服一审裁定，上诉认为：一审裁定认定事实不清，证据不足，适用法律不准确。请求撤销一审裁定，"依法判令东城区人民法院依据违反法定程序的〔2015〕东行初字第106号裁定书，驳回我们2015年1月13日行政赔偿起诉(1月28日立案)违

---

① 案例来源：https://wenshu.court.gov.cn/website/wenshu/181107ANFZ0BXSK4/index.html?docId=4756d46c066c48a8908eb686f43c603e。

法","依法审理我们2015年1月13日(1月28日立案)起诉至原审法院的行政赔偿起诉书诉求"。

 **案例思考**

本案例中,四原告是否具备原告主体资格?

(二)案例二:河北省外贸资产经营有限公司诉海口市人民政府颁发国有土地使用证案①

河北省外贸资产经营有限公司(以下简称河北外贸公司)因诉海口市人民政府(以下简称海口市政府)为原审第三人海南大成房地产开发有限公司(以下简称大成公司)颁发国有土地使用证一案,不服海南省高级人民法院〔2012〕琼立一终字第67号行政裁定,向中华人民共和国最高人民法院申请再审。中华人民共和国最高人民法院审查后以〔2012〕行监字第676号裁定提审本案,后又依法组成合议庭对本案进行了审理。本案现已审理终结。

海南省高级人民法院终审裁定认定,海南燕丰实业公司(以下简称燕丰公司)成立于1992年8月15日,企业法人营业执照号为460000000248729,企业类型为全民所有制,法定代表人为林某某,出资人为河北省粮油进出口公司(以下简称河北粮油公司),最后一次年检时间为2011年9月1日,公司状态为正在经营中。

海南省高级人民法院终审裁定认为,河北外贸公司以燕丰公司在经营期间违法转让国有资产为由,认为其对燕丰公司负有监管责任和权力,诉请法院撤销海口市政府为大成公司颁发的国有土地使用证。但燕丰公司的工商登记资料显示,该公司为独立法人,并且正在经营中。海口市政府颁证行为的行政相对人应为燕丰公司;如燕丰公司认为海口市政府的颁证行为侵犯其合法权益,应以自己的名义向人民法院提起诉讼。河北外贸公司认为其享有对燕丰公司进行监督和管理的权力而以自己的名义向人民法院提起行政诉讼没有法律依据。因此,海南省海口市中级人民法院认定河北外贸公司与本案被诉的具体行政行为没有法律上的利害关系并裁定驳回河北外贸公司的起诉正确。河北外贸公司的上诉理由不能成立。依照《行政诉讼法》第六十一条第一项之规定,裁定驳回上诉,维持原裁定。

河北外贸公司称,河北外贸公司成立于2004年7月19日,河北粮油公司成立于1990年12月,虽然河北外贸公司成立在后,但河北省人民政府国有资产监督管理委员会(以下简称河北省国资委)冀国资字〔2003〕127号文授权河北外贸公司对河北粮油公司履行出资人职责,而原河北粮油公司下属的燕丰公司于2001年12月21日将其拥有的土地使用权违法转让给第三人大成公司,海口市政府于2002年1月8日违

---

① 案例来源:https://wenshu.court.gov.cn/website/wenshu/181107ANFZ0BXSK4/index.html? docId=ed244e68a86b43ec9f5ca47f48d8b82a。

法为大成公司颁发海口市国用（籍）字第 s0792 号国有土地使用证（以下简称 s0792 号证），导致巨额国有资产流失。河北外贸公司对其所出资企业及出资企业所投资企业的国有资产负有保值增值及监督管理的法定职责，明显与本案被诉具体行政行为有法律上的利害关系，一审法院根本不考虑上述演变过程，仅从时间顺序上就武断得出河北外贸公司与被诉具体行政行为不具有关联性，这明显错误，且一审法院仅以河北外贸公司不是争议土地的所有权人、用益物权人和担保物权人为由认为河北外贸公司与被诉具体行政行为没有法律上的利害关系也缺乏法律依据。二审法院又以应当由燕丰公司以自己名义起诉为由，维持原裁定，同样是违法的。二审法院既未能考虑到燕丰公司已经经过改制，并非原来的全民所有制企业，也未考虑到争议土地及相应的权益目前已经全部由河北外贸公司承继这一事实。河北外贸公司请求撤销一、二审裁定。

海口市政府未提供书面答辩意见，听证中坚持原一、二审答辩意见，称河北外贸公司系河北省国资委授权成立的国有独资公司，对河北粮油公司履行出资人职责，而河北粮油公司则出资设立了燕丰公司，河北外贸公司认为其对燕丰公司负有监管责任和权力，明显扩大了其对国有资产的管理职责。燕丰公司是独立法人，其独立于河北粮油公司，不能因为燕丰公司存有国有资产，就否定燕丰公司资产的独立性及公司的行为能力。海口市政府作出的具体行政行为对行政相对人燕丰公司的影响是直接的，如果该行为影响行政相对人的合法权益，则应由燕丰公司依法行使救济权利，而不能由其出资人的出资人代为行使。因此，被诉具体行政行为与河北外贸公司之间并不存在法律上的利害关系。海口市政府请求维持一、二审裁定。

第三人大成公司辩称，河北外贸公司不具有本案原告主体资格，无权提起本案诉讼。燕丰公司企业机读档案登记资料显示，截至 2012 年 2 月 27 日，河北粮油公司拥有燕丰公司 100% 的出资，而河北外贸公司并不是燕丰公司工商登记的出资人。且河北粮油公司所拥有的燕丰公司的出资，已全部转让给河北粮油公司原管理层白某某等 17 名自然人及中粮河北国际贸易有限公司。河北外贸公司仅为燕丰公司的继受债权人，既不是燕丰公司的出资人，又不是颁证行为的利害关系人，无权提起本案行政诉讼，第三人大成公司请求维持一、二审裁定。

 案例思考

- 本案例中，河北外贸公司是否具备原告资格？

## （三）案例三：元氏县石化产品总公司诉河北省元氏县人民政府行政案[①]

元氏县石化产品总公司、武某某因诉河北省元氏县人民政府（以下简称元氏县政府）其他行政行为一案，不服河北省高级人民法院〔2015〕冀行终字第245号行政裁定，向中华人民共和国最高人民法院申请再审。现已审查终结。

元氏县石化产品总公司、武某某一审诉称，元氏县政府非法设置未领取企业法人营业执照的元氏县商业总公司，侵犯了元氏县石化产品总公司的经营自主权，向河北省石家庄市中级人民法院请求判决该行政行为违法，责令元氏县政府停止该行政行为，并依法赔偿由此造成的各种社会保险和办公费用等损失。

河北省石家庄市中级人民法院一审查明，2002年5月11日元氏县机构编制委员会元编〔2002〕2号《关于元氏县党政机构的通知》明确"不再保留乡镇企业局、商业局、物资局、外贸局，其行政职能并入经济贸易局……成立元氏县商业总公司、元氏县物产公司、元氏县外贸进出口公司，三个公司接受经贸局管理"。元氏县商业总公司属于政府机构设置单位，元氏县石化产品总公司是元氏县商业总公司下属国有企业。2003年1月10日，元氏县商业总公司下发元商字〔2003〕第2号文件，调整任命下属部分企业领导，免去了武某某元氏县石化产品总公司经理的职务，并任命吴某某为该公司经理，同时注明由原商业局名义和商业总公司名义发布的任免文件废止。但元氏县商业总公司并未在工商登记中变更元氏县石化产品总公司的法定代表人，只是将"河北省元氏县石化产品总公司"的公章通过登报声明作废，并于2003年1月17日刻制了"元氏县石化产品总公司"的新公章。2010年4月8日，武某某以元氏县石化产品总公司法定代表人身份起诉元氏县政府行政不作为并申请行政赔偿，该案后因起诉人不具备原告主体资格而被石家庄市中级人民法院〔2010〕石行初字第00013号行政裁定和河北省高级人民法院〔2010〕冀行终字第73号行政裁定驳回起诉。2015年7月21日，武某某使用作废的"河北省元氏县石化产品总公司"公章以元氏县石化产品总公司法定代表人名义又提起本案诉讼。在本案审理期间，元氏县石化产品总公司提交撤销案件申请书，以武某某使用本单位作废公章并以本单位名义提起的行政诉讼系武某某的个人行为为由，申请撤销对本案例的诉讼。

河北省石家庄市中级人民法院一审认为，武某某系原河北省元氏县石化产品总公司的法定代表人，武某某被免去公司经理职务后，使用作废公章，仍以元氏县石化产品总公司法定代表人身份、元氏县石化产品总公司名义提起对本案例的诉讼，不具有原告诉讼主体资格。2002年元氏县人民政府撤销元氏县商业局，成立了元氏县商业总公司。商业总公司的机构设置与武某某个人无法律上的利害关系，该机构的设置、成立未侵犯武某某的合法权益，故武某某不具有原告诉讼主体资格。综上，元氏县石化产品总公司、武某某均不具有行政诉讼主体资格，其诉讼请求该院不予支持。依照《行

---

[①] 案例来源：https://wenshu.court.gov.cn/website/wenshu/181107ANFZ0BXSK4/index.html?docId=e7ef83dec71f488ea9c19df24f08b232。

政诉讼法》第四十九条第(一)项、《最高人民法院关于执行〈中华人民共和国行政诉讼法〉若干问题的解释》第四十四条第一款第(二)项之规定,裁定驳回了元氏县石化产品总公司、武某某的起诉。

元氏县石化产品总公司、武某某不服,向河北省高级人民法院上诉称,一审认为其无原告诉讼主体资格,与本案被诉行政行为无利害关系,于法无据。河北省高级人民法院二审认为,元氏县政府于2002年撤销了元氏县商业局,成立了元氏县商业总公司,并于2003年1月10日任命吴某某为元氏县石化产品总公司经理,同时免去了武某某的公司经理职务。后武某某又使用作废公章,以元氏县石化产品总公司名义提起对本案例的诉讼,显然不具有诉讼主体资格。此外,元氏县政府成立元氏县商业总公司,是其依职权设立全民所有制企业行政管理的行为,武某某以个人名义对元氏县政府设立元氏县商业总公司的行为提起行政诉讼,不具备诉讼主体资格,故一审裁定驳回其起诉并无不当。综上,河北省高级人民法院依照《行政诉讼法》第八十九条第一款第一项之规定,裁定驳回了元氏县石化产品总公司、武某某的上诉请求。

元氏县石化产品总公司、武某某不服,在法定期限内向本院申请再审,请求撤销河北省石家庄市中级人民法院〔2015〕石行初字第00206号行政裁定及河北省高级人民法院〔2015〕冀行终字第245号行政裁定。其申请再审的事实与理由为:元氏县政府依法没有批准设置元氏县商业总公司的法定职权,其设置元氏县商业总公司属于违法行政。

 **案例思考**

本案例中,武某某可以以企业名义或个人名义作为原告提起行政诉讼吗?

### (四)案例四:甲公司不服商务局强行合并申请行政复议案①

甲公司是一家生产食品的企业,由乙、丙、丁三人出资成立,乙是法定代表人。在一次县市场监管局和食品药品监督管理局的联合检查中,甲公司被认为违法使用防腐剂。随后,县市场监管局作出吊销营业执照,并处5万元罚款的决定。甲公司不服,申请行政复议,在行政复议过程中,甲公司被商务局强行并入另外一家公司,乙法定代表人身份被注销。

 **案例思考**

本案例中,若对商务局强行合并甲公司的行为不服,谁可以作为原告提起行政诉讼?

---

① 案例来源:https://www.zikaosw.cn/daan/18463176.html。

## 二 相关理论知识

### （一）概念

行政诉讼原告是指认为自己的合法权益受到行政主体的行政行为侵犯或者实质影响，而向人民法院提起诉讼的人，包括公民、法人或者其他组织。

### （二）特征

(1)原告应当以自己的名义向人民法院提起行政诉讼，否则就不能成为行政诉讼的当事人，更不能是原告。

(2)诉讼标的与行政机关行使职权有关，也就是说，被起诉的行为应当是行政行为。

(3)原告范围包括公民、法人和其他组织，并且认为具体行政行为侵犯了其合法权益。另外，如果原告出现了某些特殊情况，比如具有原告资格的公民死亡，法人或者其他组织终止了等，就可能引起行政诉讼原告资格的转移。这在《行政诉讼法》中也有明确规定："有权提起诉讼的公民死亡，其近亲属可以提起诉讼。"这里的近亲属包括配偶、父母、子女、兄弟姐妹、祖父母、外祖父母、孙子女、外孙子女和其他具有扶养、赡养关系的亲属。同时还规定："有权提起诉讼的法人或者其他组织终止，承受其权利的法人或者其他组织可以提起诉讼。"比如，企业破产或者被并购，它的权利就会被清算组或并购方所继承，当然也包括提起行政诉讼的权利。

二维码 12-1
拓展阅读：
行政诉讼案件原告主体资格的认定

### （三）原告的举证责任

(1)起诉人的初步证明责任。起诉人的初步证明责任体现在行政诉讼法及其司法解释关于起诉条件的规定之中。《行政诉讼法》规定，起诉人提起诉讼应当有"具体的诉讼请求和事实根据"。可见，起诉人承担的是一种初步证明责任，即只要达到初步证明的要求，人民法院就应当予以立案。

(2)原告对特定事项的举证责任。包括：证明起诉符合法定条件；在起诉被告不作为的案件中，行政相对人提供证据证明其在行政程序中曾经提出过申请的事实；在一并提起行政赔偿诉讼中，证明因

二维码 12-2
阅读资料：
论行政诉讼中原告或第三人的举证迟延

受被诉行为侵害而造成损失及损失数额大小的事实。

## 三 案例分析

### （一）案例一分析

根据相关理论知识可知：行政诉讼原告是指认为自己的合法权益受到行政主体的行政行为侵犯或者实质影响，而向人民法院提起诉讼的人，包括公民、法人或者其他组织。具体到本案中，四原告作为公民，所诉被告无法律文书撤销北京市综合高中的行为，符合以上前两项特征，但是，其撤销对象是北京市综合高中，区政府撤销中学的行为，所针对的是其直接管理的中学这一事业单位法人，并不侵犯该中学退休教职工享有的人身权和财产权，四原告作为个人与被诉行为没有利害关系，即行政行为的相对人以及其他与行政行为有利害关系的公民、法人或者其他组织，才有权提起诉讼，而本案中被告的具体行政行为并未侵犯四原告的合法权益，故本案原告的起诉不符合法定起诉条件，马某某等四人不具备原告主体资格。

### （二）案例二分析

本案中的河北外贸公司认为自己的合法权益受到行政主体海口市政府的行政行为侵犯，而向上级人民法院提起诉讼。根据相关理论知识可知：此行为符合行政诉讼的基本定义，在行政诉讼的基本特征上，首先，河北外贸公司是以自己的名义向上级人民法院提起行政诉讼；其次，被起诉的行为是海口市政府的行政行为；最后，也是本案例的争议点，河北外贸公司认为海口市政府的具体行政行为侵犯了其合法权益，因为国有资产管理部门与案涉土地使用权转移登记、颁证行为具有法律上的利害关系。

在本案中，根据河北省人民政府、河北省国资委的相关文件规定以及有关对河北外贸公司实施授权经营的规定，案涉国有资产的实际管理人目前是河北外贸公司，故作为国有资产管理部门的河北外贸公司可以以自己的名义提起行政诉讼，河北外贸公司具有提起本案诉讼的原告主体资格。本案最大的现实意义在于，明确了当国有资产管理部门认为土地转让登记行为违法时，可以以自己的名义提起行政诉讼。否定此类案件中国有资产管理部门的原告主体资格，不利于国有资产的管理和保护，不利于防止国有资产流失。

### （三）案例三分析

根据相关理论知识可知：如果行政诉讼原告出现了某些特殊情况，比如具有原告资格的公民死亡，法人或者其他组织终止等，就可能引起行政诉讼原告资格的转移。

具体到本案中,元氏县人民政府于2002年撤销了元氏县商业局,成立了元氏县商业总公司,并且,元氏县商业总公司变更其下属企业的法定代表人,并更换了公章,而武某某被免去公司经理职务后,相当于终止了与元氏县商业总公司的雇佣关系,但其使用作废公章,仍以元氏县石化产品总公司名义提起诉讼,并不是该企业真实的意思表示,也不能代表该企业主张诉权,显而易见,武某某不可以以企业名义作为原告提起行政诉讼。不仅如此,商业总公司的机构设置属于公司经营管理的内部事务,与武某某个人无法律上的利害关系,该机构的设置、成立都未侵犯武某某的合法权益,不符合行政诉讼原告的特征条件,故武某某以个人名义对元氏县人民政府设立元氏县商业总公司的行为提起行政诉讼因缺乏所诉利益而不能成立。故武某某既不可以以企业名义,也不可以以个人名义作为原告提起行政诉讼。

## (四)案例四分析

根据相关理论知识以及《行政诉讼法》的相关规定可知,有权提起诉讼的法人或者其他组织终止,承受其权利的法人或者其他组织可以提起诉讼。具体到本案中,强令兼并的该企业或其法定代表人可以提起诉讼,故对商务局强行合并甲公司的行为不服,甲公司和乙(法定代表人)都可以作为原告提起行政诉讼。

## 第二节 行政诉讼被告

### 一 相关案例

#### (一)案例一:田某诉北京科技大学拒绝颁发毕业证、学位证案[①]

田某1994年9月考取北京科技大学,取得了本科生学籍,1996年2月底,在电磁学课程补考的过程中,随身携带写有电磁学公式的纸条,上厕所时纸条掉出被监考老师发现,田某被停止了考试。该行为于3月5日被认定为夹带作弊,学校对他作出退学处理决定,同年4月10日填发了学籍变动通知,但是均未直接向田某本人宣布、送达,也未实际办理手续。田某继续在学校以该校大学生的身份参加正常学习及学校组

---

① 案例来源:https://www.chinacourt.org/article/detail/2014/12/id/1524355.shtml。

织的活动,学生证丢失,学校还予以补办,每学年均继续收取田某的学宿费,并为他进行学籍注册、发放大学生补助津贴、安排参加毕业实习设计。田某被安排重修了电磁学,也取得了英语四级、计算机应用水平测试等合格证书,论文答辩通过并获得了优秀。直到1998年6月,田某所在院系向北京科技大学报送授予学士学位表时,北京科技大学以田某已按退学处理,不具有北京科技大学学籍为由,拒绝为其颁发毕业证,也未向有关教育行政部门呈报毕业派遣资格表。田某认为自己符合大学毕业生的法定条件,北京科技大学拒绝给其颁发毕业证、学位证是违法的,于是向法院提起行政诉讼。两审法院均认定北京科技大学的行为违法。

 **案例思考**

① 本案例中,高等学校是否可以作为行政诉讼的被告?
② 该案件具有什么现实意义?

## (二)案例二:叶某某、胡某某诉浙江省人民政府不履行政府信息公开法定职责案①

原告叶某某、胡某某诉称,原告于2015年7月11日向被告提出政府信息公开申请,被告浙江省人民政府于2015年7月13日16时收到原告的申请,在法定期限内未向原告答复,原告于2015年10月14日再次要求被告提供原告所需的信息,但之后一直未得到被告的答复。被告的行为违反了《政府信息公开条例》第二十六条的规定。原告起诉后,被告才履行职责。原告请求确认被告超越法定期限提供信息的行政行为违法,本案诉讼费用由被告承担。被告浙江省人民政府辩称,本案被告主体不适格。两原告在起诉状中称其于2015年7月向被告邮寄了政府信息公开申请表,提交的对象是浙江省人民政府法制办公室,所需信息也是浙江省人民政府法制办公室的文件,此文件并非要经过浙江省人民政府或者浙江省人民政府办公厅许可。故本案被告应当是浙江省人民政府法制办公室而不是浙江省人民政府。根据《浙江省人民政府法制办公室主要职责内设机构和人员编制规定》,浙江省人民政府法制办公室是浙江省人民政府的直属机构而非办事机构。浙江省人民政府法制办公室有独立的组织机构代码。请求驳回原告的起诉。

原审法院认为,叶某某、胡某某向浙江省人民政府法制办公室邮寄政府信息公开申请表,申请公开浙江省人民政府法制办公室制作的文件。浙江省人民政府法制办公室作为浙江省人民政府的直属机构,属于信息公开义务主体,其在信息公开诉讼中具有独立的诉讼主体资格。原告以浙江省人民政府为被告提起本案诉讼,被告主体不适格。该院已根据《最高人民法院关于执行〈中华人民共和国行政诉讼法〉若干问题的解

---

① 案例来源:https://wenshu.court.gov.cn/website/wenshu/181107ANFZ0BXSK4/index.html? docId=08375128a70c4c60b030a84601314bc0。

释》第二十三条的规定,告知原告变更被告为浙江省人民政府法制办公室,但原告不同意变更本案被告。故依照《最高人民法院关于执行〈中华人民共和国行政诉讼法〉若干问题的解释》第二十三条的规定,裁定驳回原告叶某某、胡某某的起诉。

 **案例思考**

本案例中,浙江省人民政府法制办公室是否可以作为本案例的被告?

### (三)案例三:丁某某诉宁阳县磁窑镇人民政府行政强制再审案①

再审申请人丁某某因诉被申请人宁阳县磁窑镇人民政府行政强制一案,不服泰安市中级人民法院〔2018〕鲁09行终45号行政判决,向山东省高级人民法院申请再审。

丁某某称,第一,原审法院驳回起诉确有错误。2015年4月份,宁阳县磁窑镇后丁村委干部让原告去村西开垦的荒地处,让原告查被征用的杨树、柳树,经询问得知后丁村和其他村征地及树木补偿不一样,原告村补得少,原告没同意。2015年7月20日深夜,原告的杨树被毁坏116棵,价值1.2万元。报警后110出警认为是政府行为,让原告去政府处理。然而宁阳县磁窑镇人民政府拒不处理。2015年8月16日,宁阳县磁窑镇人民政府安排人员又强行将300余棵杨树、柳树用挖掘机全部砸断毁坏,并把8万余元的财产损坏(附照片),抢占土地5亩,两次毁坏树木420棵,给原告及其家庭造成不应有的损失,宁阳县磁窑镇人民政府的行为明显违法。第二,原审法院适用法律法规错误。宁阳县磁窑镇人民政府安排工作人员对原告的财产造成损害有事实依据,原告向原审法院提交了证据,而宁阳县磁窑镇人民政府未向法院提交证据,原审法院只依据《最高人民法院关于审理行政赔偿案件若干问题的规定》第三十三条规定判决驳回再审申请人的诉讼请求没有法律依据。原审法院让再审申请人举证违反《行政诉讼法》的规定,应当由被申请人举证。综上,依据《行政诉讼法》第九十一条第(一)(四)项的规定,请求撤销泰安市中级人民法院〔2018〕鲁09行终45号行政判决,发回重审。

宁阳县磁窑镇人民政府向法院提交书面答辩意见称,第一,丁某某申请再审的第一个理由文不对题,驳回起诉用裁定,本案是判决,该项再审理由不成立。第二,被申请人没有就案涉大汶河或海子河湿地项目没有作出过任何行政行为,原审法院适用法律正确。请求驳回再审申请。

 **案例思考**

本案例中,宁阳县磁窑镇人民政府是否应该对此案负举证责任?为什么?

---

① 案例来源:https://wenshu.court.gov.cn/website/wenshu/181107ANFZ0BXSK4/index.html? docId=46637d5927b94487a60aab0d017f0462。

## 二 相关理论知识

### （一）概念

行政诉讼被告是指原告指控其行政行为违法，侵犯原告合法权益，并经人民法院通知应诉的具有国家行政职权的机关和组织。

### （二）特征

(1)被告是具有国家行政职权的机关或者组织，包括行政机关和法律、法规授权组织等。

(2)被告应当是作出被起诉的行政行为，并且对被起诉的行政行为承担法律责任的组织。这里的行为包括作为或不作为的行政行为，实际上，被告就是行政主体承担法律责任的一种形式。

(3)被告由人民法院通知应诉。被原告指控且被法院通知应诉，是被告的程序特点，没有法院的立案审查，就不能认定被告。

### （三）行政诉讼被告的确认

行政诉讼被告的确认具体规则如下。

(1)公民、法人或者其他组织依法直接向人民法院提起诉讼的，作出具体行政行为的机关是被告。

(2)行政机关委托的组织所作的行政行为，委托的行政机关是被告。这个结合关于行政主体那一章的知识点就不难判定，受委托方是以委托行政机关的名义作出行政行为，并由委托行政机关的名义承担法律责任。

(3)对法律、法规授权的组织所作的具体行政行为不服的，该组织是被告，因为它具有行政主体的资格。

(4)经过行政复议的案件，被告确认有三种情况：首先，如果复议机关维持原行政行为，那么复议机关和作出原行政行为的行政机关作为共同被告；其次，如果复议机关改变了原行政行为，那么复议机关是被告；再次，如果复议机关在法定期限内不作出复议决定，这并不会影响行政相对人对原行政行为的起诉，那么就应该以作出原行政行为的机关为被告，当然，如果行政相对人是对复议机关的复议不作为不服而提起诉讼，就应当以复议机关为被告。

(5)两个以上行政机关作出同一具体行政行为的，共同作出具体行政行为的行政机关是共同被告。这种情形在"联合执法"中出现得比较多，当然，如果行政主体和一个非行政主体共同署名作出具体行政行为,就只能以行政主体为被告提起诉讼。

(6)经上级机关批准而作出行政行为的,以对外生效文书署名的机关为被告。

(7)行政机关被撤销的,继续行使其职权的行政机关是被告。

### (四)被告的举证责任

《行政诉讼法》第三十四条明确规定:"被告对作出的行政行为负有举证责任,应当提供作出该行政行为的证据和所依据的规范性文件。被告不提供或者无正当理由逾期提供证据,视为没有相应证据。但是,被诉行政行为涉及第三人合法权益,第三人提供证据的除外。"

这个规定有三层含义:首先,被告对行政行为要承担举证责任;其次,被告对行政行为的合法性承担举证责任;最后,被告需要对行政行为合法性的证据和依据承担举证责任。

需要注意的是,被告及其代理人在诉讼过程中,不得自行向原告和证人收集证据。而且,被告在第一审庭审结束前,不提供或者不能提供作出具体行政行为的主要证据和所依据的规范性文件的,法院可以依据《行政诉讼法》的规定,判决撤销被起诉具体行政行为。

二维码 12-3
阅读资料:
行政诉讼被告
认定标准的
反思与重构

二维码 12-4
视频资料:
涉强拆行政
诉讼谁当被告?

## 三 案例分析

### (一)案例一分析

关于问题①,在本案发生的时期,行政诉讼的被告范围还不够全面,但是根据行政诉讼被告的基本概念可以分析出,当原告指控其行政行为违法,侵犯原告合法权益,并经人民法院通知应诉时,具有国家行政职权的机关和组织可以作为行政诉讼的被告。在本案中,作为高等学校且有行政主体资格的北京科技大学对田某有进行学籍管理、奖励或处分的权力,并且也有代表国家对受教育者颁发学历证书、学位证书的职责,可以作出具体行政行为;而北京科技大学拒绝给田某颁发毕业证、学位证的具体行政行为触及原告田某的利益,田某表示不服向人民法院提起诉讼。故高等学校可以作为行政诉讼的被告。

关于问题②,该案对于明确高等学校可以成为行政诉讼的适格被告具有意义。自此之后,法律明确作出规定,高等学校与受教育者之间属于教育行政管理关系,受教育者对高等学校涉及受教育者基本权利的管理行为不服的,有权提起行政诉讼,高等学校是行政诉讼的适格被告。这个案件的审理不仅历史性地扩大了行政诉讼的被告范围,同时也首次将正当程序原则明确为高校行使管理权应当遵循的基本原则,对规范授权的组织管理活动具有里程碑式的作用和现实意义。

### (二) 案例二分析

根据相关理论知识可知:行政诉讼被告确认的具体规则中要求,行政机关委托的组织所作的行政行为,委托的行政机关是被告。受委托方以委托行政机关的名义作出行政行为,并由委托行政机关的名义承担法律责任。具体到本案来看,根据《浙江省人民政府法制办公室主要职责内设机构和人员编制规定》等规定的浙江省政府法制办公室是浙江省人民政府的办事机构,其职能定位为浙江省人民政府负责的参谋与法律顾问,浙江省人民政府法制办公室所具体承担的法规审查、行政复议、备案审查等工作,依法均由浙江省人民政府作出最终决定,因此可以看出,浙江省人民政府法制办公室本身不具有独立的行政管理职能,不能也不对外行使行政管理职权,其作出行为的法律责任应当由浙江省人民政府承担。像本案中的浙江省人民政府法制办公室这类行政机关不具有独立承担法律责任能力的机构,不能以自己的名义作出具体行政行为,两位当事人叶某某与胡某某不服提起诉讼的,应当以组建该机构的行政机关浙江省人民政府为被告。故浙江省人民政府依法是适格被告,浙江省人民政府法制办公室不可以作为本案例的被告。

### (三) 案例三分析

根据相关理论知识及《行政诉讼法》的相关规定可知:被告对作出的行政行为负有举证责任,应当提供作出该行政行为的证据和所依据的规范性文件。被告不提供或者无正当理由逾期提供证据,视为没有相应证据。按照该规定,被告需要对行政行为合法性的证据和依据承担举证责任。具体到本案中,宁阳县磁窑镇人民政府本应该负有举证责任,但是,提起诉讼首先须举证证明被诉行政行为存在,从原审双方提供的证据及查明的事实来看,不足以证实是宁阳县磁窑镇人民政府实施的丁某某所诉的行政行为,宁阳县磁窑镇人民政府也不承认是其实施了该强制行为。故丁某某起诉宁阳县磁窑镇人民政府属于被告不适格,宁阳县磁窑镇人民政府不应该对此案负举证责任。

## 第三节 行政诉讼第三人

### 一 相关案例

**（一）案例一：郑某某诉息烽县西山镇人民政府城乡建设行政管理案**[①]

被告西山镇人民政府于2017年6月14日作出公告，该公告主要载明：西山镇村镇建设服务中心、国土所在违法违章建筑巡查中，发现西山镇林丰村红岩组洪家门口（施某某自留地上）有一处三层违章建筑，面积约为400平方米。根据《城乡规划法》、《土地管理法》之规定，限该违建者于2017年6月21日前自行拆除，逾期未拆，西山镇人民政府将依法对该违章建筑实施强制拆除。

原告诉称，原告通过与施某某、马某某签订承包土地经营权转包合同书及关于"承包土地经营权转包合同书"的补充协议，转包了位于息烽县西山镇（原西山乡）林丰村红岩组洪家口的耕地，约1.1亩，用于经营息烽县明福食用菌种植场，为此，建设有房屋。2017年6月14日，被告作出公告，并张贴在原告处。原告认为，被告作出的公告行政行为实体和程序均违法，侵害了原告受宪法保护的财产权利。

经审理查明，2013年5月，原告郑某某与西山乡林丰村红岩组的施某某、马某某签订承包土地经营权转包合同书。2013年6月，息烽县西山镇国土所和村镇建设服务中心发现在联丰村红岩组旱耕地上修建房屋的行为。2013年7月，西山乡国土所工作人员对该地上的建筑物进行了勘察并制作了平面草图。西山镇国土所经向施某某、马某某、邱某及原告调查询问，被询问调查人均不认可系自己所建房屋。2013年7月10日，被告曾向修建人制止建房，但此时原告并未承认是自己建房。2017年6月14日，被告在违建房之处张贴公告，该公告载明，西山镇村镇建设服务中心、国土所在违法违章建筑巡查中，发现西山镇林丰村红岩组红家门口（施某某自留地上）有一处三层违章建筑，面积约为400平方米。根据《城乡规划法》、《土地管理法》之规定，限该违建者于2017年6月21日前自行拆除，逾期未拆，西山镇人民政府将依法对该违章建筑实施强制拆除。2017年7月31日，被告组织人员对该建筑进行了拆除。2017年8月，被告在《西山镇人民政府关于郑某某信访事项的处理意见》中确定：位于西山镇

---

[①] 案例来源：https://wenshu.court.gov.cn/website/wenshu/181107ANFZ0BXSK4/index.html? docId=975401c53e944c629397a91201713852。

林丰村红岩组洪家口的砖混结构建筑不是厂房,而是郑某某授意邱某以明福食用菌种植场需建厂房为由在该地块上未经批准修建的住房。根据上诉人的诉称理由及上诉人在审理中提交的证据审查,上诉人提交的营业执照系息烽县明福食用菌种植场的营业执照,类型系个体工商户,经营者是邱某,组成形式是个人经营。上诉人提交的两份申请书上的签章均为息烽县明福食用菌种植场。

 **案例思考**

本案例中,息烽县明福食用菌种植场在本案中能否作为第三人参加行政诉讼?

### (二)案例二:石某诉荥阳市人民政府土地确认案①

石某系军队转业干部,退伍后被安置在某县司法行政系统工作,转业安置前他在村里有一宅基地,并领有宅基证。其兄以石某不在家住造成房屋闲置为由,将石某宅基地转卖给姚某,变更宅基登记,使姚某成功申领宅基证。后姚某因欠债,最终将宅基地转卖,交付石某。石某对房屋、院子围墙、大门进行了修缮。后石某才知道荥阳市人民政府为姚某换发宅基证,并以此为由起诉到法院,请求法院撤销荥阳市人民政府发给姚某的宅基证。最终法院以姚某拥有城镇户口,并非石某所在村村民,不具备在该村申请宅基地为由,认定荥阳市人民政府为姚某颁发宅基证的行为缺乏事实依据,撤销了荥阳市人民政府为姚某颁发的宅基证。姚某不服,提出上诉,理由是一审判决认定事实不清,程序违法,适用法律错误,请求二审法院撤销一审判决。

 **案例思考**

本案例中,第三人姚某是否有权提起上诉?

### (三)案例三:重庆格兰通用机械制造有限公司诉重庆市沙坪坝区人力资源和社会保障局工伤决定案②

原告重庆格兰通用机械制造有限公司(以下简称格兰通用公司)不服被告重庆市沙坪坝区人力资源和社会保障局2015年6月26日作出的沙人社伤险认决字〔2014〕209号认定工伤决定书,于2015年12月21日向法院提起行政诉讼。

---

① 案例来源:https://www.lawtime.cn/zhishi/a1017490.html。
② 案例来源:https://wenshu.court.gov.cn/website/wenshu/181107ANFZ0BXSK4/index.html?docId=12bfa980873a452fa70d5f669b91beb5。

原告格兰通用公司诉称，第一，被告认定工伤程序违法。2015年4月，第三人彭某某向被告申报职业病工伤认定申请后，原告于举证期限内申请对第三人是否患电焊工尘肺病及其形成时间进行鉴定，但被告无故不准许原告之申请，且拒绝出具书面决定书，致使第三人所患电焊工尘肺病因及其形成时间无法查明，该第三人病情是否因在原告处工作导致，牵扯原告是否应承担用人单位法律责任之关键，尤其是第三人在原告处工作时间仅40余日即患电焊工尘肺有悖常理，缺乏科学性和准确性。依法被告认定工伤决定书程序违法，依法应予以纠正。第二，被告认定工伤事实不清，违反法律规定。2013年10月16日，第三人到原告处工作，同年12月5日即被诊断为电焊工尘肺一期。第三人在原告处工作累计仅40余天，即从常理判断，第三人患电焊工尘肺与原告处工作缺乏关联，现第三人所患电焊工尘肺病因不明，形成时间不定（不排除到原告处工作之前即患电焊工尘肺，此前第三人亦从事电焊工作13年），被告所作案涉决定书严重损害了原告的合法权益，有悖公平，依法应予以撤销。综上，被告认定工伤程序违法，事实依据不清，严重缺乏科学性和准确性，依法应予以撤销，为维护自己的合法权益，原告请求判决撤销被告作出的沙人社伤险认决字〔2014〕209号认定工伤决定书。

被告重庆市沙坪坝区人力资源和社会保障局辩称，第一，人社局是依据职权对本辖区内的职工、个体工商户等依法进行工伤认定的权力机关；第二，彭某某经有权机关鉴定为职业病，我局依据其诊断书作出工伤认定的行政决定，并无不当；第三，认定程序中依法告知了用人单位有举证的权利和义务，用人单位拒不举证的或者举证不能的应当承担相应的法律后果。综上所述，案涉工伤认定事实清楚，程序合法，适用的法律法规正确，请求人民法院依法驳回原告的诉讼请求。

第三人彭某某认为，被告作出的行政决定程序和内容均合法，请求人民法院判决维持被告作出的工伤认定决定。

经审理查明，第三人彭某某系格兰通用公司招录的员工，于2013年10月16日到原告处从事电焊工作，试用期为一年。2013年12月6日在原告单位组织的在岗期间体检时，体检结果为可疑尘肺，建议到上级职业病诊断机构检查。后彭某某到重庆市疾病预防控制中心申请职业病鉴定，该中心于2013年12月24日作出了渝疾控职诊字201309957号职业病诊断证明书，诊断结论为电焊工尘肺一期。2014年4月23日，彭某某向重庆市沙坪坝区人力资源和社会保障局递交了工伤认定申请表及相关资料，申请工伤认定。该局于当日受理了其工伤认定申请后，向格兰通用公司邮寄送达了沙人社伤险认举字〔2014〕34号工伤认定举证通知书。格兰通用公司在收到该举证通知书后向被告提交了鉴定申请并申请中止工伤认定程序。被告经审查后认为符合法律规定，遂于2014年6月2日作出了中止决定，并告知了各方当事人。后被告依据第三人的申请恢复工伤认定程序后，依据其收集的材料于2015年6月26日作出沙人社伤险认决字〔2014〕209号认定工伤决定书，认定彭某某于2013年12月24日经重庆市疾病预防控制中心诊断为电焊工尘肺一期。彭某某受到的事故伤害符合《工伤保险条例》第十四条第（四）项之规定，属于工伤认定范围，现予以认定为工伤。格兰通用公司在收到该工伤认定决定后不服，向法院提起行政诉讼，要求判如所请。

以上事实,有被告提交的工伤认定申请表、劳动合同书、职业病诊断证明书、职业健康检查表、工伤认定举证通知书及邮递清单、工伤认定案件调查笔录、鉴定申请书、中止工伤认定程序申请书及当事人的当庭陈述等证据予以证明,这些证据的真实性、合法性、关联性经开庭质证和本院审查,可以作为定案依据。

 **案例思考**

本案例中,彭某某属于什么性质的第三人?

## 二 相关理论知识

### (一)概念

行政诉讼第三人是指同被诉讼的具体行政行为有利害关系,或者与案件处理结果有利害关系的其他公民、法人或其他组织。

### (二)内容

行政诉讼第三人分为以下两种。

(1)同被起诉的行政行为有利害关系但没有提起诉讼的第三人。这一类第三人在行政诉讼案件中比较常见,属于适格的原告或适格的被告,只是因为其自身没有起诉或没有被诉才作为第三人参与行政诉讼。比如,在一个行政处罚案件中,行政机关处罚了张三和李四,如果张三不服,向人民法院起诉,李四就可以作为第三人参加诉讼;或者李四不服,向人民法院起诉,张三就可以作为第三人参加诉讼。再比如,行政机关委托某组织实施的行政处罚,行政相对人不服的话,行政机关作为被告,那么这个被委托的组织就可以作为第三人参加诉讼。

(2)跟案件处理结果有利害关系的第三人。这是指虽然这个第三人跟被起诉的行政行为不具备直接的利害关系,但是案件处理结果会间接影响到该第三人的合法权益。这种情况在实践中虽不常见,但确实存在,所以又可以称之为事实关系第三人。

这主要有以下三种情况。

第一,在两个有牵连关系的处罚案件中,同一处罚主体实施了两个处罚行为,且案件事实有牵连,其中一案的被处罚人向法院起诉。这个时候,没有起诉的一方行政相对人便是事实关系第三人。

第二,两个行政主体对同一行政相对人分别作出了相互矛盾的两个行政行为,比如,其中一个机关批准某行为,而另一个机关却处罚这一行为。如果起诉作出处罚的机关,那么另一批准机关就是事实关系第三人。

第三,一个行政主体越权行使其他行政主体的职权,原告起诉的,被越权的行政主体就属于事实关系第三人。

二维码 12-5
法律规范体系化背景下的行政诉讼制度的完善

二维码 12-6
阅读资料:
新《行政诉讼法》中的第三人确定标准论析

## 三 案例分析

### (一)案例一分析

根据相关理论知识可知:行政诉讼第三人是指同被诉讼的具体行政行为有利害关系,或者与案件处理结果有利害关系的其他公民、法人或其他组织。其中一类具体指同被起诉的行政行为有利害关系,但没有提起诉讼的第三人,他们属于适格的原告或适格的被告,只是因为其自身没有起诉或没有被诉才作为第三人参与行政诉讼。具体到本案中,被告根据《城乡规划法》等相关规定,组织人员对该建筑进行了拆除。而后被告确定,被拆除的位于息烽县西山镇林丰村红岩组洪家口的一栋三层砖混结构建筑不是厂房,而是郑某某授意邱某以明福食用菌种植场需建厂房为由在该地块上未经批准修建的住房。原告亦陈述案涉房屋是修建的息烽县明福食用菌种植场的厂房,故说明息烽县明福食用菌种植场同被诉讼的具体行政行为有利害关系,息烽县明福食用菌种植场在本案中可以作为第三人参加诉讼。

### (二)案例二分析

本案中,第三人姚某有权提起上诉。根据相关理论知识可知:第三人姚某是这场行政诉讼所争议的具体行政行为的直接受益人,被诉的荥阳市人民政府颁发宅基证的行为的撤销与否关系着姚某对宅基地的使用权,故姚某属于义务关系第三人。在本案中,一审判决撤销了被告荥阳市人民政府为第三人姚某颁发的宅基证,这一判决意味着姚某必须承担向原告石某返还宅基地使用权的义务。作为需要依据判决承担实体义务的第三人,姚某理当享有上诉权。

## (三)案例三分析

根据相关理论知识可知:行政诉讼中,跟案件处理结果有利害关系的第三人是指虽然这个第三人跟被起诉的行政行为不具备直接的利害关系,但是案件处理结果会间接影响到该第三人的合法权益。具体到本案中,被告作为县级以上人民政府社会保险行政部门,依法具有依当事人申请进行工伤性质认定的行政职权,被告受理第三人彭某某提出的工伤认定申请并依据法定程序作出工伤认定符合法律规定,且本案中各方当事人对彭某某与格兰通用公司之间形成劳动关系,以及彭某某患有尘肺一期职业病的事实并无争议。故格兰通用公司诉告重庆市沙坪坝区人力资源和社会保障局工伤决定的案件结果会间接影响到第三人彭某某的合法权益,彭某某是属于跟案件处理结果有利害关系的第三人。

二维码 12-7
第十二章自测题

二维码 12-8
第十二章自测题
参考答案

# 第十三章

# 行政诉讼程序

行政诉讼程序指的是公民、法人或者其他组织认为行政主体的行政行为侵犯其合法权益,请求国家司法机关予以行政救济的一系列法律程序。行政诉讼程序主要包括起诉与受理程序、一审程序、二审程序、审判监督程序等。

## 第一节 起诉与受理

### 一 相关案例

**(一)案例一:罗某诉吉安市物价局物价行政处理案**[①]

2012年5月20日,罗某在吉安市吉州区井冈山大道电信营业厅办理手机号码时,吉安电信公司收取其20元卡费并出具了发票。罗某认为吉安电信公司收取其首次办理手机号码的卡费,违反了《集成电路卡应用和收费管理办法》中不得向用户单独收费的禁止性规定,于5月28日向吉安市物价局进行申诉举报,并提出了要求吉安市物价局履行法定职责进行查处和作出书面答复等诉求。

5月31日,吉安市物价局收到罗某的申诉举报函,于7月3日作出《关于对罗某2012年5月28日〈申诉书〉办理情况的答复》,并向罗某邮寄送达。答复内容为:"2012年5月31日我局收到您反映吉安电信公司新办手机卡用户收取20元手机卡卡费的申诉书后,我局非常重视,及时进行调查,经调查核实:江西省通管局和江西省发改委联合下发的《关于江西电信全业务套餐资费优化方案的批复》规定:UIM卡收费上限标准为入网50元/张,补卡、换卡为30元/张。我局非常感谢您对物价工作的支持和帮助。"罗某不服,于是将吉安市物价局告至人民法院。

原告罗某诉称,被告虽然出具了书面答复,但答复函中只写明被告调查时发现一个文件及该文件的部分内容。答复函中并没有对原告申诉举报信中的请求事项作出处理,被告的行为违反了《价格法》《价格违法行为举报规定》等相关法律规定,请求法院确认被告在处理原告申诉举报事项中的行为违法,依法撤销被告的答复,判令被告依法查处原告申诉举报信所涉及的违法行为。

---

[①] 案例来源:https://www.court.gov.cn/shenpan-xiangqing-34342.html。

被告吉安市物价局辩称,原告的起诉不符合《行政诉讼法》的有关规定。行政诉讼是指公民、法人、其他组织对于行政机关的具体行政行为不服提起的诉讼。本案中被告于 2012 年 7 月 3 日对原告作出的答复不是一种具体行政行为,不具有可诉性。被告对原告的答复符合《价格违法行为规定》的程序要求,答复内容也是告知原告被告经过调查后查证的情况,请求法院依法驳回原告的诉讼请求。

案例思考

本案例中,原告罗某是否符合法定起诉条件?

(二)案例二:中国乙肝歧视第一案①

张某大学毕业后,一直未找到正式工作。2003 年 6 月,安徽省芜湖市人事局招聘国家公务员。张某到该市人事局报名,报考的职位是安徽省芜湖县委办公室经济管理人员。在 30 多名考生中,张某成绩为行政职能 70 多分,面试 80 多分,两项成绩均名列第一。

张某在大学读书期间的体检即被确定为"一、五阳",为谨慎起见,在面试之前于 2003 年 9 月自行到达安徽省芜湖市人民医院进行了体检,体检结果仍然是"一、五阳",肝功能正常。但在随后由芜湖市人事局组织的体检中,张某被芜湖市人事局委托的体检医院芜湖市人民医院诊断为"乙肝两对半小三阳",医院在体检表上明确注明"不合格",并有体检医生的签字。张某对这次体检结果不服要求复检,解放军八六医院出具了第二次体检结果为"一、五阳",但得出的结论仍然是"体检不合格"。

随后,安徽省芜湖市人事局依据体检结果,口头通知张某,根据《安徽省国家公务员录用体检标准实施细则(试行)》,因体检不合格不予录取。张某要求芜湖市人事局出具书面答复,遭到拒绝。此后,张某又多次到芜湖市人事局咨询,都没有得到满意的答复。

2003 年 10 月 18 日,张某依据《行政复议法》的相关规定,向安徽省人事厅申请行政复议。2003 年 10 月 28 日,安徽省人事厅以"体检不合格的结论是由主检医生和体检医院作出的,不是芜湖市人事局作出的行政行为"为由,作出了不予受理的行政复议决定书。

同年 11 月 10 日,张某以被告芜湖市人事局的行为剥夺其担任国家公务员的资格,侵犯其合法权利为由,向芜湖市新芜区人民法院提起行政诉讼。请求依法判令被告的具体行政行为违法,撤销其不准许原告进入考核程序的具体行政行为,依法准许原告进入考核程序并被录用至相应的职位。

---

① 案例来源:http://fzzfyjy.cupl.edu.cn/info/1075/10921.htm.

案例思考

本案例中,法院是否应当受理本案?

(三)案例三:行政案件撤诉后重新起诉案①

2021年4月5日,被告某县市监局发现原告使用的食品原料均已超过保质期,这些食品均用于制售食品供用餐者食用。上述超过保质期食品原料均用于制售食品,货值金额共计2000元。2021年5月25日,被告对原告作出行政处罚决定书,给予原告以下行政处罚:没收违法使用的超过保质期的食品原料;处以9.2万元罚款,上缴国库。就这一事实原告已于2021年7月向法院提起过行政诉讼,在开庭前原告撤诉。2021年9月1日,原告重新起诉,要求撤销被告对原告作出的行政处罚决定书。

 案例思考

本案例中,法院是否应当受理本案?

## 二 相关理论知识

### (一)起诉

#### 1.起诉的定义

起诉是行政相对人认为行政机关和其工作人员的具体行政行为侵犯其合法权益,向法院提起诉讼,请求法院对具体行政行为进行合法性审查,以保护自己合法权益的活动。起诉是行政诉讼开始的前提条件。提起行政诉讼,必须符合一定的起诉条件。

#### 2.起诉的条件

(1)原告是具体行政行为侵犯其合法权益的行政相对人。
(2)要有明确的被告。

---

① 案例来源:http://news.sohu.com/a/503818015_121123523。

(3) 有具体的诉讼请求和事实根据。

(4) 属于人民法院受案范围和管辖范围。

### 3. 起诉的程序要求

(1) 行政诉讼与行政复议的关系：法律规定应当先向行政机关申请复议的，应当先进行行政复议；没有规定复议前置的，可直接提起行政诉讼。

(2) 起诉时效。行政诉讼法规定了以下三种情况。

第一，直接起诉的时效，是自知道具体行政行为之日起 3 个月内提出。

第二，经复议案件的时效，自收到复议决定书之日起 15 日内提起诉讼，复议机关应当在收到复议申请书之日起两个月内作出复议决定，复议机关逾期不作决定的，申请人可在复议期满之日起 15 日内提起诉讼。

第三，起诉时效的延长。如因不可抗力或者特殊情况耽误法定期限的，在障碍消除后的 10 日内，可以申请延长期限，是否准许延长由人民法院决定。除行政诉讼法的一般规定之外，一些单行的法律、法规有时会规定某些特殊时效。

二维码 13-1
阅读资料：
行政诉讼起诉条件的规范缺陷与修正

(3) 书面起诉。原告应向人民法院提交起诉状和起诉状副本。

## （二）受理

### 1. 受理的定义

受理是人民法院对起诉人进行审查后，确认其符合法律的规定，决定立案受理；或认为其不符合起诉条件而作出的不予受理的裁定。

### 2. 受理的过程

(1) 审查起诉。审查起诉是受理案件的重要环节，人民法院接到原告的起诉状后，应当进行审查。在审查起诉的过程中，法院主要审查以下几项内容。

第一，审查是否符合起诉的一般条件。比如需要审查原告和被告是否具有诉讼主体的资格，原告是否为具体行政行为侵犯权益的对象，被告是否为具有行政主体资格的主体，等等。

第二，审查是否重复起诉。对于人民法院已经处理过的行政案件或者正在进行审理的行政案件，当事人不能就同一诉讼标的以同一理由再向人民法院另行起诉，即人民法院"一事不再理"。

二维码 13-2
拓展阅读：
"民告官"遭遇
"踢皮球"怎么办？
最高人民
法院回应

第三，审查是否超过法定期限。

第四，审查法律法规规定行政复议为提起行政诉讼必经程序的，是否已经过复议。

第五，审查起诉状的内容是否明确、具体，起诉的手续是否完备，是否符合法律的规定。

（2）审查决定。经过审查后，人民法院应当视情况作出处理：认为当事人的起诉符合法定的受理条件的，应当在 7 日内立案，并及时通知原告；认为当事人的起诉不符合法定的受理条件的，应于法定期限内通知起诉人不予受理，并说明理由；法院在 7 日内审查不清的，应当先予受理，经继续审查确实不符合起诉条件的，裁定驳回起诉。

## 三 案例分析

### （一）案例一分析

根据相关理论知识可知：提起行政诉讼，必须属于人民法院受案范围和管辖范围。在本案中，吉安市物价局依法应对罗某举报的吉安电信公司收取卡费行为是否违法进行调查认定，并告知调查结果，但其作出的举报答复将《关于江西电信全业务套餐资费优化方案的批复》中规定的 UIM 卡收费上限标准进行了罗列，未载明对举报事项的处理结果。此种以告知文件部分有关内容代替告知举报调查结果行为，未能依法履行保护举报人财产权的法定职责，本身就是对罗某通过正当举报途径寻求救济的权利的一种侵犯，不属于《最高人民法院关于执行〈中华人民共和国行政诉讼法〉若干问题的解释》第一条第（六）项规定的"对公民、法人或者其他组织权利义务不产生实际影响的行为"的范围，具有可诉性，属于人民法院行政诉讼的受案范围。根据《行政诉讼法》第十一条第一款第（五）项规定，申请行政机关履行保护人身权、财产权等合法权益的法定职责，行政机关拒绝履行或者不予答复的，人民法院应受理当事人对此提起的诉讼。故本案中原告罗某符合行政诉讼条件。

### （二）案例二分析

根据相关理论知识可知：人民法院接到原告的起诉状后，应当审查原告是否为具体行政行为侵犯权益的对象。在本案中，根据当时的《国家公务员暂行条例》以及《国家公务员录用暂行规定》,芜湖市人事局作为当地招录国家公务员的主管行政机关,决定是否招录公务员属于其职权范围内的事情,其判断张某是否符合招录标准的意思表示,属于行使职权的具体行政行为。张某认为该具体行政行为侵犯了其合法权益,依法提起行政诉讼,符合人民法院受理行政案件的一般标准。此外,在本案中,张某尚未取得公务员身份,起诉时其身份是"一般公民",也符合法院受理行政案件的一般标准。故法院应当受理原告张某的起诉。

2003年,安徽市新芜区人民法院受理了张某诉芜湖市人事局取消公务员录取资格案,承认了芜湖市人事局对张某作出的不予录用的口头通知是具体行政行为,具有可诉性。自此,开创了法院受理"乙肝歧视"案件的先例,在社会上产生了广泛影响。本案例的特殊性在于其涉及公务员招录问题。不予录用行为所侵犯的不是具体的人身权或者财产权,认为其不属于行政诉讼受案范围也不是完全无道理可言。在此种意义上说,法院受理该案,为2014年修正的《行政诉讼法》将兜底性受案范围的描述修改为"侵犯其他人身权、财产权等合法权益的"提供了司法实践基础。

### (三)案例三分析

根据相关理论知识可知:对于人民法院已经处理过的行政案件或者正在进行审理的行政案件,当事人不能就同一诉讼标的以同一理由再向人民法院另行起诉,即人民法院"一事不再理"。在本案中,原告于2021年7月提起行政诉讼的诉求与本次起诉的诉求一致,属于法律规定的同一事实同一理由的情形。故本案应当裁定驳回原告的起诉,不予受理。

## 第二节 行政诉讼一审和二审程序

### 一 相关案例

#### (一)案例一:罗元某诉地方海事处信息公开违法诉讼案[①]

原告:罗元某

---

① 案例来源:https://www.court.gov.cn/shenpan-xiangqing-136401.html。

被告：重庆市彭水苗族土家族自治县地方海事处

原告罗元某是兴运2号船的船主，在乌江流域从事航运、采砂等业务。2014年11月17日，罗元某因诉重庆市×水电开发有限公司财产损害赔偿纠纷案需要，通过邮政特快专递向被告重庆市彭水苗族土家族自治县地方海事处（以下简称彭水县地方海事处）邮寄书面政府信息公开申请书，具体申请的内容如下。第一，公开彭水县港航管理处（以下简称彭水县港航处）、彭水县地方海事处的设立、主要职责、内设机构和人员编制的文件。第二，公开下列事故的海事调查报告等所有事故材料：兴运2号在2008年5月18日、2008年9月30日的2起安全事故及鑫源306号、鑫源308号、高谷6号、荣华号等船舶在2008年至2010年发生的安全事故。

彭水县地方海事处于2014年11月19日签收后，未在法定期限内对罗元某进行答复，罗元某向彭水苗族土家族自治县人民法院（以下简称彭水县法院）提起行政诉讼。2015年1月23日，彭水县地方海事处作出政府信息告知书，载明以下两方面内容：一是就申请公开的彭水县港航处、彭水县地方海事处的内设机构名称等信息，告知罗元某获取的方式和途径；二是对申请公开的海事调查报告等所有事故材料，经查该政府信息不存在。彭水县法院于2015年3月31日对该案作出行政判决，确认彭水县地方海事处在收到罗元某的政府信息公开申请后未在法定期限内进行答复的行为违法。

2015年4月22日，罗元某以彭水县地方海事处作出的政府信息告知书不符合法律规定，且与事实不符为由，提起行政诉讼，请求撤销彭水县地方海事处作出的政府信息告知书，并由彭水县地方海事处向罗元某公开海事调查报告等涉及兴运2号船的所有事故材料。另查明，罗元某提交了涉及兴运2号船于2008年5月18日在彭水高谷长滩子发生整船搁浅事故以及于2008年9月30日在彭水高谷煤炭沟发生沉没事故的《彭水县水电站断航碍航问题调查评估报告》《彭水县地方海事处关于近两年因彭水县电站不定时蓄水造成船舶搁浅事故的情况报告》等材料。

彭水县法院于2015年6月5日作出行政判决，驳回原告罗元某的诉讼请求。罗元某不服一审判决，于半个月内向重庆市中级人民法院提起上诉。在案件二审审理期间，彭水县地方海事处主动撤销了其作出的政府信息告知书，但罗元某仍坚持诉讼。

 **案例思考**

① 本案例中，原告罗元某请求二审的上诉行为是否符合法定时效？
② 本案例中，被告在诉讼过程中，是否可以改变原具体行政行为？
③ 本案例中，如被告改变原具体行政行为，法院应如何处理？

### （二）案例二：雷某诉政府信息公开案①

原告雷某是秀山土家族苗族自治县涌洞乡楠木村村民，在本村建有房屋，并在本村承包有土地，拥有农村土地承包经营权证，土地流转期限为1998年7月1日至2028年6月30日。现因"秀山土家族苗族自治县川河盖旅游区项目"建设需要，雷某的上述土地被纳入征收范围。雷某作为利害关系人，于2019年9月12日向秀山土家族苗族自治县（以下简称秀山县）政府邮寄了政府信息公开申请表，依法申请公开被征收土地、房屋所在地块的如下审批文件："1.征地批复及对应的勘测定界图;2.征收土地公告;3.征地补偿安置方案的批复文件;4.征地预公告（征地告知书）;5.拟征收土地调查确认书（请求提供每户对地籍调查签字确认书）;6.预征地补偿款存储证明;7.社会稳定风险评估报告;8.用地批准后的征地补偿登记材料、征地补偿费用支付相关凭证，并向雷某邮寄上述文件的书面文件（均需加盖公章），如该文件不存在，请书面告知。"秀山县政府于2019年9月16日8时41分签收上述申请，但是对该信息公开申请逾期未作出答复，也未告知雷某需要补正信息，而是交由秀山土家族苗族自治县规划和自然资源局（以下简称秀山县规资局）办理。2020年4月，雷某认为秀山县政府逾期未履行政府信息公开的法定职责，遂提起本案诉讼。

原告雷某称，秀山县政府的上述行为违反了《政府信息公开条例》的相关规定，侵犯了雷某的合法权益，请求：第一，依法确定秀山县政府不履行政府信息公开职责的行为违法；第二，责令其依法公开雷某所申请公开的全部政府信息，并将书面答复结果邮寄给雷某；第三，本案例的诉讼费用由秀山县政府承担。

被告秀山县政府辩称，第一，秀山县政府已履行政府信息公开职责，雷某第一项诉讼请求应予驳回。理由如下。秀山县政府于2019年9月16日收到雷某政府信息公开申请，在得知雷某向秀山县政府申请政府信息公开的同时，又向秀山县规资局申请了政府信息公开，且向秀山县政府申请公开的政府信息包括了向秀山县规资局申请公开的政府信息，为节约行政资源，秀山县政府将其申请交由秀山县规资局一并办理。秀山县规资局于2019年9月23日作出书面回复，并于当日按雷某的要求邮寄至指定地址。第二，秀山县规资局已书面回复雷某，对于存在的政府信息已向雷某公开，对于不存在的政府信息已向雷某说明理由，故雷某的第二项诉讼请求应予驳回。秀山县规资局对雷某的书面回复内容及附件足以证明以下事实：其一，对于雷某申请公开的存在的政府信息，即预征地补偿款存储证明（即入账通知书）和乡镇土地利用总体规划（包含基本农田界定范围），秀山县规资局已向雷某公开；其二，对于雷某申请公开的不存在的政府信息，秀山县规资局已书面向其回复并说明了理由。因此，根据《最高人民法院关于审理政府信息公开行政案件若干问题的规定》第十二条规定，雷某第二项诉讼请求即"责令秀山县政府依法公开雷某所申请公开的全部政府信息，并将书面答复

---

① 案例来源：https://wenshu.court.gov.cn/website/wenshu/181107ANFZ0BXSK4/index.html? docId=9a3e68ccb6f74bb28054abdf00aed0db。

结果邮寄给雷某"的诉讼请求应予驳回。第三,因雷某的第一、二项诉讼请求应依法驳回,本案诉讼费用由雷某承担。综上,秀山县政府已履行了政府信息公开法定职责,请求驳回雷某的诉讼请求。

 案例思考

本案例是否适用行政诉讼简易程序?

### (三)案例三:任某诉工商行政管理机关案①

任某毕业于某名牌高等院校外语系,是该校当年的优秀毕业生。毕业时,由于成绩优异、口语好,任某被金日公司高薪聘请担任韩语翻译并承担部分贸易业务。任某表现突出,销售业绩惊人,很快取得公司老总的信任,连连晋升。不到一年,就已担任公司的业务副总。2009年7月,任某在一项业务中由于疏忽大意,导致公司损失较为严重。公司董事会虽然批评了任某,但出于人才难得的考虑,决定给任某一个机会,让其继续担任公司副总,但是扣发半年工资。任某不服该决定,就利用副总身份,违反规定将公司严加保密的"型号转化本"的内容偷抄下来,并私自将金日公司与客户的往来传真、邮件、询价单等资料拷贝在6张电脑软盘上。2010年1月,任某来到某市,利用原有的客户名单和价格底牌先后和3家外企以及3家国内公司联系,做成6笔生意,从中谋利19万元。任某的行为迫使金日公司压低报价,造成874万元损失。金日公司经过调查,发现正是任某的泄密行为造成公司的重大损失,于是向本市工商行政管理机关申请查处任某的侵犯商业秘密行为。该市工商行政管理机关根据相关规定,作出行政处罚决定,责令任某停止违法行为,并根据情节处以20万元罚款,同时责令并监督其将载有商业秘密的图纸、软盘及其他有关资料返还申请人。任某对此不服,向某市人民法院提起行政诉讼,认为工商行政管理机关的处罚金额过大,属于处罚过重的情形,同时在处罚过程中没有遵循相应程序,应该被撤销。

某市人民法院受理案件后,根据《行政诉讼法》相关规定,决定不公开审理此案。任某对此表示不理解,认为公开审理能够保障案件得到公正的审判,不公开审理一定是金日公司买通了法院的法官,以避免让公众知道案件的真实情况。

 案例思考

本案例是否应该不公开审理?

---

① 案例来源:https://www.docin.com/p-1284789827.html。

## 二 相关理论知识

法院审查起诉后,决定立案审理,引起第一审程序。一审程序包括一审普通程序和简易程序。

### (一)一审程序

#### 1. 一审普通程序

(1)一审前准备。

① 交换诉状。人民法院应当在立案之日起5日内,将起诉状副本发送被告。被告应当在收到起诉状副本之日15日内向人民法院提交作出行政行为的证据和所依据的规范性文件,并提出答辩状。人民法院应当在收到答辩状之日起5日内,将答辩状副本发送原告。

② 组成合议庭,认真审阅案卷。一审中由审判员组成合议庭,或者由审判员、陪审员组成合议庭。合议庭的成员,应当是3人以上的单数。

③ 人民法院在查阅案卷材料的基础上认为必要的,可要求当事人提供或者补充证据,或者自行依职权调查取证。

④ 更换或追加当事人。人民法院在开庭之前,可以更换符合条件的当事人参加诉讼;或者征得原告同意后,可以依职权追加或者变更被告。

⑤ 先行给付。人民法院在审理请求给付的行政案件时,在作出判决之前,如果原告无法维持正常生活,可以裁定被告先行给付一定款项或财物。

⑥ 决定有关事项,为开庭审理做好准备。比如,决定是否需要回避,解决案件是合并审理还是分开审理,决定诉讼期间某项行政行为是否需要停止执行,等等。

(2)开庭审理。

开庭审理阶段即人民法院在当事人和其他诉讼参加人的参加下,依法定程序审理行政案件的过程。庭审的程序大致包括开庭前的准备、宣布开庭、法庭调查、法庭辩论、合议庭评议和宣判六项。

① 开庭前的准备。主要工作包括:告知当事人和其他诉讼参与人出席法庭,开庭3日前法院用传票通知当事人到庭,对其他人用出庭通知书通知到庭;公开开庭时,公布开庭审理公告,便于旁听者到庭旁听。

② 宣布开庭。主要工作包括:查明应到庭人到庭情况;宣布法庭纪律;宣布审判人员、书记员名单;宣布案由,核对当事人并告知其权利和义务,询问当事人是否申请回避并按程序处理回避申请;审查代理人资格和代理权限。

③法庭调查。也就是审判人员在法庭上,全面调查案件事实,审查判断各项证据,包括询问当事人、证人作证、鉴定人作证、出示物证书证视听资料、宣读勘验笔录和现场笔录等。庭审的中心任务是全面展示、核实证据,弄清案件事实。

④法庭辩论。主要工作包括:原告及诉讼代理人发言;被告及其代理人答辩;第三人及其诉讼代理人发言或答辩;相互辩论。

⑤合议庭评议。在法庭辩论结束后,合议庭全体成员退庭进行评议。评议时,从事实认定和法律适用两方面进行,评议由审判长主持,遵循少数服从多数的原则。不同意见须记入笔录,评议笔录须经全体合议庭成员签字后有效。

⑥宣判。凡开庭审理的案件都应当公开判决、公开宣告,判决有当庭公开宣判和定期公开宣判两种形式。当庭公开宣判,应当在10日内向有关人员发送判决书;定期公开宣判,宣判完毕后即发给判决书。

法院自受理后,应当在法定期限范围内作出判决,也就是立案之日起,一般6个月内要作出第一审判决。

二维码13-3
拓展阅读:
"民告官"案件开庭,
现场来了47个
单位的领导

### 2. 简易程序

(1)定义。

行政诉讼简易程序是指第一审人民法院审理行政案件所适用的,比普通程序相对简单的审判程序,主要由审判员一人独任审判。

(2)适用条件。

《行政诉讼法》规定,人民法院审理下列第一审行政案件,认为事实清楚、权利义务关系明确、争议不大的,可以适用简易程序:第一,被诉行政行为是依法当场作出的;第二,案件涉及款额2000元以下的;第三,属于政府信息公开案件的;第四,除前款规定以外的当事人各方同意适用简易程序的第一审行政案件。另外,发回重审、按照审判监督程序再审的案件不适用简易程序。

### (二)二审程序

二审程序是上级人民法院对下级人民法院所作的第一审案件的裁判,在它发生法律效力之前,基于当事人的上诉,依据事实和法律,对案件进行审理和裁判的活动。人民法院审理行政案件实行两审终审制,二审程序也叫终审程序。

## 1. 上诉的提起与受理

(1)上诉的提起。

按照《行政诉讼法》的规定,当事人不服人民法院第一审判决的,有权在判决书送达之日起 15 日内向上一级人民法院提起上诉。当事人不服人民法院第一审裁定的,有权在裁定书送达之日起 10 日内向上一级人民法院提起上诉。即提起上诉的人必须是第一审程序中的当事人,包括原告、被告和第三人。

(2)上诉的受理。

上诉案件受理的基本步骤包括以下三项。

一是审查。原审法院应当对上诉状按照上诉成立条件认真审查,符合条件的予以受理;对不符合条件,当事人坚持上诉的,法院裁定驳回。

二是发送上诉状副本和提出答辩状。原审法院在收到当事人提出的上诉状后,应当在 5 日内将上诉状副本发送对方当事人,对方当事人在收到上诉状副本 10 日内提出答辩状。不提出答辩状的不影响审理。

三是报送案件。原审法院在收到上诉状、答辩状后,应当连同一审的全部案卷、证据,尽快报送二审法院。

## 2. 审理、撤诉和裁判

(1)审理。

法院审理上诉案件,需组成合议庭,开庭审理。但是经过阅卷、调查和询问当事人,对没有提出新的事实、证据或者理由,合议庭认为不需要开庭审理的,也可以不开庭审理。

具体审理内容上,《行政诉讼法》规定,二审法院应当对原审法院的判决、裁定和被诉行政行为进行全面审查,并且在收到上诉状之日起 3 个月内作出终审判决。

(2)撤诉。

《行政诉讼法》对二审程序中撤回上诉没有作明确规定。在实践中,被告改变被诉具体行政行为属于主动纠正错误。如果原告对改变后的具体行政行为满意,一般会提起撤诉的要求,由人民法院裁定是否准许;如果原告不撤诉,人民法院仍应继续审查原具体行政行为。但由于原具体行政行为已经被撤销或变更,人民法院经审查认为原具体行政行为违法的,就应当作出确认其违法的判决。

处理撤回上诉时,应参照适用《行政诉讼法》规定。撤回上诉的基本要求如下。

第一,提出撤回上诉的主体仅限于法定上诉人的范围。

第二,提出撤回上诉的时间应当是二审程序开始之后、二审裁判作出之前。

第三,提出撤回上诉的请求之后,能否成立,由人民法院审查后予以裁定。

(3)裁判。

二审法院在经过审理后,可以作出以下三种裁判。

第一,维持原判。二审法院认为原判决、裁定认定事实清楚,适用法律、法规正确,判决或者裁定驳回上诉,维持原判决、裁定。

第二,依法改判。主要适用于两种情形:一是原判决、裁定认定事实错误或者适用法律、法规错误;二是原判决认定基本事实不清、证据不足,但二审法院已经依法查清事实。总之,改判必须以查清事实为前提。

第三,撤销原判、发回重审。如果原判决认定基本事实不清、证据不足,或者原判决遗漏当事人或者违法缺席判决等严重违反法定程序,发回原审人民法院重审。

二维码 13-4
视频资料:
全国首例
"斑马线之罚"
行政诉讼案

## 三 案例分析

### (一)案例一分析

关于第一个问题,根据相关理论知识和《行政诉讼法》规定可知:当事人不服人民法院第一审判决的,有权在判决书送达之日起15日内向上一级人民法院提起上诉。本案中原告罗元某提出上诉的时间在行政判决书送达的15日之内,符合上诉提起的时间期限。

关于第二个问题,根据相关理论知识可知:被告行政机关改变被诉具体行政行为属于主动纠正错误,人民法院应当允许。本案中,被告彭水县地方海事处在诉讼过程中,改变了原具体行政行为,主动撤销了其作出的政府信息告知书,属于主动纠正错误,法院应当允许。

关于第三个问题,根据相关理论知识可知:被告改变原违法行政行为,如果原告对改变后的具体行政行为满意,一般会提出撤诉的要求,由人民法院裁定是否准许;如果原告不撤诉,人民法院仍应继续审查原具体行政行为。但由于原具体行政行为已经被撤销或变更,人民法院经审查认为原具体行政行为违法的,就应当作出确认其违法的判决。

此案件二审审理期间,彭水县地方海事处主动撤销了其作出的政府信息告知书,但原告罗元某仍坚持诉讼,因此法院应继续审查。2008年开始实施的《政府信息公开条例》第二十七条规定,除行政机关主动公开的政府信息外,公民、法人或者其他组织可以向地方各级人民政府、对外以自己名义履行行政管理职能的县级以上人民政府部门申请获取相关政府信息。彭水县地方海事处作为行政机关,负有对罗元某提出的政府信息公开申请作出答复和提供政府信息的法定职责。根据《政府信息公开条例》第二条"本条例所称政府信息,是指行政机关在履行行政管理职能过程中制作或者获取的,以一定形式记录、保存的信息"的规定,罗元某申请公开彭水县港航处、彭水县地方海事处的设立、主要职责、内设机构和人员编制的文件,属于彭水县地方海事处在履行职责过程中制作或者获取的,以一定形式记录、保存的信息,当属政府信息。罗元某申请公开涉及兴运2号船等船舶发生事故的海事调查报告等所有事故材料的信息,根据《内河交通事故调查处理规定》的相关规定,船舶在内河发生事故的调查处理属于海事管理机构的职责,其在事故调查处理过程中制作或者获取的,以一定形式记录、保存的信息属于政府信息。彭水县地方海事处作为彭水县的海事管理机构,负有对彭水县行政区域内发生的内河交通事故进行立案调查处理的职责,其在事故调查处理过程中制作或者获取的,以一定形式记录、保存的信息属于政府信息。罗元某提交了兴运2号船沉没的相关线索,而彭水县地方海事处作出的政府信息告知书第二项告知罗元某申请公开的该项政府信息不存在,仅有彭水县地方海事处的自述,没有提供印证证据证明其尽到了查询、翻阅和搜索的义务。故彭水县地方海事处作出的政府信息告知书违法,应当予以撤销。人民法院应判决确认彭水县地方海事处作出的政府信息告知行为违法。

故本案中被告改变原具体行政行为,但原告仍不撤诉,人民法院应基于事实仔细审查,判决确认被告作出的政府信息告知行为违法。

### (二)案例二分析

根据相关理论知识可知:适用简易程序的行政诉讼案件应当是"基本事实清楚,法律关系简单,权利义务明确"的案件。首先,本案中多方当事人对于"雷某向秀山县政府申请政府信息公开,秀山县政府于2019年9月16日收到其申请后,至今未向雷某作出答复"这一基本事实无异议。其次,因政府信息公开申请的被申请对象与答复方式存在紧密的联系,决定了被申请行政机关不能将政府信息公开申请交由其他行政机关处理并由该行政机关作出答复,行政机关将当事人的政府信息公开申请转交其他行政机关作出处理无相应法律依据,也不利于《政府信息公开条例》的统一实施,故不能因此免除被申请行政机关的政府信息公开答复义务。本案中秀山县政府将雷某的申请转交秀山县规资局处理无相应法律依据,不能免除其对雷某的答复义务,其行为违反了《政府信息公开条例》第三十三条第一款、第二款的规定,其违法事实确凿,无争议。《行政诉讼法》第八十二条规定:"人民法院审理下列第一审案件,认为事实清楚、权利义务关系明确、争议不大的,可以适用简易程序:(一)被诉行政行为是依法当场作出的;(二)案件涉及款额二千元以下的;(三)属于政府信息公开案件的……"此案均满足上述基本条件。

基于对案件事实和处理结果的共同认知,审判人员须就适用简易程序征询当事人意见。若此案中当事人均表示接受,则可以适用简易程序进行审理。

## (三) 案例三分析

根据相关理论知识可知:一审宣布开庭的主要工作中包括"询问当事人是否申请回避并按程序处理回避申请"。《政府信息公开条例》第十四条规定,依法确定为国家秘密的政府信息,法律、行政法规禁止公开的政府信息,以及公开后可能危及国家安全、公共安全、经济安全、社会稳定的政府信息,不予公开。对涉及商业秘密、个人隐私的政府信息公开申请,行政机关既可以事先征求第三方意见,也可根据《政府信息公开条例》第三十七条的规定,作出区分处理后,直接作出告知而无须征求第三方意见再予答复,并确保政府信息公开申请人的知情权与第三方合法权益的平衡。本案中涉及金日公司商业秘密,法院不予公开审理的行为正当。

# 第三节 行政诉讼审判监督

## 一 相关案例

### (一) 案例一:许某某诉准滨县人民政府行政强制及行政赔偿案[①]

2001年7月,因浙江省金华市婺城区后溪街西区地块改造及"两街"整合区块改造项目建设需要,原金华市房地产管理局向金华市城建开发有限公司颁发了房屋拆迁许可证,许某某位于该区块内五一路迎宾巷8号、9号的房屋被纳入上述拆迁许可证的拆迁红线范围,但拆迁人在拆迁许可证规定的期限内一直未实施拆迁。2014年8月31日,婺城区人民政府发布《关于二七区块旧城改造房屋征收范围的公告》,明确对二七区块范围实施改造,公布了房屋征收范围图,许某某房屋所在的迎宾巷区块位于征收范围内。2014年10月26日,婺城区人民政府发布了房屋征收决定,案涉房屋被纳入征收决定范围,但该房屋于婺城区人民政府作出征收决定前的2014年9月26日即被拆除。许某某向金华市中级人民法院提起行政诉讼,请求确认婺城区人民政府强制拆除其房屋的行政行为违法,同时提出包括房屋、停产停业损失、物品损失在内的三项行政赔偿请求。

---

① 案例来源:https://www.chinacourt.org/article/detail/2018/01/id/3187845.shtml。

2016年12月27日,金华市中级人民法院就该案作出一审判决,确认婺城区人民政府强制拆除许某某房屋的行政行为违法,并责令婺城区人民政府参照相关房屋征收补偿方案对许某某作出赔偿。许某某不服一审判决,向浙江省高级人民法院提起上诉。浙江省高级人民法院经审理认为,房屋虽被婺城区人民政府违法拆除,但该房屋被纳入征收范围后,因征收所应获得的相关权益,仍可以通过征收补偿程序获得补偿,许某某通过国家赔偿程序解决案涉房屋被违法拆除的损失缺乏相应的法律依据,判决维持一审有关确认违法的判项,撤销一审有关责令赔偿的判项,并驳回了许某某的其他诉讼请求。在法定期限内,许某某向最高人民法院申请再审。

 **案例思考**

本案例是否满足再审程序启动条件?

## (二)案例二:何某某诉淮滨县自然资源局不履行法定职责案①

何某某就毛某建房占其部分土地一事向行政机关举报反映,河南省淮滨县自然资源局于2008年3月18日对毛某未经批准占用集体土地建房行为,以违反《土地管理法第一款的规定为由,作出行政处罚决定:拆除在非法占用的集体土地上新建的建筑物和其他设施,恢复土地原状,退还非法占用的土地。但淮滨县自然资源局未及时向人民法院申请强制执行。何某某向法院提起民事侵权诉讼,法院认为毛某违法占地建房行为已经淮滨县国土资源局作出行政处罚决定,何某某的民事诉讼请求已包含在行政处罚决定中,遂驳回何某某的民事诉讼请求。

何某某于2020年4月17日向淮滨县自然资源局递交强制执行申请书,申请淮滨县自然资源局依法强制执行行政处罚决定,淮滨县自然资源局于2020年4月20日对何某某的申请作出回复,认为依据《行政处罚法》第二十四条,对当事人的同一个违法行为,不得给予两次以上罚款的行政处罚,因此,何某某请求对毛某非法占地进行重新处罚,无法律依据,不予支持。

何某某不服,遂向河南省淮滨县人民法院提起行政诉讼,请求判决淮滨县自然资源局履行案涉行政处罚决定的法定职责。河南省淮滨县人民法院于2020年9月24日作出行政判决:驳回何某某的诉讼请求。

宣判后,何某某向河南省信阳市中级人民法院提起上诉。该法院于2020年11月25日作出行政裁定:撤销一审判决,驳回何某某起诉。二审宣判后,何某某不服,准备提起再审申请。

---

① 案例来源:https://wenshu.court.gov.cn/website/wenshu/181107ANFZ0BXSK4/index.html? docId=a437fc903db849399ce2ad0b00c26e47。

**案例思考**

本案例中,何某某应该向哪一级人民法院提起再审申请?

## 二 相关理论知识

二维码 13-5
阅读资料:
论行政诉讼的
再审事由——
评新行政诉讼法
再审相关条款

### (一)定义

行政审判监督程序也称再审程序,它是基于人民法院行使审判监督权和检察院行使检察监督权引起的。它不属于一个固定的审级,也不是每一个行政案件的必经程序,是对人民法院行使行政审判权的一项补救制度。概括地说,再审程序就是指法院对已经发生法律效力的判决、裁定,发现违反法律、法规规定的,依照法律进行再次审理的程序。

### (二)启动审判监督程序需满足的条件

(1)形式要件。提起再审的权利主体必须是依法享有审判监督权和法律监督权的国家机关及其工作人员。根据《行政诉讼法》的规定,提起再审的权利主体的范围包括本级人民法院院长和审判委员会、上级人民法院以及上级人民检察院。再审的对象必须是已经发生法律效力的判决和裁定。

(2)实质要件。根据《行政诉讼法》的规定,提起再审的实质要件是已经发生法律效力的判决或裁定违反法律、法规的规定。所谓违反法律、法规的规定,是指违反同裁判有关的一切法律、法规,既包括实体性法律、法规,也包括程序性法律、法规。

(3)主体条件。提起审判监督程序的主体包括以下四类。

第一,审判委员会讨论决定再审。原审人民法院院长对本院已经发生法律效力的判决、裁定,发现违反法律、法规的规定,认为需要再审的,应当提交审判委员会决定是否再审。

第二,上级人民法院提审或指令再审。上级人民法院发现下级人民法院已经发生法律效力的判决、裁定违反法律、法规规定的可以依职权决定再审或指令下级人民法院再审。

第三,人民检察院提出抗诉。人民检察院对人民法院已经发生法律效力的判决、裁定,发现违反法律、法规规定的,有权按照审判监督程序提出抗诉。对人民检察院的抗诉,人民法院应当再审。人民检察院抗诉遵循下列程序:最高人民检察院对各级人民法院已经发生法律效力的裁判,向最高人民法院抗诉;上级人民检察院对下级人民法院已经生效的裁判,向同级人民法院抗诉;地方各级检察院对同级人民法院已经发生效力的裁判报请上级人民检察院,由上级人民检察院向同级人民法院抗诉。接受抗诉的人民法院可以自行审理,也可以指令下级人民法院再审,审结后,应当将结果告知抗诉的人民检察院。

二维码 13-6
阅读资料:
"民告官"案件,
检察院来监督

第四,当事人申请再审。当事人申请再审,是指当事人对人民法院已经发生法律效力的判决、裁定不服,认为确有错误,提请人民法院再行审理,以变更原判决、裁定的行为。当事人对已发生效力的裁决,认为确有错误,可以向原审人民法院或者上一级人民法院提出申诉,但判决、裁定不停止执行。当事人的申诉并不必然引起再审程序,要由人民法院决定。

二维码 13-7
拓展阅读:
"民告官"案
全程监督
抗诉改判率
达57.8%

### (三)再审程序

(1)人民法院决定再审,应当作出裁定,中止原判决的执行。

(2)再审案件原来是经一审程序裁判并发生法律效力的,按一审程序进行再审。对再审的裁判,当事人可以上诉。如是经上诉程序并发生法律效力的,按照二审程序进行再审,对再审的裁判,当事人不得上诉。

(3)上级人民法院按照审判监督程序提审的,按照二审程序审理。

## 三 案例分析

### (一)案例一分析

根据相关理论知识可知:启动审判监督程序需满足的条件包括主体条件和实质要件等。根据《行政诉讼法》的规定,当事人对已经发生法律效力的判决、裁定,认为确有错误的,可以向原审人民法院或者上一级人民法院提起申诉,但判决、裁定不停止执行。当事人的申诉应当在判决、裁定发生法律效力后两年内提出。在本案中,许某某在法定期限内提出再审申请,符合启动再审程序的时间期限要求。

此外,本案一审判决责令婺城区人民政府参照相关房屋征收补偿方案对许某某进行赔偿,未能考虑到作出赔偿决定时点的类似房地产市场价格已经比之前房屋征收补偿方案确定的补偿时点的类似房地产的市场价格有了较大上涨,参照之前房屋征收补偿方案对许某某进行赔偿,无法让许某某赔偿房屋的诉讼请求得到支持;二审判决认为应通过征收补偿程序解决本案赔偿问题,未能考虑到案涉房屋并非依法定程序进行的征收和强制搬迁,而是违法实施的强制拆除,婺城区人民政府应当承担赔偿责任。因此一、二审判决书中存在违反《国家赔偿法》《国有土地上房屋征收与补偿条例》的裁定,满足提起再审的实质要件。

故许某某的再审申请符合《行政诉讼法》有关规定,应予以提审。

### (二)案例二分析

根据相关理论知识和《最高人民法院关于行政申请再审案件立案程序的规定》可知:受理再审申请的法院是作出生效裁判的上一级人民法院。本案中何某某可以向河南省高级人民法院提出再审申请。

二维码 13-8
第十三章自测题

二维码 13-9
第十三章自测题
参考答案

# 第十四章

## 行政赔偿

# 第一节　行政赔偿的特征

## 一、相关案例

### （一）案例一：王某诉派出所国家赔偿案①

某县在全县范围内开展社会治安的综合治理工作，当天该县大同乡派出所干警王某甲与另两名干警按照派出所统一安排，于23时驾驶摩托车到各村夜查。当行至该乡江店村时，三人把车停在村口大路旁，进村巡查，发现一村民家里有聚赌声音，遂在门口守候。约20分钟后趁有人出来解手，三人一拥而入，王某甲掏出随身携带手枪，喝令众人不许动。村民江某、赵某、王某乙、李某举手站在原地，另两名干警把麻将牌桌上钞票收拾好，又挨个搜身。在搜身过程中不断推搡四人，其中江某转身稍慢，王某甲恼火，上前踹了江某一脚。踹完后觉得不解气，又用上了膛的手枪枪柄在江某背上砸了一下。这时枪支走火，击中站立一旁的王某乙胸部。后王某乙在送医院抢救无效3天后死亡，王某乙死亡时18岁。后经县检察院批准对王某甲予以逮捕，县人民法院以过失杀人罪判处被告人王某甲有期徒刑5年。在法定上诉期间王某甲没有上诉，检察院也未抗诉，一审判决生效。被害人王某乙之父依照《国家赔偿法》及有关规定向大同乡派出所提出了赔偿请求。

**案例思考**

① 本案例的性质是行政赔偿还是刑事赔偿？
② 本案例中，大同乡派出所是赔偿义务机关吗？

---

① 案例来源：https://zhangtiku.com/guojiasifa/145/2254.html。

## （二）案例二：张某诉人民政府行政赔偿案[①]

湖南省桃源县热市镇永凤村白骡寺组村民范某门与张某系夫妻关系，二人育有一子范某强、一女范某红。建龙鞭炮厂原厂址坐落于桃源县××温泉村山林地。2011年4月6日，桃源县政府第七次专题会形成《关于建龙鞭炮厂异地搬迁有关问题的会议纪要》，主要内容：建龙鞭炮厂异地搬迁费用220万元，由桃源县人民政府（以下简称桃源县政府）和中材常德水泥有限责任公司（以下简称中材公司）平均负担，在完成搬迁并验收后10个工作日内给付；由桃源县委常委、副县长易某，负责落实建龙鞭炮厂异地建厂时给予相关优惠政策。2011年4月18日，中材公司（甲方）、建龙鞭炮厂（乙方）、桃源县政府委托桃源县安全生产监督管理局（丙方，以下简称桃源县安监局），三方签订协议书，主要内容：乙方自愿将鞭炮厂整体搬迁，乙方同意甲方和桃源县政府各给予整体搬迁全部补偿费用人民币110万元（共计220万元），由甲方承担的110万元自签订协议书之日起10个工作日内支付。剩余110万元，在乙方搬迁完毕，且房屋不再具有使用价值后，由乙方向丙方提出书面申请，且经丙方确认验收后，由丙方支付给乙方；双方均不得再以任何理由或采取任何途径，再向对方和桃源县政府提出搬迁中的其他补偿要求（注：但政府会议纪要中承诺的给予乙方异地建厂的优惠条件除外）。协议签订后，桃源县政府、中材公司各自向建龙鞭炮厂支付110万元（共计220万元）搬迁费。2011年5月30日，建龙鞭炮厂全厂搬迁完毕。2011年8月24日，建龙鞭炮厂与桃源县××温泉村村民委员会及该村煤厂组、龚家湾组和部分农户，就因搬迁提前解除土地租赁合同相关租赁费及补偿问题达成初步协议。2011年8月29日，为进一步明确协议内容，桃源县热市镇人民调解委员会组织建龙鞭炮厂和桃源县××温泉村村民委员会调解，达成调解协议，制作调解协议书。建龙鞭炮厂搬迁后，桃源县政府没有按协议约定给予建龙鞭炮厂异地建厂的优惠条件，建龙鞭炮厂多次找桃源县政府、桃源县安监局，要求落实优惠条件未果。2011年12月26日，建龙鞭炮厂提起民事诉讼，要求桃源县政府履行协议中约定异地建厂优惠条件的义务。2013年10月18日，常德市中级人民法院作出民事判决，责令桃源县政府赔偿建龙鞭炮厂搬迁损失款7245908元。桃源县政府不服，提起上诉。2014年6月4日，湖南省高级人民法院作出民事判决，改判桃源县政府赔偿建龙鞭炮厂整体搬迁重置损失5048308元。桃源县政府仍不服，申请再审。2014年12月1日，最高人民法院作出民事裁定，驳回桃源县政府的再审申请。

2015年9月16日17时许，范某门与范某强进入无人看守的建龙鞭炮厂原厂区内拆墙取砖时，发生爆炸事故，造成范某门当场被炸死，范某强被炸伤住院治疗。事故发生后，桃源县热市镇人民政府筹集9万元用于死者安葬、伤者治疗，并协调农村合作医疗报销范某强治疗费用69169元。2016年1月20日，张某等人申请国家赔偿。

---

[①] 案例来源：https://wenshu.court.gov.cn/website/wenshu/181107ANFZ0BXSK4/index.html?docId=59e2dfa57db94ed38f9aa99e011aa226。

2016年3月17日,桃源县政府以其不属于《国家赔偿法》第三、四、七条规定的赔偿义务机关为由,作出行政赔偿决定书,决定不予赔偿。张某等人不服,于2016年5月3日提起本案行政赔偿诉讼,请求判令桃源县政府赔偿5361920元(其中,精神损害抚慰金200万元、死亡赔偿金1146920元、事故处理费20万元、丧葬费5万元、扶养费10万元、医疗费15.5万元、伤残补助金100万元、后续医疗费50万元、误工费5万元、陪护费5万元、营养费5000元、交通费5000元、赡养费10万元)。张某等人主张,受害人的损失与桃源县政府作出的建龙鞭炮厂整体搬迁决定,以及桃源县政府委托桃源县安监局实施监管行为之间存在利害关系;桃源县政府和桃源县安监局未履行安全生产监管职责,应承担行政赔偿责任。

2016年6月27日,由桃源县安监局、县公安局、县监察局、县总工会组成的2015年桃源县建龙鞭炮厂原厂区"9·16"拆除事故调查组,作出《2015年桃源县建龙鞭炮厂原厂区"9·16"拆除事故调查报告》,调查报告认定事故的直接原因:建龙鞭炮厂原厂区实施整体搬迁至今法定代表人刘清某没有制定拆除施工组织方案,没有彻底清除废弃危险品,未按国家相关规定设置安全警示标志,致使隐患爆发;范某门安全意识淡漠,擅自进入存在危险因素的建龙鞭炮厂原厂区,实施拆墙取砖活动,未辨析进入场所的危险因素,用锄头等铁器挖该厂工房墙体基脚。间接原因:建龙鞭炮厂法定代表人刘清某履行法定安全生产职责不到位。事故性质:一般生产安全责任事故。

**案例思考**

本案例中,张某等人能否单独提起行政赔偿诉讼?为什么?

**(三)案例三:梁某诉公安局行政赔偿案**①

2018年4月11日18时许,梁某驾驶一辆摩托车由东向西,经过上海市闵行区银都路春光路路口时,在东西向为红灯情况下冲出停车线。在发现闵行公安分局交警支队下属民警在该路口执勤后,因无驾驶证、行驶证害怕被查获,梁某随即闯红灯向西行驶离开现场。闵行交警支队民警发现梁某驾驶摩托车为外地车牌,且牌照没有固封装置,具有套牌、盗抢车辆嫌疑,遂驾驶警车沿该路段向西寻找梁某。交警寻至某路口时,发现梁某车辆停在路口等红灯,交警遂停车示意梁某下车接受检查,梁某再次闯红灯快速逃逸,闵行交警支队民警遂继续驾驶警车跟随。后梁某发生交通事故,与一辆中型普通货车发生碰撞。交警部门出具的道路交通事故认定书认定,梁某未取得驾驶证驾驶未经公安机关交通管理部门登记的机动车上道路行驶,在通过路口过程中疏于观察、遇情况未及时采取有效措施的行为与本起交通事故的发生有因果关系,梁某承

---

① 案例来源:http://fzzfyjy.cupl.edu.cn/info/1075/11862.htm。

担本起事故的同等责任。梁某认为其所受事故伤害系闵行交警支队追赶行为导致,诉至法院,请求确认闵行交警支队对其进行追赶的行政执法行为违法。

 **案例思考**

本案例中,闵行交警支队是否应该进行行政赔偿?

## 二 相关理论知识

### (一) 行政赔偿的概念与特征

#### 1. 行政赔偿的概念

行政赔偿是指国家行政机关及其工作人员违法行使职权,侵犯行政相对人的合法权益并造成损害,由国家承担责任对受害人予以赔偿的制度。该定义包含以下内涵。

(1) 没有行政侵权行为,或者行政侵权行为尚未给公民、法人和其他组织的合法权益造成损害,就不会有行政赔偿。

(2) 公民、法人和其他组织享有多种权利,但在我国,行政赔偿仅限于行政侵权行为造成的人身权和财产权损害。

(3) 从根本上看,行政赔偿是一种国家赔偿,因为在实施侵权行为的行政机关及其工作人员是代表国家在行使职权。

(4) 行政赔偿具有法定性。无论是赔偿范围,还是赔偿标准与赔偿方式,都必须由法律作出明确规定。

二维码 14-1
法律条文:
《中华人民共和国国家赔偿法》

#### 2. 行政赔偿的特征

(1) 行政赔偿的责任主体是国家,这是行政赔偿区别于民事赔偿的主要特点。国家作为行政赔偿的责任主体是由国家与行政机关及其工作人员的关系所决定的。行政机关代表国家,以国家的名义实施行政管理,无论其行为合法还是违法,其法律后果都归属于国家。行政赔偿是一种国家赔偿,主要表现为赔偿费用由国库支出,列入各级政府财政。至于具体事务,则由行政赔偿义务机关完成。根据《国家赔偿法》,赔偿义务机关的确定分以下几种情形。

第一,行政机关及其工作人员行使行政职权侵犯公民、法人和其他组织的合法权益造成损害的,该行政机关为赔偿义务机关。

第二,两个以上行政机关共同行使行政职权时侵犯公民、法人和其他组织的合法权益造成损害的,共同行使行政职权的行政机关为共同赔偿义务机关。

第三,法律、法规授权的组织在行使授予的行政权力时侵犯公民、法人和其他组织的合法权益造成损害的,被授权的组织为赔偿义务机关。

第四,受行政机关委托的组织或者个人在行使受委托的行政权力时侵犯公民、法人和其他组织的合法权益造成损害的,委托的行政机关为赔偿义务机关。

第五,赔偿机关被撤销的,继续行使其职权的行政机关为赔偿义务机关;没有继续行使其职权的行政机关的,撤销该赔偿义务机关的行政机关为赔偿义务机关。

(2)行政赔偿的侵权主体是国家行政机关及其工作人员,这是行政赔偿区别于司法赔偿的主要特点。行政机关及其工作人员行使职权是引起行政赔偿责任的基础。由于国家与国家行政机关工作人员之间存在职务委托关系,行政机关及其工作人员在行使职权过程中侵犯公民、法人和其他组织合法权益的,或以执行职务名义侵犯公民、法人和其他组织合法权益的,应当视为国家侵权行为。

(3)行政赔偿所针对的是行政机关及其工作人员的违法行为,这是行政赔偿区别于行政补偿的主要特点。国家承担行政赔偿责任的前提是行政行为违法,如果行政机关及其工作人员的行为是合法的行政行为,且对公民、法人和其他组织的合法权益造成了损害,那么国家就不负行政赔偿责任,而只需要承担行政补偿责任。

二维码 14-2
阅读资料:
《最高人民法院关于审理行政赔偿案件若干问题的规定》的理解与适用

(4)行政赔偿程序是行政程序与诉讼程序的结合,这是行政赔偿的程序特点。行政赔偿程序包括行政处理程序和行政赔偿诉讼程序两个部分。行政处理程序又分为两种情况:一是赔偿义务机关先行处理程序,也就是说行政赔偿请求人申请行政赔偿时,先向有关赔偿义务机关提出赔偿请求,双方就赔偿事项进行自愿协商或由赔偿义务机关决定,从而解决赔偿争议的一种行政程序;二是行政复议机关受理赔偿请求、确认赔偿义务机关和赔偿责任的程序。而行政赔偿诉讼程序,是人民法院对行政赔偿案件进行审理的程序。

### 3. 行政赔偿责任的构成要件

(1)主体要件。国家对行政机关及其工作人员所实施的职务侵权行为承担赔偿责任。此处的行政机关和工作人员均应作广义理解,具体包括以下四类:国家行政机关,法律、法规授权组织,行政机关委托的组织及其工作人员。

(2)行为要件。行为要件是指国家需要对侵权主体实施的何种行为承担行政赔偿责任,具体包括两个方面的要求:一方面,行为的职务性,即构成行政赔偿责任的行为必须是行政机关及其工作人员的职务行为;另一方面,行为的违法性,即构成行政赔偿责任的行为必须是违法的职务行为。

(3)损害结果要件。行政赔偿以公民、法人和其他组织的合法权益受到损害为条件。一方面,行政赔偿的请求人必须是权益受到损害的公民、法人或者其他组织,如果没有损害的发生,则不存在赔偿请求权,同时,这种损害必须是现实的、已确定的损害,不包括未来可能发生的潜在损害;另一方面,受损权益必须是公民、法人或者其他组织的合法权益,赃款、赃物等违法权益不属于行政赔偿的范围。

(4)因果关系要件。因果关系要件是指损害结果与行政机关及其工作人员的职务行为具有法律上的因果关系。因果关系是连接违法行为与损害后果的纽带,是国家对损害后果承担行政赔偿责任的基础与前提。在行政赔偿中,只要行政机关及其工作人员违背了对权利人所承担的特定义务并因此导致其受损害,且权利人无法通过其他途径受偿的,就应当认为存在行政赔偿责任中的因果关系。

二维码 14-3
拓展阅读:
科学划分赔偿责任,
精准监督行政机关

## 三 案例分析

### (一)案例一分析

关于第一个问题,本案性质为行政赔偿。根据相关理论知识可知:行政机关及其工作人员在行使职权过程中侵犯公民、法人和其他组织合法权益的,或以执行职务名义侵犯公民、法人和其他组织合法权益的,应当视为国家侵权行为。本案中,赔偿的提出是公安机关抓赌博过程中公安人员违法使用武器引起的,依照《治安管理处罚法》的规定,公安机关有权对赌博行为进行查处,王某和另外两名干警的行为是依照治安管理法规行使行政职权的行为,这一行政行为违法而发生了侵害被害人李某生命权的后果,故对这一损害的赔偿应是行政赔偿。此外,如果公安机关是在刑事案件侦查过程中违法并造成被害人死亡,则属于刑事赔偿。

关于第二个问题,大同乡派出所不是赔偿义务机关。根据相关理论知识可知:受行政机关委托的组织或个人在行使受委托的行政权力时侵犯公民、法人和其他组织的合法权益造成损害的,委托的行政机关为赔偿义务机关。虽然本案是大同乡派出所工作人员王某甲的侵权行为所致,但派出所只是县公安机关的派出机构,除了依《治安管理处罚法》规定的"警告、五百元以下罚款"由派出所裁决并独自承担责任外,乡镇派出所的其他行为,应由派出行政机关县公安局承担责任。故本案例的赔偿义务机关应为县公安局。

## (二)案例二分析

根据相关理论知识和《国家赔偿法》可知:行政机关及其工作人员在行使行政职权时,违法行为侵犯当事人人身权的,受害人有取得赔偿的权利。《最高人民法院关于审理行政赔偿案件若干问题的规定》中规定,加害行为为具体行政行为的,该行为已被确认为违法,赔偿请求人有权单独提起行政赔偿诉讼。也就是说,侵权的行政行为已经被确认违法,是当事人单独提起行政赔偿诉讼的前提条件。侵权行政行为未经法定程序确认违法,当事人单独提起行政赔偿诉讼的,人民法院应当裁定不予立案;已经立案的,裁定驳回起诉。

在本案中,张某等人称造成范某门死亡、范某强伤害的是桃源县政府作出的建龙鞭炮厂整体搬迁行为,以及桃源县政府委托桃源县安监局对建龙鞭炮厂整体搬迁进行管理与监督的行政行为。但是,并无证据证明上述行政行为已经被依法确认违法。此外,这些主张均是确定桃源县政府实体上是否应当承担行政赔偿责任的理由,并非其单独提起行政赔偿诉讼符合法定起诉条件的理由。故张某等人单独提起行政赔偿诉讼,不符合法定受理条件。

## (三)案例三分析

不应该进行赔偿。根据相关理论知识可知:行政赔偿责任的构成要件包括四个:一是要有侵权行政主体;二是执行职务的行为违法;三是有损害事实;四是可引起赔偿的损害必须为侵权行为主体的违法执行职务行为所造成的,即侵权行为与损害事实之间存在因果关系。

在本案中,在交通违法时接受民警的询问本是梁某应该遵守的法律义务,但其在民警示意其下车接受检查时急忙驾车闯红灯逃逸,事出反常、事情紧急,民警驾驶警车进行追随,属于正常的履行职责范围,亦属于一般人应当预见的民警的执法行为,不能用事后查实的事实套用法规来苛求民警在事发当时作出准确判断。闵行交警支队民警的驾车追随行为应认定为正常履职范围,并不违反有关法律规定,与该事故发生并无直接因果关系。由于闵行交警支队的执法行为与该事故发生并无直接因果关系,也就不需要进行行政赔偿。

## 第二节 行政赔偿的范围

### 一、相关案例

#### (一) 案例一：邓某华诉公安局违法使用武器致伤国家赔偿案①

2014年6月23日，重庆市南川区公安局接到杨某报警称，邓某华将其烧烤摊掀翻，要求出警。邓某华追砍杨某过程中，民警李某和辅警张某到达现场，看到邓某华持刀向逃跑中摔倒在地的杨某砍去，被杨某躲过，遂喝令邓某华将刀放下，邓某华放弃继续追砍杨某，提刀准备离开案发现场。民警跟上并继续责令其将刀放下，但邓某华拒不服从命令。辅警张某上前试图夺刀控制邓某华，邓某华拒绝就擒，民警李某鸣枪示警，邓某华不但未停下，反而提刀逼向民警。民警李某多次警告无效后开枪击伤邓某。后经司法鉴定，邓某华所持刀具为管制刀具，其伤属十级伤残。后邓某华以民警违法开枪为由向南川区公安局申请国家赔偿。因不服南川区公安局及重庆市公安局作出的不予赔偿决定，邓某华向重庆市第三中级人民法院赔偿委员会申请作出赔偿决定。

**案例思考**

本案例中的情形是否属于行政赔偿范围？

#### (二) 案例二：马某某诉某区人民政府行政赔偿案②

马某某认为某区人民政府及相关部门对其实施限制人身自由并造成损害，向某区人民政府提交行政赔偿申请。某区人民政府作出告知书，告知马某某其所提供的材料不能证明该区人民政府存在限制其人身自由的违法行为，故该区人民政府不是行政赔偿义务机关。马某某不服，向某市中级人民法院提起本案诉讼，请求确认某区人民政府在法定时间内未作出赔偿决定违法，并赔偿损失18万余元。

---

① 案例来源：http://fzzfyjy.cupl.edu.cn/info/1069/12617.htm。
② 案例来源：https://www.court.gov.cn/zixun-xiangqing-351941.html。

一审法院以本案未经确认违法即要求赔偿不符合法定起诉条件为由裁定驳回起诉,二审法院则以不予作出赔偿决定行为系程序性行为,不对马某某权利义务产生实际影响为由裁定维持一审裁定。马某某不服,向最高人民法院申请再审。

 **案例思考**

本案例中,不予赔偿决定是否属于行政赔偿诉讼受案范围?

**(三)案例三:杜某某诉某县人民政府行政赔偿案**①

2014年初,某县人民政府为了绕城高速公路工程建设需要,经上级政府批准后,其成立的征迁指挥部与被征收人杜某某签订房屋征收补偿安置协议书并约定付款时间及交房时间。随后,征迁指挥部依约履行了相关义务。同年10月,案涉房屋在没有办理移交手续的情况下被拆除。该拆除行为经诉讼,法院生效判决确认某县人民政府拆除行为违法。2016年11月7日,杜某某向某县人民政府申请行政赔偿,某县人民政府在法定期限内不予答复。杜某某遂提起本案赔偿之诉。

一、二审法院认为,在房屋被强制拆除前,杜某某已经获得房屋征收补偿安置协议书约定的相关补偿款项及宅基地安置补偿,在房屋拆除后,杜某某向村委会领取了废弃物品补偿款及搬迁误工费用,故判决驳回杜某某的诉讼请求。杜某某不服,向最高人民法院申请再审。

 **案例思考**

本案例中,最高人民法院是否应该接受杜某某的行政赔偿请求?

## 二 相关理论知识

### (一)行政赔偿范围的含义

行政赔偿的范围是指对行政机关及其工作人员在行使职权过程中的侵权行为承担赔偿责任的范围。它主要是解决国家对行政活动中哪些损害行政相对人的行为承担赔偿责任,以及国家赔偿行政相对人因违法行政而受到的哪些损害等问题。

---

① 案例来源:https://www.court.gov.cn/zixun-xiangqing-351941.html。

## （二）行政赔偿的范围

根据我国《国家赔偿法》的规定，国家对行政主体在行政活动中侵犯人身权、财产权的行为予以赔偿，范围较广。但公民的政治权、受教育权、行政程序权利不包括在行政赔偿范围之内。

### 1. 行政机关及其工作人员侵犯人身权的行为

《国家赔偿法》采用列举加概括的方式，对侵犯人身权应当予以赔偿的情形进行了规定，总结起来可以分为两大类，即侵犯人身自由权和侵犯生命健康权。

（1）侵犯人身自由权的行为，可细化为以下三类。

第一，违法拘留，如拘留主体违法、程序违法或期限违法等。

第二，违法采取限制公民人身自由的行政强制措施，包括强制传唤、隔离治疗、强制戒毒、留置盘查等。

第三，非法拘禁或者以其他方法非法剥夺公民人身自由的行为。

（2）侵犯生命健康权的行为，可细化为以下六类。

第一，殴打行为。

第二，虐待行为。

第三，唆使他人殴打、虐待的行为。

第四，放纵他人殴打、虐待的行为。

第五，违法使用武器、警械的行为。

第六，造成公民身体伤害或者死亡的其他违法行为。

同时，根据《国家赔偿法》的规定，在出现侵犯人身权的情况下，造成受害人精神损害的，应当在侵权行为影响的范围内，为受害人消除影响，恢复名誉，赔礼道歉；造成严重后果的，应当支付相应的精神损害抚慰金。

### 2. 行政机关及其工作人员侵犯财产权的行为

财产权是公民的基本权利，财产权包括公共财产权和私有财产权，是指以财产利益为内容、直接体现某种物质利益的权利，包括物权、债权、知识产权等。《国家赔偿法》采用列举和概括兜底的方式，规定了侵犯财产权的行政赔偿范围。侵犯财产权的行为主要包括以下四类。

（1）侵犯财产权的行政处罚行为，包括违法罚款、违法吊销许可证和执照、违法责令停产停业、违法没收财物等。吊销许可证和执照、责令停产停业等行为虽然没有直接针对行政相对人的财产作出，但却剥夺了行政相对人获得财产利益的能力，进而给行政相对人造成经济利益的损失。

(2)侵犯财产权的行政强制措施,包括违法查封和扣押、违法冻结等措施。这些强制措施会影响到公民对财产的所有权和使用权,因此必须严格依法定规则条件和程序实施。

二维码14-4
视频资料：
3年"民告官"落幕！
区政府强拆违法,
被判补偿加赔偿

(3)违法征收、征用财产的行为。行政机关不得随意向公民、法人和其他组织实施征收行为,否则属于违法征收财物和摊派费用,由此造成行政相对人财产损害的,国家应负赔偿责任。

(4)造成财产损害的其他违法行为。以上三种侵犯行政相对人财产权的违法行为,并不能概括行政机关违法行使职权侵犯行政相对人财产权的全部情形,比如行政不作为行为造成的损害等。因此凡是涉及财产权损害的,只要符合国家赔偿责任的构成要件,受害人均可请求行政赔偿。

(三)行政侵权中的免责情形

《国家赔偿法》不仅对侵犯人身权和财产权的赔偿范围进行了规定,还对行政侵权中的免责进行了界定。具体包括以下几类。

(1)行政机关工作人员行使与职权无关的个人行为,国家不承担赔偿责任。行政机关工作人员同时具有公务人员和公民双重身份,其行为也相应被分为职务行为和个人行为,因此国家不承担由个人行为侵权而产生的赔偿责任。区分个人行为和职务行为应当把握以下几点。

第一,职权标准,行政机关根据法律赋予的职责权限实施的行为是履行职务的行为,而超越职权的行为通常被认为是个人行为。

第二,时空标准,行政机关在行使职权、履行职责的时间、地域范围内所作出的行为,通常被理解为职务行为。

第三,通常情况下,以行政机关工作人员的身份和名义实施的行为,可以被认定为职务行为。

第四,目的标准,即行政机关工作人员为了履行法定的职责和义务,维护公共利益而为的行为,通常被认定为职务行为。

(2)因公民、法人和其他组织自己的行为致使损害发生的,国家不承担赔偿责任。谁损害、谁赔偿,是法的一般原则。在公民、法人和其他组织由于自己的行为而遭受损失的情况下,即使行政机关及其工作人员的行为违法,国家也不承担行政赔偿责任。

(3)法律规定的其他情形。除上述两种免责条件外,还包括如下情形。

第一,不可抗力,即不能预见、不能避免并不能克服的客观情况。

第二,紧急避险,即为了使国家、公共利益、本人或他人的人身、财产和其他权利免受正在发生的危险,不得已采取的损害第三人相对较小的合法权益的行为。

第三,第三人过错,即由于行政机关和受害人以外的第三人的过错所造成的损害,国家也无须承担行政责任。

第四,受害人通过其他途径得到补偿的。国家赔偿的目的在于保护公民、法人和其他组织的合法权益,弥补损害。若其合法权益得到有效恢复,国家便不需要再承担赔偿责任。在我国,受害人通过其他途径获得赔偿的方式主要有保险和公费医疗两种。

二维码 14-5
阅读资料:
从域外到本土:
公务员行政赔偿
责任制度的
历史与革新

## 三 案例分析

### (一)案例一分析

本案中情形不属于行政赔偿范围。根据相关理论知识可知:行政侵权中的免责情形包括了"因公民、法人和其他组织自己的行为致使损害发生的,国家不承担赔偿责任"。在本案中,邓某华寻衅滋事,持刀追砍他人,其行为已严重危及他人生命安全。民警李某及辅警张某在履行职责决定将邓某华控制并带到公安机关接受讯问和处理的过程中,邓某华拒不服从命令且在控制无果后,民警李某才鸣枪示警,而鸣枪示警没有达到震慑效果,邓某华反而持刀逼向警察,邓某华持刀拒捕及持刀逼向警察的行为符合《人民警察使用警械和武器条例》第九条第一款第(十)项"以暴力方法抗拒或者阻碍人民警察依法履行职责或者暴力袭击警察,危及人民警察生命安全"的情形,警察在警告无效后可以使用武器。故本案中人民警察用枪具有合法性,属于正常依法履职,不应纳入行政赔偿范围。

人民法院在审理此类国家赔偿案件时,既要注重保障赔偿请求人的合法权益,又要注意维护人民警察的执法权威,对人民警察合法合理使用武器的行为予以支持。人民警察在执行职务过程中,当生命安全受到威胁时,可以在必要限度内合理使用武器,对赔偿请求人因此受到的损失,依法不予赔偿。

### (二)案例二分析

案中不予赔偿决定依法属于行政赔偿诉讼受案范围。马某某就赔偿问题向某区人民政府请求先行处理并由某区人民政府作出决定不予赔偿的告知书。根据相关理论知识和《国家赔偿法》第十四条第二款规定可知:赔偿请求人对赔偿的方式、项目、数额有异议的,或者赔偿义务机关作出不予赔偿决定的,赔偿请求人可以自赔偿义务机关作出赔偿或者不予赔偿决定之日起3个月内,向人民法院提起诉讼。人民法院受理本案后,依法应当对某区人民政府和马某某之间的行政赔偿争议进行审理。

### (三)案例三分析

根据相关理论知识可知:受害人通过其他途径得到补偿的,国家便不需要再承担赔偿责任。在本案中,某县人民政府成立的征迁指挥部与杜某某已签订房屋征收补偿安置协议书,该协议已被法院判决认定为合法有效且已经实际履行。因此,杜某某的房屋虽被违法强制拆除,但其在诉讼中并未提供证据证明其存在其他损害,其合法权益并未因违法行政行为而实际受损,其请求赔偿缺乏事实和法律依据。故本案中原告的损失已经通过行政补偿途径获得充分救济,人民法院应当依法判决驳回其行政赔偿请求。

## 第三节 行政赔偿的程序

### 一 相关案例

#### (一)案例一:王某诉青山区人民政府行政赔偿案[①]

湖北省武汉市青山区人民政府(以下简称青山区政府)拆除王某房屋的行为被行政判决确认违法后,王某向青山区政府提出了行政赔偿申请。在青山区政府尚未作出赔偿决定,也未超过作出赔偿决定期限的情况下,王某向人民法院提起行政赔偿诉讼。

王某称,行政行为通过行政诉讼程序被确认违法后,赔偿请求人可以直接提起行政赔偿诉讼,人民法院应按照提起行政诉讼时一并提出赔偿请求的情形予以受理。本案青山区政府拆除王某房屋的行为已经被行政判决确认违法,王某单独提起行政赔偿诉讼,符合起诉条件。

---

① 案例来源:https://mp.weixin.qq.com/s?__biz=MzAwOTkyOTI5NQ==&mid=2247494602&idx=2&sn=c8fcd49cf4bdd8641c919c64682f1cb5&chksm=9b5abceaac2d35fcb0c1a3397c23fbf9e72c0ec93110f1dcdd7df761cc1b325ccea63b4dceeff&scene=21#wechat_redirect。

**案例思考**

本案例中,王某提起的行政赔偿诉讼是否程序正当?

## (二)案例二:张某英诉武宣县公安局行政赔偿案①

武宣县公安局因起诉人张某英扰乱单位秩序、扰乱公共秩序等,作出行政处罚决定书,决定对起诉人行政拘留共 30 日。2014 年 1 月 4 日,张某英不服武宣县公安局以上行政处罚,向武宣县公安局申请赔偿。武宣县公安局受理后,作出 1 号行政赔偿决定书,对起诉人的赔偿请求决定不予赔偿,该决定书于 2014 年 3 月 13 日送达起诉人。因 1 号行政赔偿决定书告知法律救济途径错误,武宣县公安局于 2015 年 2 月 5 日作出决定书,撤销 1 号行政赔偿决定书,该决定书于当日送达张某英。2015 年 2 月 5 日,武宣县公安局作出 2 号行政赔偿决定书,对张某英的赔偿请求决定不予赔偿,该行政赔偿决定书于当日送达起诉人。张某英不服,于 2017 年 5 月 15 日向广西壮族自治区武宣县人民法院提起行政赔偿诉讼。诉讼请求为:判决撤销武宣县公安局 1、2 号行政赔偿决定书;判决武宣县公安局赔偿起诉人损失费 4800 元,精神损害费50000 元。

 **案例思考**

本案例中,张某英提起的行政赔偿诉讼是否符合法律规定?

## (三)案例三:黄某等人诉某区管理委员会行政赔偿案②

20 世纪 90 年代开始,黄某陆续出资、建成位于南宁市绕城高速××侧、邕吴公路东侧××村段的三栋砖木结构养猪棚,及其他养殖附属设施,用于鸡、猪、鸽等禽畜养殖,建筑面积为 1921.26 平方米。该建筑未办理规划建设报批手续。2013 年 1 月 1 日,黄某与郭某签订租赁合同协议书,约定由郭某承租上述养猪棚及附属设施,用于养殖产业,租期 10 年。2014 年 7 月 23 日,广西壮族自治区南宁经济技术开发区管理委员会(以下简称经开区管委会)作出限期拆除决定书,认定黄某建设的上述砖木结构养猪棚及其他建(构)筑物,属于违法建筑,要求其自行拆除,并告知其行政复议、诉讼

---

① 案例来源:https://wenshu.court.gov.cn/website/wenshu/181107ANFZ0BXSK4/index.html? docId=685192fdcbf04da9800d a8bf0031aee1。

② 案例来源:https://wenshu.court.gov.cn/website/wenshu/181107ANFZ0BXSK4/index.html? docId=1af5d71de56a49f29768aa7e00c0fc55。

权利。2014年7月26日,经开区管委会作出限期履行行政处罚决定催告书,要求黄某自收到催告书之日起1日内自行拆除违法建(构)筑物,逾期仍不履行的,将依法实施强制执行。同日,经开区管委会作出限期拆除违法建(构)筑物公告,要求黄某于2014年7月27日前自行拆除上述建(构)筑物,如在规定期限内不履行拆除义务,将依法强制拆除。2014年7月29日,经开区管委会作出行政强制执行决定书,决定对上述违法建(构)筑物实施强制拆除。2014年7月30日,经开区管委会对养猪棚及其他建(构)筑物实施强制拆除。

2014年9月2日、9日,黄某、郭某分别对案涉限期拆除决定和强制执行决定及强制拆除行为,提起行政诉讼。南宁市中级人民法院分别于2014年12月15日和2015年4月27日,作出〔2014〕南市行一初字第119号行政判决和〔2015〕南市行一初字第13号行政判决,在确认案涉养猪棚及附属设施属于违法建筑的同时,以程序违法为由,判决确认案涉限期拆除决定和案涉强制执行决定及强制拆除行为违法。2015年8月12日,黄某、郭某向经开区管委会邮寄《关于充分运用国家扶持政策解决黄某、郭某养猪场受损赔偿的提议函》,请求经开区管委会充分运用国家现有的对养猪场用地安排优惠政策和建场补贴政策,尽快重建养猪场恢复生产。2015年10月26日,经开区管委会作出南经管函〔2015〕409号《关于黄某、郭某养猪场受损赔偿的提议函的复函》,主要内容:关于栏舍选址,建议黄某、郭某在禁养区、限养区以外选址,自筹资金依法依规建场恢复生产;关于资金扶持,建议待符合条件后申请。2016年6月20日,黄某、郭某向经开区管委会邮寄行政赔偿申请书,逾期经开区管委会未予答复。2016年10月11日,黄某、郭某提起本案行政诉讼,诉讼请求为:经开区管委会将强制拆除的养殖场恢复原状;赔偿违法强制拆除行为造成的损失,赔偿金额以司法评估确定。

 案例思考

本案例中,黄某、郭某提起的行政赔偿诉讼是否符合法律规定?

 二 相关理论知识

(一) 定义

行政赔偿程序,是指行政赔偿请求人向行政赔偿义务机关请求行政赔偿,行政赔偿义务机关处理行政赔偿申请,以及人民法院解决行政赔偿纠纷的步骤、方式、时限的总和。从广义上讲,行政赔偿程序还包括行政赔偿义务机关对故意和有重大过失的国家行政机关工作人员行使追偿权的程序。

## （二）行政赔偿程序

按照《国家赔偿法》的规定，赔偿请求人要求赔偿，应当先向赔偿义务机关提出，也可以在申请行政复议或者提起行政诉讼时一并提出。因此，行政赔偿的程序有两种：一是单独要求行政赔偿的程序，二是附带要求行政赔偿的程序。但附带要求行政赔偿的程序，适用《行政复议法》和《行政诉讼法》规定的程序，所以，本书中所指的行政赔偿程序为单独要求行政赔偿的程序，主要包括行政赔偿的提出、行政赔偿请求的处理、行政赔偿诉讼，以及关于行政赔偿的标准等特殊规定。

### 1. 行政赔偿的提出

（1）行政赔偿请求的要件。
第一，请求人必须具有行政赔偿请求权。
第二，必须有明确的行政赔偿义务机关。
第三，必须在法定期限内（一般两年，具体参照法律规定）提出行政赔偿请求。
第四，所提出的行政赔偿请求必须是在法律规定的应该赔偿的范围内。
（2）行政赔偿请求的方式。
第一，书面申请。书面申请是要求行政赔偿的必备形式。写申请书确有困难的，可以委托他人代书，也可以口头申请，由赔偿义务机关记入笔录。赔偿请求人当面递交申请书的，赔偿义务机关应当当场出具加盖本行政机关专用印章并注明收讫日期的书面凭证。申请材料不齐全的，赔偿义务机关应当当场或者在5日内一次性告知赔偿请求人需要补正的全部内容。
第二，申请书必须能反映受害人的基本情况和要求行政赔偿的案由，包括：受害人姓名、性别、年龄、工作单位和住所（法人必须写明法人单位名称、法定代表人或主要负责人和职务）；具体的行政赔偿请求；要求行政赔偿的理由和事实根据；赔偿的义务机关；申请日期。

### 2. 行政赔偿请求的处理

首先，存在一些特殊情况，当存在行政赔偿的共同赔偿义务机关时，赔偿请求人可以向共同赔偿义务机关中的任何一个机关请求赔偿，这个被请求的机关应当先赔偿全部损失，由财政部门直接支付。而且，如果赔偿请求人受到行政机关的不同损害，还可以同时提出多项赔偿要求。

根据《国家赔偿法》的一般规定，行政赔偿义务机关在收到行政赔偿申请书后，要在两个月内，作出是否赔偿的决定。赔偿义务机关作出赔偿决定，应当充分听取赔偿请求人的意见，并可以与赔偿请求人就赔偿方式、赔偿项目和赔偿数额进行协商。

赔偿义务机关决定赔偿的,应当制作赔偿决定书,并自作出决定之日起 10 日内,送达赔偿请求人。赔偿义务机关决定不予赔偿的,也应当自作出决定之日起 10 日内,书面通知赔偿请求人,并说明不予赔偿的理由。

赔偿义务机关在规定期限内未作出是否赔偿的决定,赔偿请求人可以自期限届满之日起 3 个月内,向人民法院提起诉讼。赔偿请求人对赔偿决定有异议,或者赔偿义务机关作出不予赔偿决定的,赔偿请求人可以自赔偿义务机关作出决定之日起 3 个月内,向人民法院提起诉讼。

### 3. 行政赔偿诉讼

行政赔偿诉讼是一种特殊的行政诉讼形式,它在起诉条件、审理形式、证据原则以及适用程序等方面都有自身的特点。

(1) 起诉条件上,以赔偿义务机关先行处理为前置条件。

(2) 审理形式上,行政赔偿诉讼中可以适用调解。

(3) 证据原则上,行政赔偿诉讼不采取"被告负举证责任"的原则,而是按照"谁主张,谁举证",如赔偿请求人主张赔偿,则其需要举证;赔偿义务机关主张不赔偿,需拿出证据。根据《最高人民法院关于审理行政赔偿案件若干问题的规定》,原告在行政赔偿诉讼中对自己的主张承担举证责任,被告有权提供不予赔偿或者减少赔偿数额方面的证据。被告的具体行政行为违法,但没有对原告的合法权益造成损害的,或者原告的请求没有事实根据或法律根据的,人民法院应当判决驳回原告的赔偿请求。

在《国家赔偿法》中也有具体的规定:人民法院审理行政赔偿案件,赔偿请求人和赔偿义务机关对自己提出的主张,应当提供证据。需要注意的是,赔偿义务机关采取行政拘留或者限制人身自由的强制措施期间,被限制人身自由的人死亡或者丧失行为能力的,赔偿义务机关的行为与被限制人身自由的人的死亡或丧失行为能力是否存在因果关系,赔偿义务机关应当提供证据。另外,有些案件中,可能是行政机关工作人员的主观故意导致行政相对人利益受损,所以法律中规定,赔偿义务机关赔偿损失后,应当责令有故意或者重大过失的工作人员或者受委托的组织或者个人承担部分或者全部赔偿费用。对有故意或者重大过失的责任人员,有关机关应当依法给予处分;构成犯罪的,应当依法追究刑事责任。

二维码 14-6
拓展阅读:
福贡法检合力
成功化解行政
争议案件,真正
促进案结事了政和

## 三 案例分析

### （一）案例一分析

此案中赔偿请求人提起行政赔偿诉讼程序不正当。根据相关理论知识可知：行政行为被生效行政判决确认违法后，赔偿请求人没有向行政机关申请赔偿，而是直接提起行政赔偿诉讼的，说明赔偿请求人没有选择向行政机关提出赔偿请求的途径，而是选择由人民法院解决其行政赔偿问题，人民法院可以直接受理行政赔偿诉讼，不再以赔偿义务机关先行处理为条件。但赔偿请求人在提起行政赔偿诉讼前已经向行政机关申请赔偿的，说明赔偿请求人选择了由行政机关先行处理的途径主张行政赔偿，应按照《国家赔偿法》第十四条的规定，在赔偿义务机关已作出是否予以赔偿的决定或逾期未作出赔偿决定的情况下才能提起行政赔偿诉讼。

在本案中，青山区政府拆除王某房屋的行为被行政判决确认违法后，王某向青山区政府提出了行政赔偿申请，并在青山区政府尚未作出赔偿决定，也未超过作出赔偿决定期限的情况下向一审人民法院提起行政赔偿诉讼，起诉时机尚未成熟，原告王某提出行政赔偿诉讼的申请不符合程序。故原告王某的申请不符合《行政诉讼法》相关规定，人民法院应驳回申请人王某的行政赔偿诉讼申请。

### （二）案例二分析

此案中赔偿请求人提起行政赔偿诉讼不符合法律规定。根据相关理论知识可知：赔偿请求人对赔偿的方式、项目、数额有异议的，或者赔偿义务机关作出不予赔偿决定的，赔偿请求人可以自赔偿义务机关作出赔偿或不予赔偿决定之日起3个月内，向人民法院提起诉讼。此案中起诉人张某英的起诉已超过起诉期限，不符合起诉条件。根据《行政诉讼法》第五十一条的规定，人民法院对张某英的起诉，应不予立案。

### （三）案例三分析

此案中赔偿请求人提起行政赔偿诉讼不符合法律规定。根据相关理论知识可知：提起行政诉讼，应当有具体的诉讼请求和事实根据，而且行政诉讼遵循"谁主张，谁举证"的原则，也就是说，当事人单独或一并提起行政赔偿诉讼，应当为具体的损失内容和赔偿数额举证说明。故当事人不能笼统请求予以行政赔偿，否则属于诉讼请求不明确，赔偿请求缺乏相应的事实根据。

在本案中，黄某、郭某单独提起行政赔偿诉讼，并未明确具体的损失内容和赔偿数额,属于诉讼请求不明确的情形,人民法院应当向当事人释明,要求其列明具体损失内容、提出具体的赔偿数额。至于将来人民法院支持的数额,确需通过司法评估程序确定的,由人民法院自主决定,而不是由当事人在起诉时主张诉讼中通过司法评估程序确定其赔偿请求的数额。

## 第四节 行政赔偿的方式与标准

### 一 相关案例

#### (一)案例一:路某某诉东昌府区人民政府违法拆除行政赔偿案①

2013年1月12日,路某某的一处住房在未达成征收补偿协议、未对室内物品公证保全的情况下被聊城市东昌府区人民政府(以下简称东昌府区政府)强制拆除。路某某不服,提起行政诉讼,请求确认东昌府区政府强制拆除其房屋的行为违法,并赔偿因房屋强拆造成的经济损失。2015年11月2日,上述强制拆除行为经判决确认违法。针对被诉房屋的损失问题,受诉法院于2017年7月10日依职权委托评估机构对房屋进行价值评估。2017年8月31日,评估机构出具评估报告,以2017年7月10日为评估时点对被拆房屋周边房地产市场均价估价为每平方米7755元。

聊城市中级人民法院一审认为,对于被拆房屋的损失赔偿,如路某某选择货币赔偿,东昌府区政府应按评估价格每平方米7755元的标准向其支付房屋赔偿金1774111.35元;如路某某选择安置住房,东昌府区政府应向其提供与被拆除房屋区位、用途、面积相同或近似的房屋。对于室内物品的损失赔偿,因东昌府区政府未采取公证保全措施,故酌定由东昌府区政府赔偿2万元符合常理。路某某不服,提起上诉。

 案例思考

本案例中,赔偿问题应如何处理?

---

① 案例来源:http://lawyers.66law.cn/s2d08346160c14_i502933.aspx。

## （二）案例二：林甲等诉文成县人民政府行政赔偿案[①]

原告林甲、林乙诉称：二原告系父子关系，有占地面积 140 余平方米的房屋坐落于浙江省文成县大岙镇下林宅 9-8 号，其中占地面积 59.75 平方米，建筑面积 73.5 平方米，房屋所有权登记在原告林乙名下，土地使用权登记在原告林甲名下；占地面积 81.9 平方米的房屋三间、占地面积 18.4 平方米的灰铺一间等属未登记的建筑物。2012 年 1 月，被告文成县人民政府作出《关于苔湖片区一期改造范围国有土地上房屋征收决定》，将上述房屋划入征收范围。2012 年 2 月 22 日，原告林乙与文成县房屋征收管理办公室签订国有土地上房屋征收补偿安置协议，但仅就登记在林乙名下的房屋达成补偿安置协议，同时该协议载明"争议部分面积待产权明确后再签订补充协议，按补充方案规定选择套型套数（附属房 57.727 平方米、庭院 24.163 平方米）"。因对存在争议的房屋尚未达成补偿安置协议，故二原告一直未交付房屋。2012 年 9 月 13 日，被告组织数百人采用暴力手段强制拆除了二原告上述全部房屋，二原告所有财产均被毁（其中青田丰门青石章胚等均不翼而飞）。

2014 年 3 月 24 日，温州市中级人民法院判决确认被告文成县人民政府于 2012 年 9 月 13 日对坐落于文成县大岙镇下林宅 9-8 号房屋及附属房、庭院所实施的强制拆除行为违法。2014 年 10 月 16 日，二原告向被告提出行政赔偿申请，而被告未予以赔偿。因此，原告林甲、林乙于 2015 年 3 月 31 日向浙江省温州市中级人民法院提起行政赔偿诉讼。二原告提出以下诉讼请求：被告向二原告赔礼道歉、停止侵害、恢复房屋原状；被告立即赔偿二原告 13351080 元。

经庭审质证，被告对二原告提供的身份证、组织机构代码证、行政赔偿申请书、行政判决书、邮政快递单、行政赔偿中止通知书等证据的真实性没有异议。温州市中级人民法院认为原、被告提供的证据材料（除行政赔偿中止通知书以外）真实，可以证明本案例的基本事实经过。被告对原告提供的其他证据材料的真实性、关联性有异议，认为不能证明待证事实。叶某、赵某、刘某等 5 人的证人证言以及叶某、赵某、刘某出庭作证的证言、照片（24 张）等证据材料尚不能充分证明二原告主张的相关损失存在，其他证据材料与本案不具有关联性，不予采信。原告提出的调取证据、鉴定等申请，与本案处理结果不具有关联性。原告对被告提供的上述证据的真实性没有提出实质性异议。由于被告没有提供已向原告送达行政赔偿中止通知书的证据材料，故对原、被告提供的该通知书不予采信。被告提供的其他证据材料真实，可以证明本案例的基本事实经过。

 **案例思考**

本案例中，人民法院是否应该支持林甲、林乙提出的赔偿请求？

---

[①] 案例来源：https://wenshu.court.gov.cn/website/wenshu/181107ANFZ0BXSK4/index.html? docId=b3cc788f63904823bdb7078ee3d115bd。

## 二 相关理论知识

### （一）行政赔偿的方式

#### 1. 定义

行政赔偿的方式,即国家承担行政赔偿责任的形式。国外的行政赔偿多为金钱赔偿和恢复原状两种。在我国,行政赔偿以支付赔偿金为主要方式,还包括返还财产、恢复原状,以及消除影响、恢复名誉、赔礼道歉等。

#### 2. 具体方式

(1)支付赔偿金,即金钱赔偿,是指将受害人所受的各种损害,以一定的标准折抵成金钱,以货币形式进行赔偿的方式,例如赔偿精神损害抚慰金。

(2)返还财产,是指赔偿义务机关将其所占有的受害人财产,返还给受害人。适用返还财产的前提是违法占有的财产还存在。

(3)恢复原状,是指赔偿义务机关将其损坏的财产进行修复,并使其恢复到损坏前的性能的赔偿方式。适用这种赔偿方式的前提是被损坏的财产还存在,并且能够修复。

(4)消除影响、恢复名誉、赔礼道歉,是指违法行为侵犯公民、法人和其他组织的权利并造成精神损害,应当在侵权行为影响的范围内,为受害人消除影响,恢复名誉,赔礼道歉。

二维码 14-7
拓展阅读：
河南胜诉案例：
县政府当庭认过，
愿意赔偿或补偿

### （二）行政赔偿的标准

《国家赔偿法》中主要规定了如下三种赔偿标准。

(1)侵犯公民人身自由的赔偿标准。《国家赔偿法》明确规定,侵犯公民人身自由的,每日赔偿金按照国家上年度职工日平均工资计算。

(2)侵犯公民生命、健康权的赔偿标准。《国家赔偿法》规定了侵犯公民生命、健康权的赔偿,赔偿金按以下规定计算。

一是造成身体伤害的,应当支付医疗费、护理费,以及赔偿因误工减少的收入。减少的收入每日的赔偿金按照国家上年度职工日平均工资计算,最高额为国家上年度职工年平均工资的五倍。

二是造成部分或者全部丧失劳动能力的,应当支付医疗费、护理费、残疾生活辅助具费、康复费等因残疾而增加的必要支出和继续治疗所必需的费用,以及残疾赔偿金。残疾赔偿金根据丧失劳动能力的程度,按照国家规定的伤残等级确定,最高不超过国家上年度职工年平均工资的二十倍。造成全部丧失劳动能力的,对其扶养的无劳动能力的人,还应当支付生活费。

三是造成死亡的,应当支付死亡赔偿金、丧葬费,总额为国家上年度职工年平均工资的二十倍。对死者生前扶养的无劳动能力的人,还应当支付生活费。此外,以上二、三规定中的生活费的发放标准,参照当地最低生活保障标准执行。被扶养的人是未成年人的,生活费给付至十八周岁止;其他无劳动能力的人,生活费给付至死亡时止。

(3)侵犯公民、法人和其他组织财产权的赔偿标准。具体包括以下几种。

第一,罚款、罚金、追缴、没收财产或者违法征收、征用财产的,返还财产。

第二,查封、扣押、冻结财产的,解除对财产的查封、扣押、冻结。

二维码 14-8
视频资料:
山东一企业向
市场监管局
索赔 7000 万

第三,应当返还的财产损坏的,能够恢复原状的恢复原状;不能恢复原状的,按照损害程度付以相应的赔偿金。

第四,应当返还的财产灭失的,给付相应的赔偿金。

第五,财产已经拍卖或者变卖的,给付拍卖或者变卖所得的价款,变卖的价款明显低于财产价值的,应当支付相应的赔偿金。

第六,吊销许可证和执照、责令停产停业的,赔偿停产停业期间必要的经常性费用开支。

第七,返还执行的罚款或者罚金、追缴或者没收的金钱,解除冻结的存款或者汇款的,应当支付银行同期存款利息。

第八,对财产权造成其他损害的,按照直接损失给予赔偿。

## 三 案例分析

### （一）案例一分析

首先，关于赔偿方式的选择。根据相关理论知识和《国家赔偿法》可知：侵犯公民、法人和其他组织财产权的，应当返还的财产灭失的，给付相应的赔偿金。如果被拆除房屋依法进行的征收与拆除，当事人既可以选择按征收决定公告之日的市场评估价进行货币补偿，也有权要求在改建地段或者就近地段选择类似房屋予以产权调换。在本案中，为确保被征收人获得及时、公平、公正的救济，赋予路某某既可以选择货币赔偿，也可以选择房屋安置的权利，符合《国家赔偿法》的立法精神。

其次，关于赔偿数额的确定。根据前述理论知识和《国家赔偿法》可知，赔偿数额要以被征收房屋的价值为底限，确保当事人能够获得与之前相当的房屋、与其他被拆迁人相当的房屋，满足其实际居住利益，保障其居住条件不降低、有改善，维护政策的连续性和社会的稳定性。在本案中，因房屋征收决定公告时间与实际赔偿时间相隔过长，市场行情发生了很大变化，故委托评估机构对被拆房屋损失比照同区位、现阶段房地产市场价格予以评估并据此赔偿，体现了公平原则和充分赔偿的原则。对于因违法强拆而灭失的室内物品，在各方均对财产损失无法提供证据予以证明的情况下，对路某某合情合理的赔偿请求应予支持。

### （二）案例二分析

根据相关理论知识可知：我国行政赔偿以支付赔偿为主要方式，还包括返还财产、恢复原状，以及消除影响、恢复名誉、赔礼道歉等。原告的请求没有事实根据或法律根据的，人民法院应当判决驳回其赔偿请求。

首先，关于赔礼道歉的诉讼请求，人民法院应不予支持。《国家赔偿法》第三十五条规定，有本法第三条或者第十七条规定情形之一，致人精神损害的，应当在侵权行为影响的范围内，为受害人消除影响，恢复名誉，赔礼道歉；造成严重后果的，应当支付相应的精神损害抚慰金。本案中，被告文成县人民政府强制拆除坐落于文成县大峃镇下林宅 9-8 号房屋及附属房、庭院的行为虽已被判决确认违法，由于本案不属于《国家赔偿法》第三条或者第十七条规定的情形，不涉及侵犯人身权，故二原告要求被告予以赔礼道歉，缺乏法律依据，不应予以支持。

其次，关于停止侵害、恢复房屋原状的诉讼请求，人民法院应不予支持。本案中，由于案涉房屋位于房屋征收范围内，属于本来就要依法予以拆除的，并不具有恢复原状的必要性，故二原告要求被告停止侵害、恢复房屋原状，亦不应予以支持。

最后，关于赔偿金的诉讼请求，人民法院应不予支持。《最高人民法院关于行政诉讼证据若干问题的规定》第五条规定，在行政赔偿诉讼中，原告应当对被诉具体行政行为造成损害的事实提供证据。《最高人民法院关于审理行政赔偿案件若干问题的规定》规定，被告的具体行政行为违法但尚未对原告合法权益造成损害的，或者原告的请求没有事实根据或者法律根据的，人民法院应当判决驳回原告的赔偿请求。本案中，关于案涉已登记的房屋，因原告林某已签订相关征收补偿安置协议，被告无须再对该部分房屋的损失进行赔偿。关于案涉未登记的房屋等，如果日后被依法认定为合法建筑物，原告可以要求被告依法予以相应的征收补偿安置。另外，二原告提供的照片、证人证言等并不能清楚反映出案涉房屋在被强制拆除时存在其所诉称的物品，仅凭此证据材料无法支持二原告要求被告赔偿 13351080 元的请求。故人民法院应该驳回林甲、林乙提出的赔偿请求。

二维码 14-9
第十四章自测题

二维码 14-10
第十四章自测题
参考答案

# 参 考 文 献

[1]《行政法与行政诉讼法学》编写组.行政法与行政诉讼法学[M].2版.北京:高等教育出版社,2018.

[2]行政法:实用版法规专辑[M].7版.北京:中国法制出版社,2022.

[3]姜明安.行政法和行政诉讼法[M].7版.北京:北京大学出版社,2019.

[4]张树义,罗志敏.行政诉讼法学[M].3版.北京:中国政法大学出版社,2021.

[5]马怀德.行政诉讼法学[M].5版.北京:北京大学出版社,2019.

[6]应松年.当代中国行政法[M].北京:人民出版社,2018.

[7]中公教育法律职业资格考试研究中心.行政法与行政诉讼法真题精练[M].北京:世界图书出版公司,2022.

[8]罗豪才,湛中乐.行政法学[M].4版.北京:北京大学出版社,2016.

[9]张树义,张力.行政法与行政诉讼法[M].4版.北京:高等教育出版社,2020.

[10]马怀德,应松年.法治政府蓝皮书:中国法治政府发展报告(2017)[M].北京:社会科学文献出版社,2018.

[11]蔡乐渭.行政法案例研习(第三辑)[M].北京:中国政法大学出版社,2021.

[12]章志远.行政法案例分析教程[M].北京:北京大学出版社,2016.

[13]莫于川.行政法学原理与案例教程[M].2版.北京:中国人民大学出版社,2017.

[14]张正钊,胡锦光.行政法与行政诉讼法[M].7版.北京:中国人民大学出版社,2021.

[15]桑磊.桑磊法考主观题精讲:行政法与行政诉讼法[M].北京:人民邮电出版社,2021.

[16]应松年.中国行政复议制度的发展与面临的问题[J].中国法律评论,2019(5):16-22.

[17]石肖雪.相对集中行政许可权实现机制[J].法律科学(西北政法大学学报),2022(4):138-148.

[18]沈亚平,徐双.赋权与限权:我国设区的市行政立法空间问题研究[J].河北法学,2021(12):32-50.

[19]江必新.法律规范体系化背景下的行政诉讼制度的完善[J].中国法学,2022(3):24-38.

[20]章志远.《行政处罚法》实施对行政审判的影响与应对[J].行政法学研究,2022(4):3-12.

[21]黄先雄,张少波."想象竞合"情形下一事不再罚原则的适用机制[J].中南学学报(社会科学版),2020(2):69-77.

## 与本书配套的二维码资源使用说明

　　本书部分课程及与纸质教材配套数字资源以二维码链接的形式呈现。利用手机微信扫码成功后提示微信登录,授权后进入注册页面,填写注册信息。按照提示输入手机号码,点击获取手机验证码,稍等片刻就会收到4位数的验证码短信,在提示位置输入验证码成功,再设置密码,选择相应专业,点击"立即注册",注册成功(若手机已经注册,则在"注册"页面底部选择"已有账号?立即登录",进入"账号绑定"页面,直接输入手机号和密码登录)。接着提示输入学习码,需刮开教材封面防伪涂层,输入13位学习码(正版图书拥有的一次性使用学习码),输入正确后提示绑定成功,即可查看二维码数字资源。手机第一次登录查看资源成功以后,再次使用二维码资源时,在微信端扫码即可登录进入查看。